# cinco caminhos
## para o engajamento

S558c   Shirley, Dennis.
           Cinco caminhos para o engajamento : rumo ao
        aprendizado e ao sucesso do estudante / Dennis Shirley,
        Andy Hargreaves ; tradução: Luís Fernando Marques
        Dorvillé ; revisão técnica: Gustavo Severo de Borba. – Porto
        Alegre : Penso, 2022.
           xvii, 262 p. : il. ; 23 cm.

           ISBN 978-65-5976-010-7

           1. Educação. 2. Aprendizagem. 3. Criatividade. I. Hargreaves,
        Andy. II. Título.

                                                              CDU 37

Catalogação na publicação: Karin Lorien Menoncin – CRB 10/2147

DENNIS SHIRLEY
ANDY HARGREAVES

# cinco caminhos
## para o engajamento

rumo ao aprendizado
e ao sucesso do estudante

**Tradução**
Luís Fernando Marques Dorvillé

**Revisão Técnica**
Gustavo Severo de Borba
Decano da Escola da Indústria Criativa da
Universidade do Vale do Rio dos Sinos (Unisinos).
Mestre e Doutor em Engenharia de Produção
pela Universidade Federal do Rio Grande do Sul (UFRGS).
*Visiting scholar* na Escola de Educação do Boston College, EUA, e na University of Ottawa, Canadá.

Porto Alegre
2022

Obra originalmente publicada sob o título
*Five paths of student engagement: blazing the trail to learning and success, 1st edition*
ISBN 9781942496687

Copyright © 2021 by Solution Tree Press.
All rights reserved, including the right of reproduction of this book
in whole or in part in any form.

Gerente editorial: *Letícia Bispo de Lima*

Colaboraram nesta edição:

Editora: *Mirian Raquel Fachinetto*

Capa: *Paola Manica | Brand&Book*

Preparação de originais: *Maria Lúcia Badejo*

Leitura final: *Francelle Machado Viegas*

Editoração: *Clic Editoração Eletrônica Ltda.*

Reservados todos os direitos de publicação, em língua portuguesa, ao
GRUPO A EDUCAÇÃO S.A.
(Penso é um selo editorial do GRUPO A EDUCAÇÃO S.A.)
Rua Ernesto Alves, 150 – Bairro Floresta
90220-190 – Porto Alegre – RS
Fone: (51) 3027-7000

SAC 0800 703-3444 – www.grupoa.com.br

É proibida a duplicação ou reprodução deste volume, no todo ou em parte, sob
quaisquer formas ou por quaisquer meios (eletrônico, mecânico, gravação, fotocópia,
distribuição na Web e outros), sem permissão expressa da Editora.

IMPRESSO NO BRASIL
*PRINTED IN BRAZIL*

# Autores

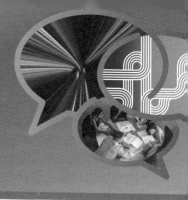

**Dennis Shirley, EdD,** é membro da Duganne Faculty e professor da Lynch School of Education and Human Development do Boston College. Entre seus prêmios e realizações, foi Richard von Weizsäcker Fellow da Fundação Bosch, German Chancellor Fellow da Alexander von Humboldt Foundation e C. J. Koh Chair do National Institute of Education de Cingapura. Foi o principal investigador da Massachusetts Coalition for Teacher Quality and Student Achievement, e tem orientado e trabalhado com líderes de mudança educacional em diversos países. Junto com seus colegas da Lynch School Deoksoon Kim e Stanton Wortham, conduz atualmente um estudo aprofundado em uma rede de inovação escolar em Seul, Coreia do Sul. Seu livro mais recente é *The new imperatives of educational: achievement with integrity* (2017). É Doutor pela Harvard University, Estados Unidos.

Para conhecer mais sobre o seu trabalho, visite www.dennisshirley.com ou acompanhe @dennisshirley no Twitter.

**Andy Hargreaves, PhD,** é professor e pesquisador da Lynch School of Education and Human Development do Boston College e diretor da Change, Engagement, and Innovation in Education (CHENINE), na University of Ottawa, Canadá. É presidente do ARC Educational Project, uma rede global de formuladores de políticas educacionais e líderes de associações profissionais comprometidos com o avanço das metas humanitárias na educação. Andy foi conselheiro em educação do premiê de Ontário (2015-2018) e atualmente é conselheiro da primeira-ministra da Escócia, Nicola Sturgeon. Já publicou mais de 30 livros e mais de 100 artigos. Dentre os oito prêmios de escrita em destaque conquistados por Andy está o prestigiado Grawemeyer Award in Education for *Professional Capital* (2015), de cem mil dólares, recebido com Michael Fullan. Foi homenageado nos Estados Unidos e no Reino Unido pelos serviços prestados à educação pública e é considerado pela *Education Week* um dos principais estudiosos com maior influência no debate sobre políticas educacionais nos Estados Unidos. O professor Hargreaves é palestrante e organizador de *workshops*, tendo sido convidado a proferir palestras em mais de 50 países, em 47 estados dos Estados Unidos e em todos os estados e províncias australianas e canadenses. Seu livro mais recente é *Moving: a memoir of education and social mobility* (2020). É Doutor em Sociologia pela University of Leeds, Inglaterra.

Para conhecer mais sobre seu trabalho, visite www.andyhargreaves. com ou acompanhe @HargreavesBC no Twitter.

Para convidar Dennis Shirley ou Andy Hargreaves para atividades de desenvolvimento profissional, entre em contato com pd@SolutionTree.com.

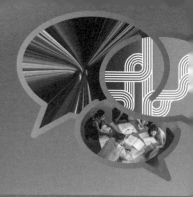

# Agradecimentos

Muitas pessoas desempenharam um papel importante na realização do nosso trabalho sobre o engajamento de estudantes. Somos gratos a Danette Parsley, Mike Siebersma, Matt Eide e a outros membros da equipe administrativa do projeto Northwest Rural Innovation and Student Engagement (NW RISE) por nos convidarem a trabalhar com eles para promover a melhoria da educação dos estudantes de comunidades rurais remotas do Noroeste do Pacífico. Nossos incríveis membros da equipe de pesquisa desse projeto incluíram, em diferentes momentos, Elizabeth Cox, Michael O'Connor e Minjung Kim. Cynthia Johnston, Chris Spriggs, Karen e Mark Martin, Rob Coulson e Jay Derting são apenas alguns dos muitos excelentes educadores do NW RISE que participaram desse projeto, e estamos felizes por termos sido capazes de apresentar, aqui, partes do seu trabalho.

O Consortium for System Leadership and Innovation in Ontario (CODE) foi idealizado por Michelle Forge e Michael O'Keefe, que o dirigiram e nos convidaram a trabalhar no projeto. Sem sua liderança, a visão proporcionada pelo trabalho inovador dos educadores de Ontário não poderia ter sido compartilhada com os leitores deste livro. Nossos agradecimentos vão para Shaneé Washington-Wangia, Chris Chang-Bacon e Mark D'Angelo pela participação em nossa equipe do Boston College que conduziu a pesquisa de campo e pela colaboração na redação do relatório do Consórcio CODE.[1]

Um subtema em nossa análise do engajamento do estudante é a tecnologia. Dennis agradece a seus colegas da Fundação Bosch, na Alemanha, pela concessão de uma bolsa Richard von Weizsäcker para o estudo das muitas maneiras pelas quais as tecnologias digitais utilizadas no aprendizado estão impactando o engajamento dos estudantes. Sandra Breka, Jannik Rust e Madeleine Schneider ofereceram hospitalidade e apoio fundamentais. Como diretor do Change, Engagement, and Innovation in Education (CHENINE), da Faculdade de Educação na University of Ottawa, Andy experimentou verdadeiro espírito de comunidade intelectual junto a seus colegas Amal Boultif, Phyllis Dalley, Megan Cotnam-Kappel, Michelle Hagerman, Joel Westheimer e Jessica Whitley, que também são codesenvolvedores da Carta CHENINE apresentada, de forma adaptada, no Capítulo 3.

Este livro está sendo elaborado há vários anos e se baseia em outros conjuntos de pesquisas que publicamos juntos e separadamente. Alguns de nossos escritos apresentados neste livro se baseiam diretamente em tais fontes e confirmamos sua permissão para reutilização.[2]

Gostaríamos também de agradecer à nossa editora na Solution Tree, Laurel Hecker, por seu excelente trabalho na revisão dos nossos originais, colaborando nas revisões finais, e como companheira de caminhada na Trilha dos Apalaches, compartilhando nossa paixão pela narrativa do livro em forma de jornada.

Nossos agradecimentos finais vão para nossas esposas, Shelley e Pauline, cuja paciência, bom humor e amor nos sustentam há décadas. Este é o terceiro livro que escrevemos juntos e sabemos que nem sempre somos as pessoas mais fáceis de se lidar quando a escrita se torna difícil. Suas amáveis palavras de incentivo e sua disposição para nos ouvir enquanto alinhamos exatamente o que estamos tentando dizer, assim como a razão pela qual isso é tão importante, fizeram toda a diferença.

**A Solution Tree Press gostaria de agradecer aos seguintes revisores:**

Katie Brittain
Diretora
Rose Haggar Elementary School
Dallas, Texas

Hallie Edgerly
Professora de Ciências
Adel DeSoto Minburn Middle
  School
Adel, Iowa

Adam Kent
Assistente do Diretor
Fort Dodge Senior High
Fort Dodge, Iowa

Danette Parsley
CEO
Marzano Research
Denver, Colorado e Portland,
  Oregon

Neil Plotnick
Professor de Educação Especial
  e Ciência da Computação
Everett High School
Everett, Massachusetts

Pasi Sahlberg
Professor de Educação
University of New South
  Wales-Gonski Institute for
  Education
Sydney, Austrália

Darby Tobolka
*Coach* Instrucional
Akin Elementary School
Leander, Texas

Keri Van Vleet
Professora do Jardim de Infância
Tomé Elementary School
Los Lunas, Novo México

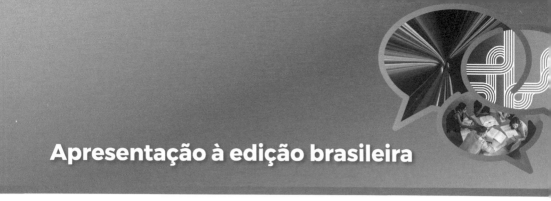

# Apresentação à edição brasileira

**ENGAJAR É PRECISO**

A educação é provavelmente o principal caminho para a transformação, a qual impacta cada indivíduo, mas também os espaços em que interagimos, como nossas comunidades, cidades e países. Entretanto, o processo de educação é dependente de algo que precisamos desenvolver em nós e em nossos estudantes: o engajamento. Em um tempo de tantas distrações, tecnologias alternativas e diversas possibilidades, é ainda mais relevante construir engajamento.

Embora engajar seja algo historicamente debatido na área da educação, durante os últimos dois anos esse tema tornou-se ainda mais presente devido aos desafios que a pandemia de covid-19 nos impôs. De um dia para o outro tivemos que transformar nossos espaços de aula, saindo do ambiente presencial e atuando a distância com nossos alunos. Esse processo nos demandou adaptação, o conhecimento de novas tecnologias, mas, acima de tudo, a necessidade de desenvolver e aplicar novas práticas pedagógicas. Os estudantes, em diferentes espaços e com recursos muitas vezes incompatíveis com as necessidades de conexão, tiveram um desafio ainda maior: manter seu interesse e engajamento em um ambiente que se apresentava (e ainda o é) instável.

É nesse espaço de debate, que compreende o processo de engajamento como dependente de professores, estudantes e atividades desenvolvidas entre esses atores, que o presente livro se apresenta.

Os autores exploram uma proposta que coloca lado a lado duas perspectivas, a psicológica e a sociológica, para a compreensão do engajamento. Além disso, buscam desmistificar algumas questões que naturalizamos como facilitadoras de um processo de engajamento, como, por exemplo, a tecnologia. A pesquisa aqui descrita tem relevância histórica, trazendo para o debate autores que – até os dias atuais – nos ajudam a compreender

**xii** Apresentação à edição brasileira

melhor os processos de educação, como John Dewey e Paulo Freire, entre outros. Mas o ponto principal proposto pelos autores é a compreensão das diferentes abordagens e práticas que podem ampliar o engajamento dos estudantes.

Quando realizei a leitura desta obra fiquei muito impactado pela profundidade teórica, o cuidado com as evidências e a conexão com pesquisas anteriores sobre o assunto, incluindo as próprias pesquisas de Andy e Dennis. A fluidez do texto escrito a quatro mãos é, na realidade, um retrato da qualidade dos estudos e da amizade entre ambos, que facilita a conexão de suas histórias pessoais com as questões aqui propostas.

O primeiro trabalho dos autores que li foi um livro de 2009, *The fourth way: the inspiring future for educational change*. Naquele texto já estavam presentes muitos elementos inovadores relacionados às necessárias mudanças nos sistemas de educação, nas políticas públicas e na forma como trabalhamos em nossas escolas. Logo depois, em 2011, tive a oportunidade de conhecer Dennis, pois, a partir de dois de seus trabalhos (*The fourth way* e *The mindful teacher*), fizemos um convite para que ele participasse do TEDx Unisinos, em Porto Alegre; Dennis veio para cá e fez uma palestra maravilhosa – sugiro aos leitores que a assistam.* Depois disso, tive a oportunidade de ir a Boston, como *visiting scholar* no Boston College, e conviver com os dois, conhecendo mais a fundo as suas pesquisas e o seu impacto na área da educação. O passo seguinte foi convidar Andy para vir ao Brasil em outra edição do TEDx Unisinos, em 2016, agora em um evento para quase mil pessoas – a palestra de Andy foi outro sucesso e sugiro que também seja vista.**

Nesse período de 10 anos iniciamos uma bela amizade, e pude estudar mais a fundo os trabalhos desses dois autores, inclusive desenvolvendo uma pesquisa junto com Dennis a partir do modelo proposto no livro *The fourth way*. À medida que ia conhecendo melhor cada um deles, minha admiração por ambos aumentava, pois, além de intelectuais de grande impacto, são pessoas muito conectadas com suas famílias e com sua comunidade, que buscam transformar os diferentes espaços por onde passam.

---

*Disponível em https://www.youtube.com/watch?v=OMS_9aRJNcY.
**Disponível em https://www.youtube.com/watch?v=Ao9mwfGvm-o.

Este livro é mais um capítulo que eles nos entregam, nesse caminho que percorrem como professores e pesquisadores, buscando desenvolver novas possibilidades, a cada dia, para que todos possam transformar as próprias vidas e as vidas dos outros pela educação e pelo engajamento.

Boa leitura!

**Gustavo Severo de Borba**
Decano da Escola da Indústria Criativa da
Universidade do Vale do Rio dos Sinos (Unisinos).

# Sumário

**Apresentação à edição brasileira**..................................xi
*Gustavo Severo de Borba*

**Introdução**..........................................................1
   O elo perdido....................................................2
   Nossas evidências................................................4
   A narrativa deste livro..........................................7

## CAPÍTULO 1
**Do desempenho ao engajamento:
duas eras da mudança educacional**................................13
   Duas eras de mudança..........................................16
      A Era do Desempenho e do Esforço..........................17
      A Era do Engajamento, do Bem-estar e da Identidade........22
   A busca pelo engajamento.....................................26
   A pandemia de covid-19........................................29
      Aprendizado em casa.......................................30
      De volta à escola – mas não como a conhecemos.............35
      Repensando o engajamento após a covid-19.................40

## CAPÍTULO 2
**Teorias de engajamento e motivação: de Maslow ao *flow***.......43
   Desempenho por meio do engajamento..........................45
   Engajamento e motivação......................................48
      A teoria da motivação humana de Abraham Maslow...........49
      A teoria da motivação intrínseca e extrínseca.................51
      Teoria do *flow* (fluxo) e engajamento total....................55
      Aprendizagem para a maestria..............................60
      Teoria de expectativa-valor.................................68
   Incorporando perspectivas sociológicas ao engajamento.........72

**xvi** Sumário

## CAPÍTULO 3
**Três mitos do engajamento: relevância, tecnologia e diversão** ... 77

Relevância . . . . . . . . . . . . . . . . . . . . . . . . . . . . . . . . . . . . . . . . . . . . . .78
Tecnologia . . . . . . . . . . . . . . . . . . . . . . . . . . . . . . . . . . . . . . . . . . . . . .88
    Aprendizado *on-line* . . . . . . . . . . . . . . . . . . . . . . . . . . . . . . . . . .89
    Aprendizado híbrido ou *blended* . . . . . . . . . . . . . . . . . . . . . . .93
    Aprendizagem personalizada . . . . . . . . . . . . . . . . . . . . . . . . . . .95
    Inovação disruptiva . . . . . . . . . . . . . . . . . . . . . . . . . . . . . . . . . . . .96
    Aprendizado digitalmente aperfeiçoado em ação . . . . . . . . . . .98
    Uma carta pela mudança . . . . . . . . . . . . . . . . . . . . . . . . . . . . . .102
Diversão . . . . . . . . . . . . . . . . . . . . . . . . . . . . . . . . . . . . . . . . . . . . . . .108
Modelando os caminhos certos . . . . . . . . . . . . . . . . . . . . . . . . . . . .114

## CAPÍTULO 4
**Os cinco inimigos do engajamento: como derrotá-los** . . . . . . . . . .117

Desencantamento . . . . . . . . . . . . . . . . . . . . . . . . . . . . . . . . . . . . . . .121
Desconexão . . . . . . . . . . . . . . . . . . . . . . . . . . . . . . . . . . . . . . . . . . . 126
Dissociação . . . . . . . . . . . . . . . . . . . . . . . . . . . . . . . . . . . . . . . . . . . 132
    Individualismo narcisista . . . . . . . . . . . . . . . . . . . . . . . . . . . . . 132
    Colapso social e comunitário . . . . . . . . . . . . . . . . . . . . . . . . . . 137
Desempoderamento . . . . . . . . . . . . . . . . . . . . . . . . . . . . . . . . . . . . .141
Distração . . . . . . . . . . . . . . . . . . . . . . . . . . . . . . . . . . . . . . . . . . . . . 149
Derrotando a falta de engajamento . . . . . . . . . . . . . . . . . . . . . . . . 154

## CAPÍTULO 5
**Testes padronizados: os arqui-inimigos do engajamento** . . . . . . . 159

O impacto dos testes . . . . . . . . . . . . . . . . . . . . . . . . . . . . . . . . . . . . 161
    Preconceito cultural . . . . . . . . . . . . . . . . . . . . . . . . . . . . . . . . . .164
    Exclusão dos mais vulneráveis . . . . . . . . . . . . . . . . . . . . . . . . . .165
    Eclipse do aprendizado . . . . . . . . . . . . . . . . . . . . . . . . . . . . . . .166
    Inibição da inovação . . . . . . . . . . . . . . . . . . . . . . . . . . . . . . . . . .167
    Ciclos rotativos de melhoria . . . . . . . . . . . . . . . . . . . . . . . . . . . .168
A batalha sobre os testes de médio desempenho . . . . . . . . . . . . . .170
Avaliação para o engajamento . . . . . . . . . . . . . . . . . . . . . . . . . . . .177
Eliminando o arqui-inimigo . . . . . . . . . . . . . . . . . . . . . . . . . . . . . . . 181

## CAPÍTULO 6

**Os cinco caminhos para o engajamento do estudante: na teoria e na prática** ... 183

Uma nova base teórica para o engajamento dos estudantes ... 184

Os cinco caminhos para o engajamento na prática ... 187

Valor intrínseco ... 191

Importância ... 197

Associação ... 201

Empoderamento ... 204

Maestria ... 208

Encontrando o caminho para o futuro ... 210

## EPÍLOGO

**A promessa do engajamento e a batalha pela mudança** ... 215

**Referências** ... 223

**Índice** ... 251

# Introdução

Este é um livro sobre o engajamento dos estudantes. Ele diz isso na própria capa! Não somos os primeiros a estudar e escrever sobre esse assunto, nem seremos os últimos. Muitos artigos e livros já falaram sobre como aumentar o engajamento dos estudantes a partir de uma perspectiva aplicada ou psicológica. Esses textos levantam questões importantes e oferecem conselhos práticos sobre como aumentar a motivação dos estudantes, ampliar sua participação e obter sua atenção para avançar no seu aprendizado e nos resultados decorrentes deste processo.

Então, por que precisamos de outro livro sobre esse assunto? Bem, apesar de todos os conselhos bem fundamentados, baseados em décadas de investigação psicológica sobre motivação e envolvimento, os níveis de engajamento dos estudantes não parecem estar melhorando. De fato, como mostramos nesse livro, esses níveis estão, na melhor das hipóteses, estagnados, e, na pior, despencando. Isso está acontecendo mesmo quando os resultados dos exames melhoram. Desempenho e engajamento estão avançando em direções opostas. Trata-se de uma trajetória desanimadora.

Muitos educadores e legisladores adotaram uma visão limitada de desempenho. Eles o associaram aos resultados nos exames; o limitaram às habilidades básicas, como alfabetização e conhecimentos matemáticos e o colocaram acima do aprendizado, de uma maneira que frequentemente não faz justiça ao aprendizado. Eles aumentaram a importância das notas nos exames, fazendo com que os alunos memorizassem coisas que mal compreendem e esquecem rapidamente. Esse tipo de processo envolve pouco aprendizado que realmente leva a conhecimentos novos. Ele é frequentemente alcançado sem muito entendimento. Em vez de abordar o engajamento como uma maneira de obter aprendizado e desempenho significativos, os sistemas de educação promoveram tipos superficiais de desempenho, às custas do engajamento.

## O ELO PERDIDO

Há um elo perdido nas explicações sobre a existência ou não de engajamento e as razões que levam a isso. Esse elo perdido é o lado social do engajamento dos estudantes. Tal negligência levou à elaboração de estratégias que são insuficientes para a dimensão desse problema. As pesquisas sobre engajamento dos estudantes têm sido dominadas pela disciplina da psicologia – especialmente pela *psicologia positiva*. Tal fato resultou na promoção de soluções individuais e de pequena escala quando os responsáveis pela falta de engajamento são, frequentemente, problemas sociais e sistêmicos.

Nesse livro, revisamos as principais perspectivas psicológicas porque elas nos ajudam a entender a dinâmica interpessoal da motivação e do engajamento. Elas abordam fatores cognitivos, comportamentais e emocionais que resultam em maior ou menor participação em nossas salas de aula e escolas. A força da psicologia positiva é que ela propõe abordagens e estratégias práticas que os professores e escolas podem adotar imediatamente. Estas incluem estimular a motivação intrínseca, oferecer *feedback* positivo e criar experiências de fluxo no aprendizado dos estudantes. Entretanto, a limitação da psicologia positiva é que ela *apenas* analisa fatores em pequena escala em salas de aula e escolas individuais que podem ser manipulados para garantir a melhora. O problema da influência predominante das perspectivas psicológicas não é que elas estejam erradas. Elas simplesmente não são suficientes.

Não faltam estratégias bem conhecidas e psicologicamente embasadas que, em princípio, qualquer professor pode usar para aumentar o engajamento dos seus alunos – desde a adoção de estratégias de ampliação dos modelos mentais até a introdução de projetos interdisciplinares e a utilização de avaliações formativas, por exemplo. A base de evidências científicas aumentou, os livros são numerosos e o desenvolvimento profissional tem sido abundante. No entanto, em geral, os níveis de engajamento não parecem estar melhorando. Então, qual é o problema? Os professores estão simplesmente relutantes a correr riscos e adotar novas práticas que as evidências sugerem ser bem-sucedidas? Ou há algo mais em jogo?

A contribuição particular desse livro é que ele chega a um consenso em relação ao que está impedindo o engajamento ideal e sobre o que precisa ser feito como consequência. Para isso, desenvolvemos uma perspectiva *sociológica* complementar sobre a compreensão do engajamento e da desmotivação dos estudantes.

> *Os professores querem motivar seus alunos. Isso foi o que fez a maioria deles lecionar. Muitas coisas, porém, obstruem seus esforços.*

Os professores querem motivar seus alunos. Isso foi o que fez a maioria deles lecionar. Muitas coisas, porém, obstruem seus esforços. Os professores as conhecem muito bem: diretores que querem se impor aos julgamentos dos professores, testes que limitam o tempo disponível para o aprendizado e currículos sobrecarregados, que apressam todos a memorizar conteúdos desinteressantes. Pais que superprotegem os filhos (conhecidos como pais helicópteros), turmas lotadas, exigências burocráticas e suporte insuficiente são apenas algumas das barreiras que os professores encontram quando tentam aumentar o engajamento dos seus alunos na aprendizagem.

Uma perspectiva sociológica nos ajuda a reconhecer a existência e as razões dessas barreiras. Ela nos permite ver que existem barreiras institucionais e sociais (não apenas interpessoais) e enfrentar o fato de que, junto com as soluções sugeridas pela psicologia positiva, o aumento do engajamento dos estudantes exigirá também soluções de política institucional e educacional. Uma perspectiva sociológica nos ajuda a reconhecer que professores e lideranças escolares são responsáveis pelo aumento do envolvimento dos alunos, mas também que eles não são os *únicos* responsáveis. Se o engajamento dos estudantes não está aumentando, não é *apenas* ou *sempre* devido a uma falha dos professores. Frequentemente é uma falha também de políticas equivocadas de testagem, sistemas educacionais públicos que recebem poucos recursos, agendas reformadoras sobrecarregadas, relações de poder distorcidas e introdução apressada de tecnologias digitais.

A sociologia, assim como a psicologia, pode sugerir estratégias práticas para mudança. De fato, ao adicionarmos perspectivas sociológicas à literatura sobre o engajamento dos estudantes, podemos, por exemplo, realizar muito mais do que fazer os professores se sentirem culpados pelos resultados decepcionantes revelados em pesquisas sobre o envolvimento dos alunos. Podemos também evitar insinuar ou insistir que os professores são os únicos responsáveis por fazer as coisas darem certo, mesmo quando os sistemas e testes padronizados e o controle de cima para baixo trabalham contra eles.

O lado positivo das perspectivas sociológicas é que elas nos ajudam a ver não apenas que a aplicação burocrática de testes compromete a participação dos estudantes, por exemplo, mas também que essa testagem não existe em todos os sistemas escolares e pode, portanto, ser alterada. As perspectivas sociológicas podem revelar como vários sistemas desempoderam muitos professores, bem como a seus alunos. Contudo, elas também podem destacar como sistemas com alto desempenho são bem-sucedidos ao empoderar seus professores e estudantes através de políticas governamentais proativas. A pandemia de covid-19 também mostrou que o financiamento e a flexibilidade que há tanto tempo haviam sido negados à educação pública (e sua capacidade de aumentar o desempenho e o engajamento dos estudantes) de repente foram concedidos. Nós apenas precisávamos de uma crise para liberá-los.

Como o noivado em um romance, este livro faz uma promessa. Ele promete unir as perspectivas psicológicas e sociais, criando uma compreensão mais profunda do engajamento dos estudantes.

Se o engajamento é um problema na sua escola ou no seu sistema educacional, nosso livro lhe pede para mudar tanto o sistema quanto a si próprio. Se queremos que nossos alunos participem, todos nós também devemos participar — com as grandes questões de mudança de sistema, bem como com as mudanças práticas e imediatas em nossas salas de aula.

## NOSSAS EVIDÊNCIAS

Os educadores chamaram a nossa atenção pela primeira vez sobre o papel do engajamento dos estudantes quando colaboramos para o desenvolvimento de um projeto para a U.S. Pacific Northwest. Em 2012, fomos convidados a atuar como conselheiros no que veio a ser chamado de rede

Northwest Rural Innovation and Student Engagement (NW RISE). O objetivo dessa iniciativa com financiamento federal era construir uma rede de escolas rurais remotas a fim de melhorar o desempenho dos estudantes. Quando começamos a elaborar a rede junto com representantes da educação estatal e lideranças das escolas e distritos dos cinco estados participantes, as partes envolvidas decidiram que queriam que a nova rede aumentasse o engajamento dos estudantes.

Eles percebiam que o engajamento era o caminho para o bom desempenho. Era também uma maneira de desenvolver a sensação de pertencimento às suas próprias escolas e comunidades, bem como de aumentar sua ligação a escolas e comunidades como as suas em outros locais. À medida que apresentamos as escolas participantes às outras redes com as quais havíamos trabalhado para que pudessem desenvolver uma rede própria, sua escolha por focar no engajamento significava que precisávamos conhecer as pesquisas relevantes nessa área, além de nos familiarizar com os esforços dos participantes para melhorar o engajamento dos estudantes nas suas próprias escolas.

Entre 2012 e 2019 nos encontramos com nossos colegas do projeto NW RISE em dois encontros presenciais por ano, com um número crescente de escolas, professores e lideranças. Eles trabalharam conosco para desenvolver a rede ao longo de suas diferentes fases de crescimento e colaboraram no que eles chamaram de grupos "de trabalho semelhante" para criar unidades participativas de aprendizado conjunto. Esses grupos de trabalho semelhante foram às vezes definidos em termos de suas áreas de conhecimento, tais como professores de matemática ou de estudos sociais. Às vezes eles se organizaram por faixa etária, como no grupo de ensino da primeira infância. Em outros casos, eles se reuniram com base em suas funções, como conselheiros, diretores de escola ou professores de apoio da educação especial, por exemplo. Entre os encontros, os participantes interagiram em plataformas virtuais para planejar os currículos e compartilhar exemplos do que eles haviam tentado em suas próprias escolas, e começaram também a conectar seus alunos entre si.

Nós observamos, ajudamos a facilitar e participamos desses encontros presenciais e virtuais. Realizamos encontros mensais com o grupo diretor do projeto, formado por representantes dos cinco estados. Nossas observações, entrevistas e interações *on-line* no projeto NW RISE formam a base para muitos dos exemplos de engajamento dos estudantes relatados aqui.

Nosso livro também se baseia em um projeto que realizamos juntos em 10 dos 72 distritos escolares de Ontário, no Canadá, durante muitos anos. Em avaliações internacionais de grande escala, o Canadá consistentemente se situa entre os 12 países de melhor desempenho. Em 2019, Ontário obteve o sexto lugar do mundo em leitura no Programa Internacional de Avaliação de Estudantes (PISA), da Organização para Cooperação e Desenvolvimento Econômico (OCDE). Ontário e três outras províncias canadenses estão entre os sistemas educacionais de melhor desempenho dentre todos os sistemas de países de língua inglesa e francesa do mundo.[3]

Ontário é um sistema educacional de tamanho considerável. Pode ser apenas uma entre as 10 províncias e três territórios canadenses, mas sua população de mais de 14,5 milhões de pessoas é maior do que a de vários países, e tem mais de cinco mil escolas. Seu alto desempenho reconhecido internacionalmente atrai visitantes da área de educação de todas as partes do mundo.

Nós temos fortes ligações com Ontário. Andy trabalhou e pesquisou lá durante 15 anos, até 2002, e se mudou para lá novamente em 2018. De 2014 a 2018, ele também atuou como um dos seis conselheiros da primeira-ministra Kathleen Wynne e de seus ministros da Educação. Mesmo quando mudou de residência para os Estados Unidos e começou a trabalhar com Dennis e outros colaboradores no Boston College, os educadores sêniores da província pediam seu conselho e participação. Juntos, aceitamos um desses convites, do Council of Ontario Directors of Education (CODE; *diretores* sendo equivalentes a superintendentes estaduais nos Estados Unidos) para ajudá-los a formar e em seguida colaborar com um consórcio de 10 distritos escolares.

Muitos educadores do consórcio participaram do projeto que forneceu os dados para esse livro. Eles abriram suas escolas, apresentaram voluntariamente seus pontos de vista e nos forneceram *feedback* vital, que, no melhor espírito do profissionalismo colaborativo, também foi crítico quando precisou ser. Nós visitamos todos os 10 distritos e entrevistamos mais de 200 educadores para determinar como eles estavam implementando os quatro pilares da agenda de reformas do governo. São eles:

1. excelência, definida de modo amplo, incluindo as artes;
2. equidade crescente, entendida como inclusão dos estudantes e de suas identidades;

3. bem-estar dos estudantes;
4. confiança pública.

A ênfase na inclusão, identidade e, especialmente, no bem-estar indicaram que boa parte do que testemunhamos traz evidências sobre a natureza do engajamento dos estudantes. Incluímos exemplos disso em vários pontos da nossa argumentação. Quando os educadores voluntariamente expuseram suas percepções sobre o sistema de testes padronizados de Ontário, isso também gerou dados significativos sobre a existência e as manifestações de falta de engajamento nos estudantes.

Nós próprios também somos inevitavelmente parte do que estudamos. Nós vivenciamos o engajamento e a falta dele quando éramos alunos, como professores no início das nossas carreiras, e agora como professores universitários. Andy os vivenciou quando atuou como professor ocasional de três de seus netos durante a pandemia de covid-19 e Dennis os administra enquanto ensina em cursos *on-line* para estudantes de todo o mundo.

É uma prática comum que autores das ciências sociais façam uma declaração inicial sobre a sua própria *posição* de identidade, privilégio ou marginalização no seu trabalho e em suas vidas, e, em seguida, mostrem como isso pode afetar suas análises sobre as experiências das pessoas. Adotamos essa ideia e em seguida prosseguimos com ela neste livro, desenvolvendo explicitamente o modo como os diferentes aspectos do engajamento e da sua falta foram vivenciados por nós e impactaram cada um de nós de maneiras positivas e negativas. Esperamos que isso o encoraje a refletir sobre suas próprias experiências na medida em que assumimos o desafio de melhorar o engajamento de todos os estudantes, independentemente de suas origens ou identidades.

## A NARRATIVA DESTE LIVRO

Este livro é uma espécie de busca em que o engajamento é tanto uma jornada quanto um destino. Não estamos defendendo o engajamento dos estudantes apenas

> *O engajamento é tanto uma jornada quanto um destino.*

pelo seu valor em si. Ele deve levar à melhoria do aprendizado e do bem-estar dos alunos, de seus educadores e da comunidade como um todo.

Entretanto, um único caminho não nos levará a uma participação total. Existem muitas maneiras de se engajar; nós podemos e precisaremos seguir por mais de um caminho. É claro que é muito melhor se engajar do que não se engajar. Porém, o engajamento é um grande passo no caminho do aprendizado e do sucesso na escola e depois dela.

*Esse livro seguirá a busca por engajamento ao longo de trilhas sinuosas, em que adversários e adversidades estão frequentemente à espreita.*

A jornada de engajamento que descrevemos aqui é uma busca para alcançar esses objetivos finais de aprendizado e sucesso. Nas narrativas históricas e de ficção, pessoas em perigo frequentemente embarcam juntas em jornadas árduas e perigosas. Do mesmo modo, esse livro seguirá a busca por engajamento ao longo de trilhas sinuosas, em que adversários e adversidades estão frequentemente à espreita. Se os educadores perseverarem e mantiverem o curso, resistirem aos desvios e confrontarem e vencerem seus inimigos, então a jornada de engajamento os levará ao objetivo prometido de aprendizado e sucesso para todos os seus alunos.

A jornada começa com um momento histórico na educação, quando estamos passando de uma era para outra em que o engajamento dos estudantes ocupa um papel de destaque. O capítulo de abertura deste livro apresenta o cenário para a compreensão do engajamento dos estudantes, descrevendo como estamos entrando em uma nova era de mudanças educacionais. Este é um momento de transição de uma era que foi definida pelo esforço individual e por desempenho em testes para outra que é mais centrada em engajamento, bem-estar e identidade. O capítulo discute o que está acontecendo com os níveis de engajamento dos estudantes e questiona por que ele diminui desde os anos iniciais do ensino básico até o ensino médio. Em seguida, examinamos como o engajamento dos estudantes com o aprendizado e as escolas atraiu atenção durante a pandemia de covid-19 e consideramos as consequências do que foi aprendido como resultado.

Como qualquer aventureiro sabe, o primeiro passo em uma jornada bem-sucedida é a preparação. O Capítulo 2 introduz o conhecimento que os educadores precisarão trazer consigo para sua busca. Discutimos algumas das principais teorias psicológicas de engajamento e motivação a fim de alcançar uma definição mais precisa do que o engajamento pode ser e de quais fatores o promovem. As teorias do desenvolvimento humano, da motivação intrínseca, do engajamento total, da maestria (domínio) e do valor da expectativa tiveram uma considerável influência na prática das escolas. Em seguida introduzimos brevemente o nosso ponto de vista, com base na sociologia, sobre o engajamento dos estudantes como um complemento à abordagem psicológica mais comumente utilizada.

Os educadores que embarcarem nessa jornada devem estar atentos a três mitos sedutores ou ideias enganosas que podem arrastá-los para fora do curso ou atraí-los para longe do seu verdadeiro objetivo de fazer com que seus alunos se envolvam no aprendizado e na vida. O Capítulo 3 identifica, e, em seguida, desconstrói esses três mal-entendidos comuns sobre o engajamento e o modo de ampliá-lo. O primeiro mito é o de que tudo o que os estudantes aprendem precisa ter relevância imediata para seus interesses ou problemas do mundo real. O segundo é o de que a tecnologia eliminará, isoladamente, a falta de engajamento. O terceiro mito é o de que tornar todo o aprendizado divertido será suficiente para manter a participação dos estudantes. Mostramos que o engajamento é mais complicado do que qualquer um desses mitos ou do que todos eles. Evitar ser enganado por soluções simples e sedutoras é essencial para que um engajamento amplo e ideal seja assegurado.

Existem muitos inimigos do engajamento. Temos que aprender quais são, estar preparados para enfrentá-los e saber como derrotá-los. O Capítulo 4 explora os tipos de falta de engajamento contra os quais os educadores devem lutar. É aí que as perspectivas sociológicas entram em cena, misturando a teoria sociológica clássica com os estudos contemporâneos de escolas e sociedade. Argumentamos que a falta de engajamento pode assumir cinco formas diferentes, que frequentemente se interconectam:

1. desencanto com o aprendizado e com testes/provas padronizadas;
2. desconexão de um currículo irrelevante e pouco inspirador;
3. fim da visão da escola como uma comunidade;
4. desempoderamento em relação ao ensino e aprendizado;
5. distração por tecnologias digitais.

Na busca por maior aprendizado e bem-estar, os educadores terão que confrontar alguns ou todos esses formidáveis adversários.

No Capítulo 5, essas perspectivas e interpretações são aplicadas a um arqui-inimigo do engajamento. Esse arqui-inimigo encarna os cinco inimigos separados do engajamento em um único fenômeno: a aplicação de testes padronizados em grande escala. O capítulo examina o sistema de testagem de Ontário e seus efeitos como um exemplo-chave. Propomos uma reconceitualização fundamental da avaliação dos estudantes e damos exemplos de como isso já está acontecendo em muitos sistemas escolares.

Tendo resistido a desvios tentadores e derrotado nossos inimigos, nós finalmente estaremos no caminho certo para o engajamento. O Capítulo 6 integra as perspectivas psicológicas e sociológicas a fim de estabelecer cinco caminhos para o engajamento dos estudantes, os quais espelham os cinco inimigos:

1. **Valor intrínseco**: os professores devem aproveitar a motivação intrínseca dos estudantes em relação aos interesses atuais e futuros que despertem sua curiosidade e desenvolver seus sentidos de paixão e propósito.

2. **Importância**: os estudantes devem ser encorajados e apoiados a trabalhar arduamente em temas que sejam importantes para eles, para o mundo ou para ambos.

3. **Associação (pertencimento)**: a sensação de ser incluído e de fazer parte da escola e da comunidade não deve ser deixada ao acaso. Todas as partes da escola devem construir a sensação de pertencimento para todos.

4. **Empoderamento**: as escolas não devem ser percebidas como locais de imposições aleatórias por parte dos adultos, mesmo que elas sejam bem-intencionadas. Os estudantes devem ter voz no currículo, na avaliação, nos modos de aprendizado e nas políticas que definem a vida na escola.

5. **Maestria (proficiência)**: uma realização conquistada com muito esforço fornece mais satisfação duradoura e engajamento contínuo do que momentos fugazes de diversão.

Esses cinco caminhos para o engajamento dos estudantes são ilustrados com exemplos detalhados retirados de nossa pesquisa na U.S. Pacific Northwest.

O livro termina com um pequeno epílogo, que reflete sobre a natureza da jornada de engajamento. Ele faz um apelo à ação nas nossas escolas e sistemas educacionais para alcançar o objetivo de garantir o engajamento e, portanto, o aprendizado e o bem-estar, para todos os alunos em todos os lugares. Fazemos uma promessa sobre o futuro do engajamento dos estudantes. É uma promessa de recorrer a todos os aspectos psicológicos e sociológicos do engajamento estudantil para que possamos unir os jovens ao aprendizado e ao sucesso.

À primeira vista, ampliar o engajamento dos estudantes pode parecer enganosamente fácil – bastaria aumentar os níveis de inspiração, insistir em uma atenção mais concentrada ou tornar a escola divertida. No entanto, depois de se aprofundar nas teorias e evidências sobre o engajamento estudantil, o tópico se torna mais complicado. O engajamento não é mais uma questão óbvia; é um enigma. Porém, à medida que viajarmos pelos argumentos e exemplos deste livro e pelos cinco caminhos, esperamos que você não só desenvolva uma compreensão mais profunda do engajamento estudantil e do que o mobiliza, mas também comece a perceber maneiras práticas de aumentar o engajamento de todos os alunos na sua sala de aula, na sua escola e em todo o seu sistema educacional.

# 1

# Do desempenho ao engajamento: duas eras da mudança educacional

Desde a virada do milênio surgiram inúmeros livros e artigos sobre desempenho insatisfatório de estudantes e queda nos padrões de desempenho.[4] Quantas vezes ouvimos falar de amplas desigualdades nos resultados, resultados preocupantes em testes e estudantes sendo deixados para trás? Um número excessivo de nossos sistemas educacionais tem se baseado em correr até o topo, vencer a competição e ser o melhor da turma.

Um problema igualmente importante, mas frequentemente negligenciado, é a falta de engajamento dos estudantes. Essa não é uma questão trivial. De acordo com o relatório do levantamento Gallup de 2018, apenas 47% dos alunos dos Estados Unidos são engajados nas escolas, com mais de um quarto "não engajado" e os restantes "ativamente desmotivados".[5] Cerca de metade dos estudantes entrevistados pela Association for Supervision and Curriculum Development (ASCD) – uma das principais organizações para gestores escolares nos Estados Unidos – afirmaram que ficam entediados todos os dias.[6] Os números variam entre as idades e as disciplinas, mas vários alunos dizem que não fazem ideia de *por que* estão aprendendo o que seus professores pedem que aprendam. Para eles a escola é uma provação longa e entediante.

À medida que avançam do ensino fundamental para o ensino médio, os estudantes se tornam cada vez menos engajados. Os resultados da pesquisa Gallup mostram que "O engajamento é forte ao final do primeiro segmento do ensino fundamental (anos iniciais), com aproximadamente três quartos dos alunos do sexto ano (74%) relatando altos níveis de engajamento", mas o relatório destaca que outras pesquisas revelam uma queda pronunciada no engajamento dos estudantes ao longo do segundo segmento do ensino fundamental (anos finais) e no ensino médio.[5]

A frequência escolar é compulsória em quase todos os países. Como a pandemia de covid-19 deixou evidente, uma razão pela qual os jovens têm que ir para a escola é para que seus pais possam trabalhar. Não há como contornar isso. Para muitos estudantes, especialmente quando deixam as primeiras séries do ensino fundamental, a experiência da escola é reduzida a sentar-se e sofrer em silêncio.

A falta de engajamento dos estudantes é um problema mundial. Duas décadas atrás, a OCDE realizou o primeiro de muitos estudos internacionais sobre o desempenho estudantil. A avaliação PISA, por ela desenvolvida, mensurou o desempenho de alunos de 15 anos em leitura, matemática e ciências em todo o grupo de países economicamente desenvolvidos da OCDE. Falaremos mais sobre essa avaliação e seu impacto. Por enquanto, é importante entender que os exames da OCDE, realizados a cada três anos, também são acompanhados por levantamentos sobre as experiências dos estudantes nas escolas. Em 2000, as questões dessa avaliação abordaram os sentimentos de participação e pertencimento escolar.

De acordo com as análises da OCDE "[…] entre um quinto e um quarto dos alunos de 15 anos apresentavam uma baixa sensação de pertencimento na maioria dos países da OCDE […]".[7] Os valores eram semelhantes em diferentes países, variando entre 17% no Reino Unido, 21% no Canadá, 25% nos Estados Unidos e mais de um terço no Japão, na Coreia do Sul e na Polônia. O relatório da OCDE também observou "amplas diferenças entre as escolas" na sensação de pertencimento – indicando que o que ocorre dentro das escolas individuais, de uma turma para outra, afeta significativamente o engajamento dos estudantes.[7]

Todos os tipos de alunos são afetados por essas experiências de desmotivação. Estudantes de baixo desempenho vindos de origens socioeconômicas mais pobres são os mais propensos a vivenciar o fracasso escolar e, como consequência, o abandono da escola. Ao mesmo tempo, os alunos de alto desempenho, em países como Japão e Coreia do Sul, se tornam tão desencantados com a escola tradicional – e seus ambientes supercompetitivos, movidos pelo sucesso nos exames – que, mais tarde, quando entram na universidade, se entregam ao que o professor japonês Manabu Sato descreve como uma "fuga do aprendizado".[8] Isso implica "optar por sair da corrida educacional" ao "deixar de se dedicar a aprender fora do espaço escolar", caindo, em vez disso, no "nacionalismo egocêntrico".[9]

O relatório da OCDE aponta que os estudantes desencantados com a escola são os mais propensos a apresentar baixos resultados acadêmicos e abandono escolar. Alunos desmotivados geram problemas de gestão de sala de aula para seus professores e não adquirem as habilidades sociais necessárias para que tenham um bom desempenho no trabalho ou na educação superior. A desmotivação dos estudantes é importante não apenas porque pode afetar seu desempenho, mas também, como a OCDE coloca, porque é "um resultado por si só importante [...] que afetará o futuro dos alunos quando adultos".[10]

Quando a OCDE comunicou os resultados do PISA em 2018, ela incorporou muitos parâmetros novos ao relatório *What school life means for students' lives*. Estes, por sua vez, apresentaram novas descobertas sobre o sentimento de pertencimento dos alunos. Segundo a OCDE, "[...] o sentimento de pertencimento à escola reflete o quão aceitos, respeitados e apoiados se sentem os estudantes [...]".[11] Embora 71% dos alunos entrevistados em 2018 "[...] concordaram ou concordaram fortemente que se sentem parte de suas escolas", "[...] um número considerável de estudantes não se sente conectado socialmente [...]".[12] O relatório prossegue, afirmando que "[...] cerca de um em cada quatro alunos discordou que fizesse amigos facilmente na escola; cerca de um em cada cinco alunos se sente como um estranho na escola; e um em cada seis se sente solitário na escola".[12]

O relatório PISA de 2018 também fornece algumas indicações sobre como o engajamento dos estudantes no próprio aprendizado, bem como em seus relacionamentos, afeta o seu desempenho. "O entusiasmo e o estímulo dos professores ao engajamento na leitura foram as práticas de ensino mais fortemente (e positivamente) associadas pelos alunos à satisfação com a leitura", apontou o relatório.[13] Os alunos se esforçavam muito mais em um ambiente de aprendizado que "[...] facilita e apoia os estudantes no engajamento ativo na leitura, encoraja a cooperação e promove comportamentos que beneficiavam outras pessoas".[14]

Outras pesquisas apoiam as descobertas da OCDE. Uma pesquisa do Reino Unido de 2019, por exemplo, destacou que 27% dos jovens acreditavam que a vida não possui qualquer sentido ou propósito.[15] Na pesquisa *The path to purpose: how young people find their calling in life*, o professor da Stanford University William Damon realizou extensas entrevistas com jovens dos Estados Unidos e descobriu que apenas um em cada cinco deles "[...] expressa uma visão perceptível sobre aonde quer chegar, o que quer conquistar na vida e por quê".[16] Embora cerca de 60% deles tenham participado de "atividades potencialmente motivadoras", eles "[...] não têm qualquer compromisso com essas atividades ou planos realistas para perseguir suas aspirações".[16] Pior ainda, "[...] um quarto deles 'verbaliza a ausência de *qualquer* aspiração', e, em alguns casos, 'não encontram qualquer sentido em obtê-la'".[17]

Dado que a falta de engajamento dos estudantes está entre um quarto e pouco mais da metade dos alunos, variando de acordo com os parâmetros utilizados em diferentes levantamentos, a desmotivação ainda não é uma epidemia. Você até poderia dizer que, diante de todas as distrações atualmente disponíveis para os jovens, manter até três quartos deles engajados na escola é uma realização significativa. No entanto, nenhuma sociedade pode perder um quarto dos seus alunos e esperar sair-se bem no futuro.

## DUAS ERAS DE MUDANÇA

O engajamento dos estudantes tem estado no radar das políticas educacionais de vários países há muito tempo. Entretanto, por volta de 2015 – antes mesmo de a pandemia de covid-19 fornecer novas percepções sobre como os jovens experienciam o aprendizado na escola e em casa –, objetivos educacionais que focam não apenas no desempenho individual já estavam assumindo destaque nas agendas de políticas globais.

> *Estamos passando da Era do Desempenho e do Esforço para a Era do Engajamento, do Bem-estar e da Identidade.*

De fato, começamos a testemunhar uma transição entre duas grandes eras educacionais. Estamos passando da Era do Desempenho e do Esforço para a Era do Engajamento, do Bem-estar e da Identidade. Essa mudança foi acelerada de muitas maneiras pela pandemia global.

## A Era do Desempenho e do Esforço

Desde o início da década de 1990, a melhora no desempenho dos estudantes, especialmente em subgrupos considerados de baixo desempenho, estava entre as prioridades políticas de maior destaque para educadores de todo o mundo. Essa foi a Era do Desempenho e do Esforço. Nessa era, revisões cíclicas dos dados de desempenho levaram os professores a se engajarem em interações intensas centradas na resolução de problemas de curto prazo. Essas interações, por sua vez, levaram a rápidas intervenções para melhorar os resultados e eliminar as desigualdades de desempenho. Professores e líderes trabalharam arduamente para medir e acelerar o progresso de cada aluno, em todas as turmas, em todas as escolas. A Era do Desempenho e do Esforço foi a era dourada da testagem, das equipes de dados e do ensino segundo padrões predeterminados.

Para quem achou que as reformas anteriores haviam sido muito vagas e sujeitas aos caprichos individuais de professores, diretores ou lideranças do sistema educacional, a Era do Desempenho e do Esforço teve os seus méritos.

A reforma educacional nesse período foi impulsionada por quatro questões:

1. Como estamos nos saindo?
2. Como sabemos isso?
3. Como podemos melhorar?
4. Como isso pode beneficiar a todos?

Nos melhores cenários, essas perguntas levaram professores e lideranças educacionais a prestarem atenção no desempenho, nos indicadores, na melhora de resultados e na equidade. Elas fizeram os educadores se concentrarem em ajudar *todos* os estudantes, especialmente aqueles que mais se esforçavam, em vez de focarem em aumentar o nível geral ou os níveis médios de desempenho.

Entretanto, os pressupostos e motivações por trás da Era do Desempenho e do Esforço estavam às vezes muito distantes de serem virtuosos. A era surgiu pela primeira vez nos países de língua inglesa no Reino Unido, na década de 1980, quando a primeira-ministra Margaret Thatcher acreditava que o caminho para a prosperidade econômica era abrir os mercados, reduzir o Estado, diminuir o apoio governamental aos grupos vulneráveis e substituir o setor de produção pelo de finanças e serviços. Seu governo fomentou uma desconfiança em massa das instituições públicas, especialmente da educação pública, por ser ineficaz, obstrutiva e rígida. No início da década de 1990, o Reino Unido criou um currículo nacional altamente prescritivo, que foi acompanhado por testagens padronizadas e por um sistema de inspeção escolar mais rigoroso.[18]

Enquanto isso, nos Estados Unidos, o presidente Ronald Reagan, também inspirado pela ideologia do livre mercado, trabalhou com uma força-tarefa de elite que escreveu um relatório intitulado *A nation at risk*.[19] Esse relatório comparou os supostos declínios nos padrões e resultados educacionais com uma guerra insidiosa sendo lançada contra os Estados Unidos como nação, em que a profissão docente era grande parte do problema. Ao final da década de 1990, um crescente estímulo ao desenvolvimento de padrões estaduais levou a mais testagem e padronização como resposta. No norte do estado de Nova York, por exemplo, a pesquisa de Andy sobre as experiências de mudança educacional nas escolas de ensino médio encontrou questões como a relatada a seguir:

> O aumento das exigências de resultados nos exames levou a perdas na escolha do currículo, à padronização do conteúdo e à redução da capacidade de resposta dos professores à diversidade dos estudantes.[20] Os alunos se tornaram mais conscientes dos testes e os professores tiveram mais dificuldade em se conectar aos interesses e às vidas dos estudantes. Os professores consideraram que os estudantes com necessidades especiais e dificuldades de aprendizado da língua eram especialmente prejudicados quando era exigido que eles fizessem os testes. O efeito final nos professores foi uma ampla desmoralização e *burnout*.[21]

A Lei de 2002 intitulada No Child Left Behind (NCLB), do presidente George W. Bush, levou o movimento de padronização que havia começado em estados como Nova York a um nível nacional.[22] A NCLB começou como uma iniciativa bipartidária liderada pelo senador Edward Kennedy, de Massachusetts, combinando maior atenção à equidade com maior *accountability*\* de cima para baixo, medida por testes padronizados. Porém,

---

\*N. de R.T. O termo *accountability* não tem uma tradução precisa para a língua portuguesa, mas pode ser entendido como algo que é requerido ou esperado de uma pessoa para justificar suas ações ou decisões, ou seja, tem a ver com responsabilidade, prestação de contas.

à medida que a implantação da NCLB avançava, as escolas eventualmente tinham que, em última análise, atingir objetivos inalcançáveis para obterem um *progresso anual adequado*, já que se esperava que 100% das escolas fossem proficientes ou melhores quando observada a totalidade dos seus alunos. Quando as escolas tinham dificuldades para alcançar tais resultados, elas eram fechadas. Além disso, havia uma epidemia de fraudes no sistema.

Esforços promissores para promover inovações educacionais de engajamento foram deixados de lado na medida em que os educadores colocaram ênfase exclusivamente em melhorar os resultados de desempenho. Dennis encontrou esse cenário no início dos anos 2000, quando liderou a Massachusetts Coalition for Teacher Quality and Student Achievement, financiada pelo governo federal, para melhorar o aprendizado dos estudantes a partir do desenvolvimento das habilidades profissionais dos professores.[23] Os professores reclamaram fortemente quando as inovações do currículo que demoraram anos para desenvolver – sobre história da arte, apreciação musical ou história do movimento dos Direitos Civis, por exemplo – foram comprometidas pela obsessão incansável do estado e do país pela aplicação de testes. A estratégia do programa Race to the Top (Corrida para o Topo), do presidente Barack Obama, não representou nenhum abrandamento na abordagem da NCLB.[24] Ele assegurava financiamento apenas se os estados utilizassem os parâmetros de crescimento baseados nos exames do próprio governo federal em suas estratégias de prestação de contas (*accountability*).

Enquanto isso, o governo do Reino Unido, liderado pelo primeiro-ministro Tony Blair, estabeleceu uma agenda semelhante de estratégias nacionais de reforma em grande escala ao instituir a National Literacy and Numeracy Strategy, em 1997 para a leitura e em 1998 para a matemática.[25] A estratégia forneceu materiais de instrução de caráter prescritivo, exerceu vigilância implacável sobre sua implantação por meio da utilização de treinamentos e outras estratégias, manteve a abordagem dura e até punitiva do serviço de inspeção existente e impôs consequências de alto risco para as escolas que não conseguiram melhorar nos testes de desempenho de *"key stage"*.*[26]

Apesar das alegações de sucesso dos governos, baseadas em dados próprios que mostravam taxas de proficiência crescentes entre 1995 e 2000,

---

*N. de R.T. *Key Stage*, no inglês, é uma etapa do sistema de educação estatal na Inglaterra, no País de Gales, na Irlanda do Norte e no território britânico ultramarino de Gibraltar, que define o conhecimento educacional esperado de alunos de várias idades.

um relatório de uma comissão de estatísticas independente contradisse esses argumentos.[27] Ela concluiu que as taxas de crescimento anuais quase idênticas em disciplinas diferentes eram um resultado altamente improvável estatisticamente. Outra pesquisa em larga escala mostrou que as alegações do governo sobre a melhora das notas em leitura eram "ilusórias", "exageradas" e representavam efeitos de dimensões muito pequenas que "[...] poderiam facilmente resultar da aquisição de prática na realização do teste".[28]

Essa e outras evidências independentes demonstraram que os testes de desempenho padronizados causaram imensos danos colaterais: currículo limitado, perda de criatividade na sala de aula, ensino focado para o teste e oportunidades reduzidas para o que agora é conhecido como aprendizado profundo (*deep learning*). Os pesquisadores descobriram que "O ensino para a turma inteira [...] era um estilo tradicional guiado pelo professor [...]".[29] "Os professores faziam perguntas fechadas, os alunos forneciam respostas breves que não eram analisadas em profundidade, era dado um elogio generalizado em vez de um *feedback* específico e havia uma ênfase na memorização de fatos [...]".[30]

A Era do Desempenho e do Esforço se tornou um fenômeno global, promovido por organizações transnacionais como o Banco Mundial, a OCDE e o National Center on Education and the Economy (NCEE) nos Estados Unidos. Por exemplo, quando a OCDE publicou seus *rankings* nacionais no primeiro exame PISA, em 2000, governos como os da potência econômica da Alemanha ficaram chocados ao descobrir que eram medíocres nas tabelas de classificação do campeonato, ao invés de terem um bom desempenho.[31] Nos Estados Unidos, à medida que os resultados de cada ciclo eram apresentados, a NCEE e as mídias "arrancavam os cabelos" em desespero diante do desempenho meramente mediano de um país que lutava para manter sua reputação como única superpotência mundial.[32] Isso apesar de alguns estados, como Massachusetts, terem tido um desempenho tão bom como o dos países mais bem classificados, e de todo o país ter uma pontuação média semelhante à da União Europeia.[33]

Em vez de desenvolver visões para seus sistemas educacionais relacionadas ao que eles queriam que seus estudantes e sociedades fossem, um país após o outro começou a estabelecer objetivos em termos do *ranking* internacional do PISA. O governo da Austrália declarou sua intenção de estar entre as cinco melhores posições até 2025.[34] Enquanto isso, quando

Andy esteve no País de Gales em 2013 com uma equipe de revisão da política da OCDE (grupo independente do ramo que administra as avaliações do PISA), o Welsh Department for Education and Skills declarou que queria fazer parte das 20 melhores posições até 2015 (o que o colocaria em posição superior à Inglaterra).[35]

Cada vez mais as políticas educativas se resumiram a identificar caminhos para que os países em questão pudessem subir nas classificações do PISA. Porém, as métricas do PISA e as inferências realizadas a partir delas foram erradas. Por um lado, quando cada novo ciclo de resultados era publicado, a OCDE adicionava novos sistemas educacionais que se classificavam no topo, como Xangai e Macau. Isso criou a falsa impressão de que os países ocidentais classificados abaixo desses sistemas educacionais recentemente incluídos no *ranking* estavam piorando, mesmo quando suas notas não haviam diminuído de fato. Além disso, o desempenho aparentemente excepcional de muitos alunos da Ásia foi, ao menos em parte, explicado por um amplo *sistema oculto* de tutoria privada após o horário escolar e de escolas abarrotadas preparando estudantes para os exames de admissão na universidade.[36] Segundo os próprios dados da OCDE de 2019 sobre a qualidade de vida dos estudantes, esses países asiáticos supercompetitivos, em que os objetivos de desempenho encobriam todos os outros, na verdade apresentavam os estudantes mais insatisfeitos do mundo.[37]

A Era do Desempenho e do Esforço reduziu o aprendizado ao que é facilmente mensurável; concentrou uma atenção indevida naqueles estudantes que reprovam por pouco, logo abaixo do limiar de proficiência medida, à custa dos que têm necessidades de aprendizagem mais profundas; sacrificou a motivação para o aprendizado em nome do desempenho em testes. Não surpreende que salas de aula e programas de comportamento escolar super-rígidos e quase militares tenham florescido nos Estados Unidos e na Inglaterra.[38] A popularidade desses programas é um sinal evidente de que esses sistemas nacionais sacrificaram um engajamento estudantil duradouro, com aprendizado profundo e amplo, pelo cumprimento a curto prazo de uma ordem educacional antiquada.

Embora professores antiquados e escolas desatualizadas sejam frequentemente culpados por falharem em engajar seus alunos, na Era do Desempenho e do Esforço foram as políticas governamentais de atribuição de responsabilidades (*accountability*) de cima para baixo as principais responsáveis.

## A Era do Engajamento, do Bem-estar e da Identidade

Mudanças em grande escala ocorrem quando as soluções antigas se desgastam e novos desafios urgentes emergem. Na segunda década do século XXI, esses problemas surgiram rapidamente e com grande intensidade. Nos Estados Unidos, as estratégias de privatização, testagem e desenvolvimento de escolas *charter* (*charter schools*) começaram a perder força. Resultados mostraram que não houve melhora em grande escala, e as pessoas começaram a se cansar dos constantes ataques aos professores. Greves intensas de professores nos estados mais conservadores foram apoiadas por amplos setores da opinião pública.[39] Os governos republicanos e democratas começaram a elevar os impostos para poderem aumentar os salários dos professores. Os pais e a grande mídia perceberam o quanto era lamentável fazer parte de uma das economias mais avançadas do mundo e, no entanto, ter sistemas escolares em que os professores trabalhavam em um segundo ou terceiro emprego, à noite e aos finais de semana, simplesmente para manter suas famílias.[40]

Na Inglaterra, os pais também começaram a apoiar os professores na oposição aos testes padronizados, encarados como responsáveis por retirar toda a alegria das crianças em aprender.[41] Enquanto isso, a Escócia e o País de Gales se separaram completamente das políticas educacionais da Inglaterra, inclusive das políticas de testagem.

Em dezembro de 2019, os resultados do PISA receberam muito pouca cobertura da imprensa. Todos, inclusive a mídia, tinham entendido como o jogo funcionava. Se um país subia ou descia algumas posições ou pontos, isso realmente significava tanto? Por que alguém deveria realmente se importar? Apenas alguns radicais conservadores fizeram eco a Chicken Little e disseram que o céu estava caindo.* A Era do Desempenho e do Esforço parecia ter chegado ao seu fim.

Nas duas primeiras décadas do novo século, havia novas questões bem mais importantes para o mundo se preocupar do que as notas em exames. Ocorria um surto global de problemas de saúde mental entre os jovens,

---

*N. de R.T. Referência à Chicken Little, curta lançado por Walt Disney em 1943, em meio à Segunda Guerra Mundial, e baseado na fábula *The sky is falling* (em português, "O céu está caindo"), em que Chicken Little é enganado por uma raposa que – para poder entrar no galinheiro – o escolhe por ser ingênuo e o faz acreditar que o céu está caindo; assim, plantando o medo e o pânico no galinheiro.

que vivenciavam taxas crescentes de ansiedade e depressão.[42] As mudanças tecnológicas estimularam as novas gerações a criar identidades *on-line* que frequentemente as afastava de um engajamento maior em seu processo de aprendizagem, assim como de estabelecerem relacionamentos presenciais uns com os outros.[43] A maior crise global de refugiados em 50 anos levou milhões de jovens a escolas desconhecidas no mundo todo, com consequentes desafios para seus novos professores.[44] Injustiça racial, mudanças climáticas, desigualdade econômica, polarização política e ameaças à democracia criaram um sentimento crescente de que o mundo estava tomando um rumo perigoso para pior.

Entretanto, embora muitos países tenham começado a enfrentar as desigualdades educacionais nas áreas urbanas, realizando parcerias com fundações, universidades e empresas, as desigualdades persistiram e aumentaram no interior dos Estados Unidos, da Austrália e de outros países.[45] Garantir o avanço em comunidades que perderam suas indústrias e meios de subsistência exigia estratégias diferentes daquelas que haviam funcionado nas grandes cidades do mundo.[46]

Os sistemas educacionais começaram a entrar de modo cada vez mais consistente em uma nova era, a Era do Engajamento, do Bem-estar e da Identidade. As questões determinantes para as escolas não se relacionam mais com desempenho, oportunidade e competitividade. Elas vão ao âmago do que o poeta irlandês William Butler Yeats chamou de "medula óssea" de quem nós somos.[47] Essas questões são mais pessoais, culturais e existenciais do que aquelas que definiram a Era do Desempenho e do Esforço.

> *As questões determinantes para as escolas não se relacionam mais com desempenho, oportunidade e competitividade. Elas vão ao âmago de quem nós somos.*

1. Quem somos?
2. O que será de nós?
3. Quem decidirá?

Na Era do Desempenho e do Esforço, as prioridades políticas para muitos estados, províncias e sistemas educacionais se baseavam em três prioridades simples, específicas e facilmente mensuráveis. Estas eram melhorar o desempenho em leitura e em matemática, além de elevar as taxas de conclusão do ensino médio.[48] No entanto, na Era do Engajamento, do Bem-estar e da Identidade, os legisladores começaram a voltar sua atenção para a importância das novas habilidades e competências. Na Noruega, por exemplo, estas incluem desenvolver a habilidade de aprender e a metacognição; as habilidades de comunicar, colaborar e participar; e as capacidades de explorar, questionar e criar.[49] O Curriculum for Excelence da Escócia define quatro habilidades desejadas em seus estudantes: tornarem-se aprendizes bem-sucedidos, desenvolverem-se como indivíduos confiantes, serem colaboradores efetivos e tornarem-se cidadãos responsáveis.[50] Com base nos resultados da revisão da política da OCDE para a qual Andy contribuiu, o País de Gales tem como meta criar aprendizes ambiciosos e capazes; colaboradores empreendedores e criativos; cidadãos éticos e bem informados e indivíduos saudáveis e autoconfiantes.[51] Nos Estados Unidos, a Lei Every Student Succeeds, de 2015, também promoveu medidas alternativas, diferentes dos testes padronizados, para o desempenho dos estudantes. Em quase todos os lugares a mudança está chegando.[52]

Mesmo nos sistemas educacionais altamente testados da Ásia, a maré começou a mudar. Por exemplo, a Secretaria de Educação da província de Gyeonggi – o maior distrito escolar da Coreia do Sul, próxima da capital, Seul – construiu uma rede de mais de 800 escolas inovadoras (um terço de todas as suas escolas), comprometidas em desenvolver dignidade, paz e justiça social.[53] Enquanto isso, Singapura dedicou uma ênfase crescente em tornar o aprendizado mais alegre, significativo e baseado em valores.[54] Reduziu o volume de testes nas escolas de ensino fundamental e introduziu um plano nacional de aprendizagem experimental ao ar livre.[55] Nos Estados Unidos, a ASCD mobilizou seus recursos para apoiar a campanha Whole Child for the Whole World (Criança Integral para um Mundo Integral).[56] A própria OCDE expandiu significativamente o seu portfólio, indo além do PISA e incluindo evidências sobre o bem-estar dos estudantes; assim, liderando um esforço global para criar uma visão para a educação em 2030 que inclui mais de 30 competências, tais como compaixão, criatividade, curiosidade, habilidades de meta-aprendizagem, *mindfulness* e gratidão.[57]

Essa mudança de uma era educacional para outra também foi evidente na província canadense de Ontário, que é uma das duas principais fontes de evidências em primeira mão sobre engajamento e falta de engajamento apresentadas neste livro. Em 2003, Ontário estava totalmente enquadrada na Era do Desempenho e do Esforço. As prioridades da província eram "elevar o nível" e "reduzir a desigualdade" no desempenho avaliado em leitura e matemática. Além disso, havia uma determinação de melhorar as taxas de conclusão do ensino médio e restaurar a confiança pública na educação.[58] No Capítulo 5 (página 159) veremos mais sobre como a Era do Desempenho e do Esforço afetou o engajamento dos estudantes em Ontário.

Em 2014, entretanto, com a nova primeira-ministra Kathleen Wynne, o Ministério da Educação de Ontário estabeleceu quatro novas prioridades no seu relatório *Achieving excellence* (Alcançando a excelência).[59] A primeira era manter a confiança pública no sistema educacional, que havia recebido apoio ao melhorar o desempenho dos alunos em 17% em relação à década anterior. A segunda, o fato de a excelência agora ser definida mais amplamente, indo além da leitura e da matemática e incluindo outras áreas, como ciências, tecnologia, engenharia, artes e matemática (STEAM, na sigla em inglês). A terceira prioridade era a equidade, que não era mais interpretada apenas como a redução das desigualdades de desempenho em leitura e matemática. Agora, ela também englobava a inclusão de estudantes diversos e suas identidades, de modo que eles pudessem ver a si mesmos, suas comunidades e necessidades refletidas na vida e no aprendizado de suas escolas. O pilar final da reforma do sistema educacional de Ontário foi desenvolver o bem-estar físico, cognitivo, emocional e espiritual das crianças.[58]

Em outro trabalho examinamos o que essas novas questões e prioridades significaram para a identidade e o bem-estar de estudantes e professores.[60] Este livro se concentra especificamente na dimensão do *engajamento* na Era do Engajamento, do Bem-estar e da Identidade.

Quais são os desafios para a promoção do engajamento dos estudantes neste novo mundo que começa a se desdobrar? Como iremos engajar os alunos das áreas rurais e das pequenas cidades que no passado foram centros industriais, tanto quanto aqueles das nossas metrópoles urbanas? Como engajaremos e motivaremos alunos de diferentes origens, culturas e identidades, com uma ampla gama de capacidades e deficiências? Como podemos, nessa nova era, engajar crianças e adolescentes não apenas em seu aprendizado, mas também na sensação de pertencimento às suas comunidades e em um senso de significado e propósito para suas vidas?

Cada vez mais as pessoas estão percebendo que não podemos continuar a promover o desempenho com mais testes, pressão, resiliência e garra. Essas abordagens podem funcionar para alguns poucos estudantes, sem dúvida. Entretanto, para os que antecipam perspectivas de emprego sombrias e estão repensando qual poderá ser o seu objetivo na vida nos anos incertos que se avizinham, apelos para que entrem de cabeça e se obriguem a passar por um currículo alienante apenas para aumentar os resultados dos testes fazem pouco sentido.

*Que papel nossas escolas podem desempenhar para ajudá-los a se tornarem seres humanos mais realizados e produtivos?*

É hora de voltar a atenção para as grandes questões que todos os educadores enfrentam. O que pode ser feito que não tornará nossos alunos apenas bons respondedores de testes, mas também aprendizes mais aprofundados e melhores cidadãos? Que papel nossas escolas podem desempenhar para ajudá-los a se tornarem seres humanos mais realizados e produtivos? Podemos encontrar novas maneiras de melhorar o aprendizado e o sucesso dos estudantes aumentando sua experiência de engajamento? Como podemos criar mais situações como essa? É no contexto dessas questões e da transição de uma era para a outra que nos lançamos em nossa busca pelo engajamento.

## A BUSCA PELO ENGAJAMENTO

Não deveria ser tão difícil fazer os alunos se engajarem em estar na escola. A maioria das pessoas escolhe ensinar como uma carreira porque são apaixonadas pelo que fazem. Em geral elas esperam ajudar seus alunos a ficarem entusiasmados em aprender ou fascinados com a matéria específica que ensinam. As pessoas se tornam professores porque desejam fazer a diferença nas vidas dos seus alunos. Seria difícil encontrar, em qualquer lugar, um professor que viesse à escola todos os dias apenas à espera de aborrecer os alunos com sua rigidez! Professores não querem ter alunos que não se engajam, do mesmo modo que arquitetos não querem desenhar edifícios feios e profissionais da saúde não querem fazer adoecer os seus pacientes.

O engajamento é quase a ordem natural da infância. Deixe as crianças brincando sozinhas no pátio, na praia ou em seus próprios quartos e elas não parecem ter qualquer problema em se motivar. Porém, peça a elas que aparem a grama, recolham as folhas caídas das árvores ou que se vistam e o engajamento é a última coisa em que elas vão pensar.

Entre esses extremos de atividades agradáveis e tarefas indesejadas encontram-se as cerca de mil horas por ano que os jovens passam na escola. Na escola nem sempre se consegue fazer o que se deseja; é preciso sentar-se em círculo, fazer fila, esperar a sua vez e aprender coisas que nem sempre são interessantes em um primeiro momento – do sentido numérico básico aos verbos irregulares. Existe um currículo a ser estudado e habilidades a serem desenvolvidas, e nem sempre os estudantes têm certeza de que as desejam.

Quando olhamos para a escola dessa forma, o engajamento começa a parecer como um meio para um fim. Ele se torna uma maneira de assegurar o desempenho naquilo que as escolas e os sistemas educacionais decidiram previamente ser importantes. Essa é uma grande parte do nosso problema na educação atual. Precisamos considerar não apenas como tornamos os alunos engajados com o conteúdo de um currículo predeterminado, mas também como aquele conteúdo em si pode ser selecionado em função do seu potencial inerente de engajamento. Se não levarmos em conta quais materiais ou tópicos podem gerar engajamento e como tornar qualquer conteúdo atrativo, fazer que nossos alunos se tornem engajados em nossos planos de aula e avaliações pode se tornar uma tarefa árdua.

Para algumas pessoas, o engajamento parece óbvio. Os alunos estão ausentes ou presentes, sorrindo ou de cara feia, acordados ou dormindo, olhando para o professor ou deixando seus olhos vagarem por outros locais. Na verdade, porém, o engajamento é um enigma. Um aparente sorriso pode ser uma careta. Uma cara feia pode significar que o estudante está totalmente absorto em intensa resolução de problemas. O engajamento tem muitas faces. Ele pode ser evidente nas sobrancelhas levantadas de prazer e surpresa ou na testa cheia de rugas causadas por intensa concentração. Pode expressar a alegria da excitação em aprender algo novo e, também, a tristeza e compaixão envolvidas na compreensão de algo importante e perturbador, como a história do genocídio. Pode se manifestar como uma explosão de criatividade quando a mente dos estudantes é autorizada a divagar. Professores carismáticos podem ter os alunos nas palmas de suas mãos. Treinadores e

> *O engajamento tem muitas faces. Ele pode ser evidente nas sobrancelhas levantadas de prazer e surpresa ou na testa cheia de rugas causadas por intensa concentração.*

facilitadores tímidos podem usar um tipo diferente de acompanhamento dos seus estudantes à medida que os guiam através de novos níveis de compreensão. O engajamento pode ocorrer com o auxílio da tecnologia digital, mas também pode acontecer sem ela.

Reconhecer o engajamento quando o vemos ou o escutamos e *efetivamente tornar os alunos engajados* são processos que estão longe de serem óbvios. O objetivo do nosso livro é ir além dos sinais superficiais de engajamento, como, por exemplo, fazer o aluno não ter vontade de olhar para fora da janela, parecer estar atento ou simplesmente comparecer à aula. Também queremos evitar qualquer busca apressada por soluções simplistas ou sedutoras, que funcionem para alguns estudantes mas não para todos, como seguir os interesses transitórios dos alunos utilizando tecnologia ou apenas se divertindo muito. Os alunos podem se engajar profundamente com ideias que nunca ouviram antes e que são apresentadas a eles de outras maneiras que não usem qualquer tecnologia. Os estudantes podem se engajar avidamente em todos os tipos de materiais, inclusive em tópicos difíceis e aspectos sombrios da vida que dificilmente podem ser considerados "divertidos". Observe o engajamento mais atentamente e verá que sua natureza e aparência podem ser surpreendentes, inesperadas, contraintuitivas e tudo, menos evidentes. Não basta marcar alguns itens como cumpridos em uma lista de engajamento, ou mover os descritores de engajamento de um nível para outro numa rubrica. Se quisermos fazer algo de útil e poderoso com o engajamento, não podemos esconder ou ignorar o assunto. Precisamos nos engajar totalmente com o que o engajamento realmente significa para nós.

O ponto-chave é que o engajamento e a falta de interesse não são apenas estados psicológicos interiores. Eles são o resultado do que são as nossas escolas e do que elas fazem com os interesses inerentes e a curiosidade de aprender de nossos estudantes. Como bebês e crianças são naturalmente engajados com praticamente tudo, temos de pensar bem no que as nossas escolas fazem às crianças e adolescentes a ponto de provocar ativamente sua falta de engajamento.[61] Veremos que a desmotivação não é resultado de professores que não refletem ou que são descuidados e arrastam um material enfadonho em um discurso entediante na frente da turma. Ao contrário, ela é uma consequência de como elaboramos o aprendizado e o ensino em um mundo diverso e em rápida transformação.

Esses desafios já eram enormes o bastante nos primeiros meses de 2020. Depois veio a mudança mais perturbadora nas escolas em pelo menos um século: a crise global de covid-19. Essa pandemia sem precedentes nos levou a questionar praticamente tudo que sabíamos sobre ensino, aprendizado e engajamento dos estudantes.

## A PANDEMIA DE COVID-19

Assim que a pandemia de covid-19 provocada por um novo coronavírus atingiu todo o mundo, as crianças deixaram de ir à escola – 90% de todas as crianças, 1,6 bilhões delas, em 195 países.[62] Nada semelhante tinha acontecido desde que o já esquecido vírus da gripe H1N1 se espalhara por todo o globo, mais de um século antes. Em razão do novo coronavírus, milhões de famílias foram confinadas em suas casas e tiveram de seguir as regras de isolamento de seu país. Na Itália e na Espanha, no Canadá e nos Estados Unidos, em Hong Kong e na Coreia do Sul, as escolas foram fechadas e os *playgrounds* foram isolados. As ruas em toda parte foram esvaziadas de risos e alegria.

Inesperadamente, os educadores estavam realizando experimentos na vida real com algumas das inovações educacionais mais extremas que já haviam sido desenvolvidas. Por décadas, políticos, líderes empresariais e especialistas da mídia haviam criticado escolas e seus professores.[63] Eles reclamavam que as aulas eram entediantes e que os professores estavam presos a um modelo rígido de educação industrial antiga.[64] Alguns afirmavam que os estudantes podiam ser libertados com investigação baseada em projetos, aprendizado "personalizado" e maior utilização de tecnologia digital.[65] Os *think tanks* da direita por vezes defenderam a completa dispensa de professores e escolas como os conhecíamos, substituindo-os por aprendizado *on-line*.[66]

A antiga secretária adjunta de Educação, Diane Ravitch, condenou os defensores da tecnologia como "perturbadores" nocivos motivados pela ganância.[40] Entretanto, as críticas à educação tradicional não eram inteiramente originais. Desde a década de 1970, gurus influentes como o filósofo austro-croata Ivan Illich convocaram as pessoas a se comprometerem com a *desescolarização*. O ativista brasileiro Paulo Freire queria colocar um fim ao *modelo bancário de educação* que depositava o conhecimento nos cérebros das pessoas como se fossem cofres.[67] Em ambos os extremos do espectro político parecia haver um pleno consenso de que as escolas tradicionais eram mais uma maldição do que uma bênção. A solução mais simples parecia ser acabar com elas de uma vez por todas.

Em 2020, de repente, o novo coronavírus *aboliu* temporariamente as escolas. O *homeschooling* (educação domiciliar) – que havia anteriormente atendido apenas 3,5% dos americanos e 1,5% dos canadenses – se tornou o estado quase universal de aprendizado para praticamente todas as pessoas. Nas escolas privadas mais caras e em algumas das escolas suburbanas com mais recursos, os professores receberam apoio para ministrar suas aulas *on-line* e os estudantes foram capazes de continuar com seus estudos. Para muitos alunos altamente motivados, que já eram capazes de aprender independentemente, e para aqueles que possuíam recursos suficientes em seus lares, a transição para o aprendizado *on-line* foi administrável. Porém, essas foram exceções. Agora, pela primeira vez na história, pudemos ver como seria o aprendizado com quase nenhuma escola funcionando da maneira tradicional.

## Aprendizado em casa

Quando a pandemia de covid-19 provocou o fechamento das escolas, os defensores da transformação na educação, especialmente por meio da tecnologia, ficaram praticamente eufóricos a respeito das possibilidades. Para eles, a pandemia do coronavírus era uma oportunidade milagrosa para transformar a educação à maneira que eles vinham defendendo há mais de duas décadas. Muitas vezes generosamente, mas por vezes de maneira nada ingênua, muitas empresas editoriais e tecnológicas inundaram pais, professores, distritos escolares e ministérios de educação com *sites*, aplicativos, conteúdos e *links*, tudo gratuitamente (no início) para que estudantes e professores pudessem ter acesso às suas plataformas de aprendizagem.

Novos relacionamentos se estabeleceram entre estudantes e dispositivos, professores e máquinas, ministérios e empresas. Uma nova referência para um futuro pós-covid-19 estava sendo posta em prática. Boa parte dela foi benigna, uma vez que professores, estudantes e empreendedores começaram a postar todo tipo de materiais inovadores *on-line*. Quando Dennis pediu aos graduandos em suas aulas no Boston College que recuperassem e discutissem os novos currículos que estavam emergindo *on-line* em consequência da pandemia, eles descobriram uma grande quantidade de inovações criativas e caseiras que os professores estavam desenvolvendo.

Outros aspectos foram mais problemáticos. Em maio de 2020, o governador de Nova York, Andrew Cuomo, perguntou em uma entrevista coletiva por que, "com toda a tecnologia de que já dispomos" ainda havia qualquer necessidade de "todas essas salas de aula físicas". Ao anunciar uma importante parceria com a Fundação Bill e Melinda Gates para "reimaginar a educação" nessa linha no futuro pós-covid-19, Cuomo ignorou o histórico consistentemente negativo da fundação em intervenções para a melhoria das escolas – o que alguns críticos proeminentes imediatamente apontaram.[68]

Tudo ficou mais confuso para todos. Os professores se transformaram em contorcionistas, enquanto se esforçavam para engajar e apoiar seus alunos de qualquer maneira, por mais incomum que fosse a situação. Enquanto muitos professores de escolas privadas de elite simplesmente davam suas aulas habituais *on-line*, confiantes que seus alunos tinham acesso à tecnologia necessária, que os ambientes domésticos dos alunos seriam provavelmente de apoio e que o tamanho das turmas que tinham que gerir em uma plataforma digital eram pequenas, os resultados em outros espaços eram bem mais variados. Os professores e os distritos escolares lutaram para conseguir recursos para os jovens e suas famílias.[69]

Alguns professores foram encarregados de usar seu julgamento profissional e contatar as famílias dos alunos em alguns dias. Outros, em sistemas educacionais que estavam preocupados com estudantes com acesso desigual a recursos, ou mesmo temerosos de serem processados pelos pais de crianças com necessidades especiais, tiveram que esperar duas ou até mesmo quatro semanas antes que seus distritos ou estados permitissem que eles começassem.[70] Alguns professores tentaram ensinar parcialmente *on-line*. Em muitos sistemas educacionais de todo o mundo, foram os professores que precisaram ir às escolas em que ensinavam enquanto os estudantes permaneceram em casa, utilizando plataformas virtuais.[71] Entretanto, incapazes de ver seus alunos presencialmente ou de responder aos seus esforços intelectuais e emocionais em tempo real, lecionar *on-line* estava longe de ser fácil.[69]

No Canadá, quando a professora do jardim de infância dos netos de Andy realizou sua primeira aula *on-line*, com sete ou oito alunos, uma das gêmeas deitou-se de lado sobre a avó e a outra fez uma careta na frente do iPad para mostrar o dente que tinha perdido (sem explicar o que estava fazendo), enquanto seu irmão mais velho caminhava periodicamente pela sala repetindo comentários irônicos. Enquanto isso, o pai de outro aluno podia ser ouvido ao lado do filho, estimulando-o sobre o que devia dizer! Com alunos do jardim de infância esses momentos podem parecer fofos ou engraçados. Com adolescentes truculentos e questionadores, eles são tudo menos isso.

Alunos como esses tiveram sorte. Pelo menos eles tiveram acesso à tecnologia e pais que sabiam como utilizá-la. Porém, a província canadense da Nova Escócia não estava sozinha em descobrir que mais de 30% dos seus alunos não dispunham de dispositivos digitais ou acesso à internet.[72] A porcentagem era aproximadamente a mesma dos Estados Unidos, afetando entre 15 e 16 milhões de alunos do ensino básico de escolas públicas.[73] Mesmo a Finlândia, internacionalmente aclamada pelo alto desempenho de seus alunos, teve que lidar com uma em cada cinco famílias sem acesso à tecnologia.[74] Um levantamento de professores da Carolina do Sul relatou que mais de 40% dos professores declarou que os estudantes não tinham acesso a ferramentas digitais ou não se sentiam confortáveis em utilizá-las: "Uma família tinha acesso à internet apenas por meio do celular da mãe – que tinha que ser compartilhado entre seis crianças".[75] Professores e famílias também enfrentaram o problema oposto quando tentaram retirar as crianças da frente da tela para experimentar outras maneiras de aprendizado.[76]

Alguns distritos escolares compraram *tablets* em grande quantidade,[77] embora a escassez de equipamentos diante de uma procura crescente indicasse que nem sempre essa era uma opção viável.[78] Outros ligaram o *wi-fi* em suas escolas vazias para que as famílias pudessem levar os alunos até o estacionamento da escola e baixarem, nos dispositivos das crianças, materiais que seriam trabalhados em casa.[79]

Já as famílias pobres, com poucos recursos e sem conexão à internet, lutaram até para conseguir lápis, canetas coloridas, massa de modelar, cola, papel, fita adesiva, livros ou revistas. Em alguns distritos escolares, os professores entregaram o material escolar em caixas de plástico ou de madeira na porta da casa das famílias.[80] Eles utilizaram ônibus escolares para deixar os caixotes de materiais[81] ou contrataram serviços de entrega de jornal ou os correios para entregar folhas de exercícios aos alunos.[72] Mesmo assim, e mesmo quando os estudantes tinham acesso à tecnologia, aproximadamente três milhões de jovens, apenas nos Estados Unidos, simplesmente pararam de frequentar a escola, absolutamente.[82] Um levantamento em 150 países realizado por Unicef, Unesco e Banco Mundial entre junho e outubro de 2020 relatou que não apenas havia 290 milhões de crianças ainda fora da escola em todo o mundo, mas que "[...] as crianças em idade escolar em países de baixa ou baixa-média renda já haviam perdido quase quatro meses de escolarização desde o início da pandemia, em comparação com seis semanas de perda em países desenvolvidos".[83] Sem o cuidado, a proteção e a compensação que as escolas públicas presenciais geralmente proporcionam aos jovens cujas circunstâncias domésticas são especialmente difíceis, os irmãos mais velhos descobriram, subitamente, que eram agora responsáveis por cuidar de suas irmãs e irmãos, porque os pais, avós ou outros responsáveis tinham que trabalhar, não estavam disponíveis ou ficaram doentes, por exemplo.[84]

Enquanto isso, pais e outros responsáveis que *podiam* ficar em casa com seus filhos durante o dia começaram a subir pelas paredes de frustração, especialmente se seus filhos não conseguiam se autocontrolar. Por exemplo, Shiri Kenigsberg Levi, uma mãe em Israel, fez uma reclamação que viralizou no YouTube. "Escutem. Não está funcionando essa coisa de ensino a distância", disse ela, "Sério, é impossível! É uma loucura!". Com quatro filhos, ela estava sobrecarregada tentando administrar seu aprendizado: "Imagine quantas mensagens no WhatsApp, quantos professores para cada criança, quantas disciplinas por criança". Sua família tinha apenas dois computadores, que então precisavam ser compartilhados. "Toda manhã estão brigando por causa dos computadores", ela se desesperou.[85]

No jornal *The Washington Post*, uma mãe de Iowa compartilhou sua insatisfação com o fato de a escola da filha considerar adequado dar a um aluno do quarto ano um C– no meio de uma pandemia.[86] No *The New York Times*, outra mãe no limite do seu juízo, e sendo incapaz de administrar o mau comportamento dos filhos, consultou um segurança de clube noturno, um treinador de hockey, um psicólogo infantil e um membro do Departamento de Polícia de Los Angeles em busca de conselhos práticos.[87]

Como um anel de fogo vulcânico, os problemas eclodiram em toda parte. *Todos* estavam totalmente descontrolados. Professores e famílias estavam inventando tudo à medida que iam enfrentando a nova situação. Todos aqueles que afirmaram que as escolas estavam com seus dias contados, que as salas de aula

> *Como um anel de fogo vulcânico, os problemas eclodiram em toda parte. Todos estavam totalmente descontrolados.*

eram relíquias da era industrial e que a aprendizagem poderia ser desenvolvida de forma flexível e personalizada em ambientes *on-line*, frequentemente em casa, estavam de repente comendo porções generosas da torta da humildade.[69] Os professores, que haviam sido desprezados por anos, ganharam respeito novamente da noite para o dia. Se algum de nós havia pensado que as escolas tinham sido uma má ideia, descobrimos rapidamente como seria a vida sem elas: um apocalipse educacional, psicológico e econômico.

Na primeira semana de maio de 2020, a revista americana *Education Week* realizou um levantamento com 908 professores e líderes distritais sobre suas percepções dos efeitos da aprendizagem domiciliar. Quarenta e dois por cento dos professores disseram que o engajamento dos estudantes era muito menor do que antes da covid-19 – menor do que no mês anterior. Sessenta por cento dos educadores disseram que houve uma queda no engajamento comparado às duas semanas anteriores.[88]

No entanto, devemos ter cuidado para não idealizar as escolas que temporariamente deixamos para trás. Professores dificilmente vão dizer a entrevistadores governamentais que seus alunos estão mais engajados em casa do que em suas próprias aulas. O que isso diria sobre o profissionalismo dos professores e sua capacidade de capturar e manter o interesse dos estudantes?[69]

Escrevendo para o *The New York Times*, a estudante do oitavo ano Veronique Mintz informou aos leitores que estava grata por aprender *on-line*, no seu próprio ritmo, longe de sua escola. Ela reclamou de seus colegas, que estavam sempre

> Falando fora de hora. Destruindo os materiais escolares. Desrespeitando os professores. Dando respostas vagas nos exames. Alunos empurrando, chutando e batendo uns nos outros e até mesmo rolando no chão. Isso é o que acontece na minha escola todos os dias.[89]

A professora da University of Ottawa Jess Whitley chamou a atenção para a forma como as famílias dos estudantes com necessidades especiais lidaram com a pandemia.[90] Algumas não sabiam o que fazer com as tecnologias de assistência utilizadas anteriormente pelas escolas para ajudar seus filhos a aprender. Outras estavam perturbadas pelo fato de não conseguirem explicar aos filhos por que eles não poderiam ir à escola, estar com seus amigos e desfrutar de suas rotinas regulares. Contudo, outros pais sentiam que seus filhos com necessidades especiais haviam sido liberados para ficar em casa porque ali podiam se agitar e sair ao ar livre quando quisessem, em vez de terem que ficar sentados e imóveis o tempo todo. Os defensores das brincadeiras infantis William Doyle e Pasi Sahlberg destacaram que muitas crianças tiveram mais oportunidades de brincar ao ar livre e desfrutar dos benefícios comprovados para o seu bem-estar graças à covid-19, em vez de ficarem presas dentro de casa participando de horas intermináveis de preparação para exames – com os quais muitos sistemas educacionais estariam preocupados no momento em que a pandemia os atingiu.[91]

Havia ainda as netas gêmeas e o neto de Andy. Quando ele lhes pediu que desenhassem do que sentiam falta na escola, nenhum deles desenhou coisas que retratassem seu aprendizado ou mesmo seus professores. O neto de Andy fez um desenho de si próprio desenterrando minhocas com os colegas. Uma das gêmeas desenhou uma imagem do pátio e a outra fez uma imagem de si mesma com duas pessoas que representavam do que ela *não* estava sentindo falta na escola. "Quem são elas?", Andy perguntou. "Meus dois inimigos", ela respondeu. A vida na escola nem sempre é tão boa quanto deveria ser.[69]

Quando todos regressarem à escola, não ocorrerá necessariamente um encontro glorioso com um aprendizado envolvente e inovador. Isso também não marcará um abandono relutante de alternativas superiores baseadas no ensino domiciliar. Para muitos estudantes, professores e pais, quando as condições de saúde forem suficientemente seguras, o regresso à escola será, principalmente, apenas um alívio abençoado – um regresso a algum simulacro de normalidade, a fazer parte de uma comunidade, a voltar a reunir-se com os amigos.

## De volta à escola – mas não como a conhecemos

À medida que o *lockdown* da covid-19 se estendeu até o outono e o inverno de 2020, aumentou a pressão para que as crianças voltassem à escola. Assim que as condições de segurança estejam asseguradas, fazer que as crianças voltem é realmente importante. As escolas desempenham um papel vital na suavização dos altos e baixos que definem as diferenças entre as circunstâncias familiares. Quando as famílias privilegiadas se envolvem cada vez mais exclusivamente na educação de seus filhos, as desigualdades educacionais aumentam. Richard Rothstein, membro sênior do Haas Institute da Berkeley School of Lay, na University of California, escreveu um artigo, publicado no *The Washington Post*, sobre *"Why covid-19 will 'explode' existing academic achievement gaps* (Por que a covid-19 'aumentará explosivamente' as desigualdades de desempenho acadêmico)".[92] Ele apontou resultados de pesquisas anteriores à covid-19 que indicavam como "crianças cujos pais podem ajudar de maneira mais eficaz nos deveres de casa ganham mais [academicamente] do que crianças cujos pais não podem fazer o mesmo".[92] Essas diferenças se estendem às oportunidades de aprendizado no verão.

> [...] As desigualdades educacionais são maiores quando as crianças regressam após as férias de verão do que na primavera, porque as crianças de classe média frequentemente vivenciam um enriquecimento de vivências nesse período, reforçando o conhecimento e a experiência.[92]

Quando quase todos estão confinados a "aprender em casa", essas desigualdades são ampliadas muitas vezes, salientou Rothstein.

Pessoas como nós, que aconselharam os pais e professores nos meios de comunicação públicos a se afastarem das folhas de exercícios monótonas e a engajarem as crianças em oportunidades de aprendizado natural em seu ambiente doméstico – como fazer bolos, cuidar do jardim, tocar instrumentos musicais, tricotar, pular corda, observar pássaros, escrever cartões postais para os avós, e assim por diante –, têm falado principalmente para os pais de classe média, que já dispõem de tempo, conhecimento, espaço e recursos para apoiar a aprendizagem dos seus filhos dessa forma. As crianças dessas famílias podem ter conseguido mais do que acompanhar um currículo. Muitos pais de classe média já eram habituados a encher seus filhos de atividades extras para mantê-los à frente dos demais, e, de fato, os ajudaram a crescer ainda mais durante a pandemia.[93] Sem dúvida, alguns pais da elite acrescentaram as fantásticas conquistas de aprendizagem dos filhos a outros orgulhos durante a pandemia nas redes sociais, como fazer pão italiano e realizar treinos épicos na academia doméstica.[94] Pais superprotetores (também conhecidos como pais helicópteros) se aproveitaram dos novos ambientes digitais de aprendizagem para estar presentes no Zoom, diante do professor virtual, de seus filhos, da turma inteira e uns dos outros – criando um tipo de hiperengajamento que estressou todos de maneira intensa.[95]

Enquanto isso, as crianças de muitas famílias da classe trabalhadora, especialmente aquelas que já se encontravam na pobreza ou que foram levadas a ela pelo vírus, cujos pais não possuem o capital financeiro ou cultural dos seus equivalentes de classe média, têm muitas vezes lutado para encontrar um tempo e um local para estudar. Milhões permaneceram em casa sozinhas sem ninguém para tomar conta delas, enquanto seus pais saíam para trabalhar em situações de perigo, sem qualquer equipamento de proteção pessoal.[96] Essas crianças tiveram que lutar o tempo todo e da forma que puderam para obter a ajuda acadêmica de que precisavam. Para muitas dessas famílias, questões como a compra de mantimentos e o pagamento do aluguel se tornaram problemas novos e persistentes. Segundo o *The Washington Post*, a explosão de pessoas que vivem na pobreza nos Estados Unidos em 2020 foi "[…] o maior salto individual desde que o governo começou a rastrear a pobreza, há 60 anos".[97] Em janeiro de 2021, cerca de 11 milhões de crianças americanas – aproximadamente uma em cada sete – eram pobres.[98] Esses problemas não foram específicos dos Estados Unidos. No Reino Unido, ao final de 2020, e apesar dos programas governamentais de apoio financeiro substancial, 700.000 pessoas caíram na pobreza devido à covid-19 – 120.000 delas, crianças.[99] Na Europa, o colapso da indústria do turismo foi um dos principais fatores que contribuíram para o rápido aumento dos níveis de pobreza em todo o continente.[100]

Em muitos países, questões de desigualdade entre as classes sociais são agravadas por marginalização racial e étnica. Nos Estados Unidos, as desigualdades preexistentes de pobreza entre os grupos "ampliaram-se durante a pandemia". Enquanto "antes da pandemia, a taxa mensal de pobreza para os brancos era de 11% *versus* 24% para negros e hispânicos", em outubro de 2020 a taxa aumentou para 26,3% para afro-americanos, 26,9% para hispânicos e 12,3% para brancos.[101] Enquanto isso, a taxa de pobreza infantil agregada nos Estados Unidos atingiu quase 20%, ou uma em cada cinco crianças.[101] Como os Estados Unidos, o Reino Unido e outros países também apresentaram taxas de mortalidade por covid-19 desiguais entre grupos raciais e classes sociais, e especialmente nas interseções entre ambos. Isso se deveu a vários fatores, incluindo o fato de as populações pobres e racialmente marginalizadas viverem, mais frequentemente, em multifamílias e habitações densamente povoadas, tendo que recorrer ao transporte público superlotado para chegar ao trabalho e voltar dele, ou a outras circunstâncias de suas vidas.[102]

Os fatores extraescolares normalmente são, de longe, os maiores responsáveis pela desigualdade social.[103] Se as escolas públicas fazem algo importante, apesar de todos os seus problemas, esse algo é *reduzir* a desigualdade.[103] Apesar de tudo o que os críticos das chamadas escolas fabris afirmam, um dos melhores preditores de longevidade e mobilidade ocupacional é o número de anos passados na escola.[104] O que o experimento natural da covid-19 revelou é que quando retiramos os jovens da escolarização presencial, na esmagadora maioria dos casos, retiramos as forças de contraponto que as escolas oferecem aos estudantes vulneráveis. Isso exacerba os problemas que muitas crianças e adolescentes vivenciam, deixando-as à mercê de ambientes desiguais fora de suas escolas.

Temos escolas por várias razões. Uma das mais importantes é nivelar os extremos de diferença entre as crianças de polos opostos da escala social; oferecer às crianças as mesmas oportunidades, com ajuda extra para aquelas que precisarem; e permitir que as crianças aprendam a viver juntas e até mesmo a fazer amizade com colegas que são diferentes delas, bem como com aqueles que são semelhantes.

Ter crianças na escola é uma prioridade pública e uma necessidade humana. A qualidade de vida dos jovens depende disso. Porém, à medida que os países, estados e províncias se dirigiam à reabertura de suas escolas, uma realidade brutal se impôs: as escolas não são sempre voltadas ou apenas focadas na questão da aprendizagem. Uma das razões para a existência das escolas públicas é, muito francamente, permitir que os pais possam trabalhar. Sem escolas, as economias não podem funcionar, porque as escolas cuidam dos jovens. As sociedades pós-industriais optaram corretamente por colocar as crianças em escolas e não em armazéns, locais de trabalho ou prisões. Porém, no fim das contas, elas ainda são um lugar para os pequenos ficarem quando não podem ser deixados em casa sozinhos.

Durante a pandemia, alguns sistemas educacionais queriam levar as crianças de volta à escola com uma pressa quase indecente. Eram impulsionados mais pelo imperativo econômico de proteger empregos e ganhar dinheiro do que por querer que as crianças se engajassem no aprendizado. O ex-presidente dos EUA Donald Trump ameaçou reter o financiamento dos distritos se não reabrissem suas escolas, mesmo em locais onde as taxas de infecção estavam elevadas.[105] O secretário de Educação da Inglaterra, Gavin Williamson, declarou a certa altura que iria introduzir multas punitivas aos pais que não assegurassem o regresso dos filhos à escola.[106] Esses líderes podem ter derramado lágrimas de crocodilo por estudantes desfavorecidos e pelo quanto eles estavam ficando para trás a cada dia em que não estavam na escola. Porém, na verdade, sua preocupação era menos pela perda de aprendizado e mais por uma economia em declínio.

Mas como era na prática voltar para a escola com o distanciamento físico e o uso de máscaras? Com a justificativa de colocar os pais de volta no trabalho, essa decisão foi pior ou melhor, mais ou menos motivadora do que o aprendizado em casa?

A repórter canadense de educação do *Globe and Mail* Caroline Alphonso descreveu os planos do governo de Quebec para reabrir as escolas mais cedo do que em qualquer outra província, mesmo quando as taxas de infecção e de morte por covid-19 na província continuavam a ser as mais altas do Canadá.[107] O plano de Quebec, destacou, envolvia estudantes sentados separadamente, em carteiras individuais, sem educação física, trabalho em grupo, artes ou brincadeiras. Em termos de engajamento estudantil, isso foi como levar as escolas de volta a um século atrás, da década digital de 2020 até a década analógica de 1920. Quando Andy compartilhou essa história no Twitter, houve respostas indignadas por parte dos educadores. Eles descreveram o movimento como "devastador" e "vergonhoso", capaz de reduzir as escolas a pouco mais do que "um serviço de *babysitting*".[108]

Entretanto, o distanciamento físico não significa que a educação não possa ser engajadora. Muitos países estão encontrando maneiras para as crianças se reunirem em pequenos módulos onde elas podem interagir internamente umas com as outras, mas sem sair de seus módulos. Vários sistemas educacionais estão seguindo o exemplo da Dinamarca e de outros países escandinavos, organizando, sempre que possível, o aprendizado ao ar livre, de modo que o regresso à escola possa realmente melhorar o bem-estar das crianças, não comprometê-lo.[109] Talvez essa inovação temporária possa se tornar uma forma permanente de maior engajamento dos estudantes no futuro.

Mesmo quando o distanciamento físico significa que os estudantes não podem mais sentar-se juntos em pequenos grupos e conversar com seus amigos enquanto trabalham, essa não é sua única maneira de cooperar com a turma. Atividades de lançamento de "bola de neve" de papel, por exemplo, envolvem os alunos em um círculo socialmente espaçado lançando problemas, respostas e percepções uns para os outros por meio do lançamento de um pedaço de papel que foi amassado, formando uma bola.[110] Do mesmo modo, os padrões de crença dos alunos podem ser mapeados no chão de um ginásio, formando um gráfico de dispersão real das opiniões humanas que são fisicamente materializadas e geometricamente representadas pelas posições que os estudantes ocupam. As plataformas digitais podem reunir as opiniões dos estudantes em tempo real e apresentá-las à turma. E pular corda juntos é um dos jogos mais antigos dos tempos modernos. Essas são apenas algumas das maneiras pelas quais os jovens podem se engajar em seu aprendizado dentro e fora das escolas.

## Repensando o engajamento após a covid-19

No final, as grandes questões dizem respeito à forma como podemos aplicar as lições dessa pandemia para tornar as nossas escolas lugares que promovam o engajamento para os estudantes. Podemos redesenhar as escolas para que nenhum estudante tenha medo do confronto diário com seus inimigos? Podemos criar ambientes seguros que ajudem todos os estudantes a se engajarem no aprendizado sem serem perturbados por seus pares? Podemos fazer que todos os professores superem práticas arbitrárias e insensíveis? E podemos ter acesso à tecnologia utilizando-a para melhorar e enriquecer o ensino e a aprendizagem na escola, em vez de prejudicá-lo ou substituí-lo?[81]

*A questão mais importante para este livro é: o que podemos aprender de valor duradouro com essa pandemia sobre o engajamento dos estudantes?*

Talvez a questão mais importante para este livro seja: o que podemos aprender de valor duradouro com essa pandemia sobre o engajamento dos estudantes? Algumas crianças aproveitaram seu tempo em casa com os pais. Muitos pais ganharam novo apreço pelos professores dos seus filhos, pois descobriram como é difícil manter as crianças concentradas em seus trabalhos escolares quando estão inquietas, distraindo-se facilmente, frustradas com seus *downloads* e aplicativos e sendo perturbadas por seus irmãos. A tecnologia em casa tem sido, por vezes, uma bênção ao permitir o acesso a fontes de aprendizado, mas tem sido também uma maldição, em função de questões como mau funcionamento e distrações. As escolas têm sido apontadas como locais que não podemos dispensar. Hora após hora, dia após dia, ao longo de semanas e meses, em todos os lugares (à exceção de alguns poucos), nos foi lembrado que o rico ambiente social que as escolas e os seus professores podem proporcionar oferece um engajamento mais duradouro para as crianças do que muitas famílias em *lockdown* ou quaisquer dispositivos digitais podem algum dia oferecer.

O monumental experimento natural ocorrido durante a pandemia de covid-19 chamou a atenção de todos nós para, em primeiro lugar, o motivo pelo qual precisamos de escolas. De muitas maneiras, vemos como o precioso legado da educação pública e gratuita para todos tem sido subestimado. Compreendemos agora que não podemos viver sem escolas físicas, não apenas como lugares para as crianças estarem enquanto seus pais trabalham, mas também como locais onde os estudantes fazem parte de uma comunidade, tendo à disposição um lugar para aprender, explorar seus interesses e ter sucesso com o apoio de profissionais diplomados. Aproveitar o que aprendemos nesse momento decisivo de nossa época será fundamental para tornar o aprendizado mais envolvente, com e sem tecnologia, para que todos os estudantes de todas as origens – ricos ou pobres, bem-sucedidos ou em dificuldades, recém-chegados ou com vínculo de longa data – possam sentir-se realizados, dando suas próprias contribuições às suas comunidades.

Depois da covid-19, todos nós esperamos ainda pensar muito mais sobre o valor dos trabalhadores essenciais que limpam os nossos hospitais, abastecem as prateleiras na mercearia e cuidam dos nossos cidadãos idosos e doentes. Deveríamos pensar mais nos filhos desses trabalhadores também – sobre eles terem as mesmas oportunidades que qualquer outra pessoa de desfrutar da escola e de ter sucesso nesse espaço. Como podemos assegurar que todos os jovens, especialmente os mais desfavorecidos e marginalizados, estejam verdadeiramente engajados em seu aprendizado e com o mundo à sua volta? Como pode o aprendizado ser mais gratificante a curto prazo e ter, também, um valor duradouro para os estudantes no mundo e nas suas vidas para além das escolas?

Para responder a essas perguntas precisamos não só defender um maior engajamento nas escolas – precisamos também saber o que verdadeiramente é engajamento e o que não é. Precisamos saber quando o engajamento está sendo reduzido a um processo de entretenimento superficial e como, por outro lado, o engajamento com problemas complexos pode levar ao empoderamento de si mesmo e dos outros, para construirmos, juntos, um mundo melhor.

Se formos sensatos, a pandemia não será uma interrupção ou uma despedida à Era do Engajamento, do Bem-Estar e da Identidade. Os desafios trazidos pela pandemia de covid-19 colocaram em evidência a importância primordial do bem-estar, as desigualdades de acesso à tecnologia e às oportunidades de aprendizado em geral, bem como a dignidade humana de todos os membros da sociedade – incluindo as famílias dos trabalhadores essenciais. Todas essas perspectivas devem reforçar a nossa determinação em cumprir as promessas desta era incipiente, que incluem um maior e melhor engajamento no aprendizado e na vida para todos os jovens, quaisquer que sejam suas circunstâncias familiares.

# 2

# Teorias de engajamento e motivação: de Maslow ao *flow*

Quando você pensa na palavra *engajamento*, qual a primeira coisa que vem à sua mente? Fizemos essa pergunta para vários educadores em conferências e webinários, e uma de suas respostas mais comuns foi *casamento*.* De fato, essa é uma das primeiras definições de engajamento. No século XVIII, o termo inglês *engagement*, que pode ser traduzido como noivado, era definido como "[...] o estado de ter entrado em um contrato de casamento".[111] Engajamento tem a ver, nesse caso, com compromisso, relacionamento, promessa selada com um anel e um beijo, na alegria e na tristeza, na saúde e na doença.

No entanto, essa não é a primeira definição de *engajamento*. Um século antes, engajamento significava "[...] uma batalha ou luta entre exércitos e esquadras [...]".[112] É isso que queremos dizer quando falamos de nos engajar em uma luta contra um inimigo. Superficialmente, esse tipo de engajamento não parece ter nada a ver com o casamento. Ou talvez tenha – afinal de contas, você só precisa trocar duas letras para transformar *marital* em *marcial*!

Entretanto, a questão é que, em ambos os casos – relações amorosas ou exércitos em conflito –, o engajamento está relacionado a um intenso

---

*N. de R.T. Essa relação acontece porque o termo do original em inglês *engagement* faz referência a compromisso e é o termo usado para o momento em que duas pessoas ficam noivas. A tradução no português, inclusive, é muitas vezes definida como "noivado".

envolvimento com outro indivíduo ou grupo. Como ocorre ao engatar-mos a roda de uma engrenagem, ficamos presos a ele. De fato, outro significado de *engajamento* é simplesmente um arranjo para encontrar alguém ou estar presente em um determinado tempo e espaço. É um encontro de duas ou mais pessoas ou grupos que exige compromisso mútuo.[112] Essas definições podem parecer simplistas demais, mas é importante dominar alguns conceitos básicos antes de partirmos em nossa busca.

Sempre que você se lança em uma jornada, precisa estar plenamente consciente de onde quer chegar e de como chegar lá. As aventuras exigem persistência e força para quando as situações ficarem difíceis e as surpresas acontecerem – e elas inevitavelmente acontecerão. Se você estiver subindo uma montanha irá precisar de coragem, bem como de desenvoltura para estar pronto para perigos e acidentes. Existe, ainda, algo mais que você precisará ao iniciar uma grande aventura: o equipamento certo.

Quando não estamos atuando como professores, uma coisa que gostamos de fazer é uma caminhada de vários dias na Trilha dos Apalaches, com seus 3.500 km de extensão, na costa leste dos Estados Unidos. Em 2018, decidimos enfrentar a trilha reconhecidamente mais difícil, de cinco dias de duração, na fronteira entre os estados de New Hampshire e Maine. Após um dia de chuva torrencial, alcançando vários picos de mais de 1.200 m, fazendo uma descida perigosa e iluminada por lanternas de cabeça na escuridão do campo – que durou até a meia-noite –, o dia seguinte parecia ser uma caminhada no parque. Em uma perfeita manhã de domingo, iniciamos a próxima etapa, bem menos desgastante. Então, em um momento de descuido enquanto andava rapidamente, Andy desviou o olhar da trilha para um alce do outro lado de um lago à beira da montanha e prendeu seu pé debaixo de um toco de árvore. Seu corpo continuou avançando, sua perna ficou onde estava, e assim ele caiu, fraturando o tornozelo em ambos os lados.

Foram necessários vários voluntários do New Hampshire Fish and Game Department e mais de nove horas para alcançá-lo e resgatá-los. Eles imobilizaram seu tornozelo e o carregaram nas costas, um voluntário após o outro, na calada da noite, por uma trilha que abriram na floresta. Em seguida, eles passaram duas ou três horas dirigindo um quadriciclo, descendo por uma trilha íngreme até a ambulância que os aguardava. Foi um resgate complicado, demorado e caro.

Enquanto Andy era tratado no hospital mais próximo, um policial chegou, pegou caneta e papel e lhe fez uma série de perguntas. Ele tinha um mapa? Ele carregava uma bússola? E um apito? Era um dia quente de verão, mas ele havia pensado em levar uma quantidade extra de roupas, luvas e uma touca de inverno para uso em caso de necessidade? Ele tinha um kit de primeiros socorros adequado? As perguntas continuaram. O policial preencheu sua *checklist*. Após receber respostas positivas para cada item, ele agradeceu a Andy por seu planejamento e diligência e se levantou para sair.

"Antes de você sair", Andy perguntou, "e se minhas respostas às perguntas tivessem sido em sua maioria negativas?". "Se suas respostas são positivas", respondeu o policial, "*nós* pagamos pelo resgate. Se elas são em sua maioria negativas, *você* paga por ele". Essa é a explicação mais sucinta que já ouvimos tanto sobre a responsabilidade coletiva dos membros da equipe de resgate como da responsabilidade pessoal dos indivíduos.

Quando você inicia qualquer jornada, não é suficiente esperar que não existam adversidades ou que você vá encontrar um jeito de superá-las no momento em que surgirem. Não basta partir com um objetivo em mente, algumas boas intenções e uma tendência a seguir sua intuição ou a improvisar sua abordagem ao longo do caminho. Essa regra também se aplica à jornada profissional – nesse caso, transformar o aprendizado, engajamento e bem-estar dos estudantes. Você também precisa levar muito equipamento nessa jornada. Uma boa parte desse equipamento é o conhecimento e a sabedoria coletivos, as teorias e pesquisas de todos os especialistas que trilharam esse caminho anteriormente. Este capítulo fornece equipamento na forma das descobertas feitas pelos principais pensadores sobre engajamento e motivação. Assim como no caso de mapas, comida, água e protetor solar, familiarizar-se com esse conhecimento teórico e tê-lo na bagagem é um pré-requisito essencial para essa jornada, antes mesmo de dar o primeiro passo.

## DESEMPENHO POR MEIO DO ENGAJAMENTO

O que você faz quando suas estratégias para melhorar os resultados na Era do Desempenho e do Esforço atingem um limite? O que vem em seguida, depois de você ter feito toda a preparação para os testes, alocado mais tempo para o aprendizado depois da escola e aberto mão do intervalo para rever as tarefas? O que pode ser feito depois de você ter desenvolvido mais garra e resiliência em seus alunos, ensinado de maneira mais precisa e explícita e analisado os dados em inúmeros encontros para ver onde podem ser feitas intervenções? Uma resposta enganosamente simples é:

*Se você quer mais desempenho, obtenha mais engajamento!*

Certamente os estudantes têm mais chance de aprender se estiverem interessados no que estão estudando. Pedro Noguera, Decano da Rossier School of Education na University of Southern California, sabe disso. Noguera é um defensor nacional da educação pública e regularmente aparece na grande imprensa, como no *The Wall Street Journal* e no *The Washington Post*. Trabalhando com escolas difíceis, como a South Philadelphia High School, Noguera defende que é importante conseguir que os garotos afro-americanos e latinos se engajem no aprendizado e sucesso na escola. Caso contrário, eles serão atraídos para todas as outras coisas que os esperam nas ruas e que podem facilmente engajá-los. Se estamos desinteressados em relação a alguma coisa, isso geralmente significa que estamos engajados em outras. "O caminho para o alto desempenho vem por meio do engajamento [...]",[113] afirma Noguera.

Na Era do Desempenho e do Esforço, a teoria da melhoria apontava que com mais exames – em alguns casos, de todos os alunos e em todas as séries –, os resultados estimulariam os professores a trabalhar mais duro, se concentrar mais intensamente, identificar precisamente as falhas, fazer intervenções rapidamente, elevar o desempenho e reduzir as desigualdades. Desse modo, os resultados melhorariam e os alunos aprenderiam mais. Porém, como vimos anteriormente (página 17), a aplicação de testes em grupos inteiros de estudantes raramente leva a ganhos de desempenho genuínos. Mesmo quando isso acontece, o ensino baseado em exames ocorre à custa de vários tipos de aprendizado que não são testados, tais como pensamento crítico, educação física ou artes.

A teoria de melhoria de Noguera inverte a fórmula tradicional de aplicação de testes. Ela defende que devemos primeiro melhorar o aprendizado aumentando o engajamento dos estudantes. Apenas então seremos capazes de elevar o desempenho. O engajamento é uma coisa complicada; como Noguera destaca, ele é multidimensional. "Não é simplesmente o fato de os alunos estarem presentes, fazendo seus trabalhos – essa é a parte *comportamental*",[113] ele afirma. Também é uma questão de estarem *cognitivamente* conectados ao seu aprendizado – compreendendo, sendo curiosos sobre o conhecimento e investindo em seus projetos. Em seguida, "[...] há a parte *emocional*. O quanto eles se importam de fato com o que estão fazendo? O quão envolvidos eles estão?".[113] Por esses motivos, aprender a lidar com o engajamento significa tornar o aprendizado interessante e acessível, bem como trabalhar duro para desenvolver os sentidos de conexão emocional à escola como uma comunidade por meio de ações como atividades extracurriculares.

Os psicólogos que contribuíram para o *Handbook of research on student engagement*, um livro de 840 páginas, concordam com Noguera que *todas as três* dimensões de engajamento dos estudantes – comportamental, cognitiva e emocional – têm que ser levadas em conta pelos professores ao prepararem seus planos de aula.[114] Os estudantes podem ser treinados a estarem fisicamente presentes em relação ao seu *comportamento* – acordados, alerta e com seus olhos fixos no professor. Porém, eles ainda podem estar muito entediados em relação ao assunto. Se um estudante for confrontado com um problema complexo ou um conceito difícil que não possui qualquer significado ou relevância para ele, diante de suas disposições *cognitivas* pessoais, pode ser que ele nunca venha a dominá-lo verdadeiramente. Uma tarefa pode ser *emocionalmente* agradável ou divertida, mas isso não significa que o trabalho exija um nível elevado de raciocínio. Em uma turma barulhenta e sem gestão efetiva, os alunos podem estar muito distraídos para se concentrarem no que seriam, em outras circunstâncias, projetos e ideias muito interessantes. A interação dessas três dimensões é mostrada na Figura 2.1.

Confiar em apenas uma dimensão de engajamento raramente é o bastante para manter a atenção dos estudantes por muito tempo. Mesmo quando é suficiente, pode não oferecer muito em termos de um modo de aprendizado significativo e duradouro. Portanto, é essencial abordar todas as três dimensões de engajamento do estudante em um momento ou outro das suas aulas. Você não pode deixar uma delas de fora sem deixar alguns, ou talvez até a maioria, dos seus alunos para trás.

No entanto, como todos esses componentes se mantêm unidos? Qual a aparência de uma teoria de engajamento coerente e seu conceito associado de motivação? E como os acadêmicos de maior destaque contribuíram

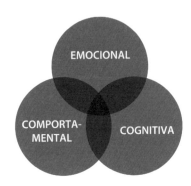

**Figura 2.1** As três dimensões psicológicas do engajamento estudantil.

para a teoria do engajamento e da motivação? Por último, o que oferecemos neste livro que é diferente, porém complementar, ao corpo da teoria psicológica existente? Essas são as questões que exploraremos no restante deste capítulo.

## ENGAJAMENTO E MOTIVAÇÃO

O engajamento está estreitamente conectado à motivação. Existem teorias de motivação mais clássicas e duradouras do que teorias de engajamento, porém ambas estão estreitamente ligadas. O consenso é que a motivação pode ser encarada como o estado psicológico subjacente que cria as condições para o engajamento.[115] Essa relação sequencial entre motivação, engajamento e desempenho é um desdobramento da posição de Noguera, sendo representada na Figura 2.2.

> *A motivação desperta nossos interesses e nos move inicialmente. O engajamento captura nossa atenção e mantém nosso envolvimento, mesmo diante de obstáculos ou dificuldades.*

Essencialmente, a *motivação* desperta nossos interesses e nos move inicialmente. O *engajamento* captura nossa atenção e mantém nosso envolvimento, mesmo diante de obstáculos ou dificuldades. O *desempenho* reflete a realização de um objetivo essencial ou de uma meta que é percebida como benéfica para o indivíduo, grupo ou sociedade como um todo.

Entretanto, nem sempre isso acontece. Por exemplo, embora os estudantes

**Figura 2.2** Da motivação ao engajamento e ao desempenho.

possam ser altamente motivados para aprender física, eles podem ter dificuldade em se engajar devido ao modo como os conceitos de gravidade, magnetismo e partículas atômicas são ensinados em suas escolas. Por outro lado, e quase sempre, porém, é difícil que ocorra engajamento sem que haja, em primeiro lugar, alguma motivação subjacente.

Vamos ver o que alguns pensadores de destaque no campo têm a dizer sobre as questões de motivação e engajamento, e, em seguida, vamos considerar suas implicações para o ensino e a aprendizagem.

## A teoria da motivação humana de Abraham Maslow

O psicólogo Abraham Maslow elaborou a primeira teoria abrangente da motivação humana.[116] Maslow defendia que a motivação emerge do desejo de satisfazer às necessidades humanas básicas. Essas necessidades, ele propôs, são dispostas em uma hierarquia do desenvolvimento humano com cinco (posteriormente seis) níveis. Originalmente, Maslow argumentou que cada necessidade tinha que ser satisfeita antes da seguinte na hierarquia, de modo que elas prosseguiam em uma ordem sequencial, uma após a outra. A visão geral atual é que, embora uma necessidade possa ser dominante em um determinado momento, elas podem se sobrepor, e frequentemente o fazem.

As necessidades subjacentes à motivação humana, segundo Maslow, são as seguintes:

1. **Fisiológicas:** são as necessidades básicas para a sobrevivência: de alimento, abrigo e sono. Nas escolas, é essencial assegurar que as crianças estejam alimentadas, vestidas adequadamente e que tenham tido horas de sono suficientes. Desse modo, a hierarquia de necessidades de Maslow precede e substitui a famosa taxonomia do aprendizado de Benjamin Bloom. Em outras palavras, o princípio norteador é *colocar Maslow antes de Bloom*!

2. **Segurança:** refere-se à proteção contra violência, abuso e doença. Todas as crianças precisam frequentar uma escola que apresente um ambiente seguro, livre de *bullying*, preocupado com a proteção dos alunos e que cuide de todos os estudantes e adultos.

3. **Pertencimento e Amor:** esse nível aborda as necessidades de afeição e ligação a grupos sociais e comunidades como proteção contra solidão, ansiedade e depressão. Pertencimento é uma grande parte do que significa estar engajado. Inversamente, a dissociação ou falta de pertencimento é uma razão primordial para a experiência de desengajamento dos jovens.

4. **Estima:** estima significa ser aceito, reconhecido e valorizado pelos outros na comunidade. Essa é uma questão fundamental da inclusão em diversas escolas. Atualmente, diríamos que também há riscos nas escolas relacionados não apenas a autoestima insuficiente em razão de ser excluído ou ignorado, mas também a egocentrismo, narcisismo e níveis excessivos de autoestima. Isso aponta para a importância de basear a autoestima em realizações reais em vez de em uma mera participação ou existência.

5. **Autorrealização:** é a realização do potencial pessoal, a satisfação e a sensação de que algo valeu a pena; sentimentos, estes, que adquirimos na busca por conquistas – como aprendizes, atletas, artistas criativos, jardineiros ou pais, por exemplo. Aqui a motivação e o engajamento se entrelaçam. Uma vez satisfeitas outras necessidades básicas, tanto a motivação como o engajamento se referem a investigação, descoberta, aprendizado, autorrealização e obtenção da maestria de um tema. A autorrealização é o oposto da alienação.

6. **Transcendência:** ao final da sua carreira, Maslow adicionou um nível final de compromisso e contribuição com algo maior, além de si mesmo, em termos espirituais ou sociais. Ele ficou fascinado com as "experiências culminantes" em que "o esforço, a vontade e a tensão tendem a desaparecer" e a pessoa se torna "totalmente perdida no momento presente".[117] Maslow acreditava que a psicologia havia se tornado preocupada demais com as patologias e precisava estudar, também, o que ele chamou de "os alcances mais longínquos da natureza humana".[118] A motivação e o engajamento seriam, deste modo, a busca de sentido e propósito para a vida além de si mesmo.

**Figura 2.3** Hierarquia de necessidades de Abraham Maslow.

A hierarquia de necessidades de Maslow está representada na Figura 2.3. Como todas as abordagens de desenvolvimento, a de Maslow não é tão ordenada e organizada quanto parece à primeira vista. As pessoas sobem e descem pelos níveis, de modo que não há uma progressão fácil de um estágio para o seguinte. Também é sempre possível estar em vários níveis ao mesmo tempo.

Além disso, nem todas as culturas valorizam o mesmo tipo de progressão. Nas culturas do Leste da Ásia influenciadas pelo Confucionismo, por exemplo, apoiar a própria família e servir à nação, assim como fazer sacrifícios em benefício dos outros, são atitudes que têm mais valor do que a autorrealização, ou podem até ser um tipo diferente de autorrealização.[119] Ainda assim, especialmente nos níveis de desenvolvimento mais elevados, a abordagem de Maslow nos ajuda a entender como a motivação e o engajamento são parte integrante das formas mais sofisticadas de aprendizado e desenvolvimento humano.

## A teoria da motivação intrínseca e extrínseca

Harry Harlow, um professor de psicologia da University of Wisconsin na década de 1940, foi, por um breve período, supervisor de Abraham Maslow. Harlow se tornou famoso, na verdade notório, por seu laboratório de experimentos com macacos rhesus. Ao criar seus macacos em um berçário, depois fazendo experimentos com mães substitutas feitas de arame, com e sem coberturas de pano, Harlow deu uma contribuição significativa, mas controversa, às teorias de apego e privação materna.[120] Ele também projetou experimentos para submeter macacos jovens a isolamento prolongado, que hoje são considerados crueldade animal.

Ao longo de sua trajetória, Harlow se interessou pelo modo como os macacos aprendem e criou a ideia moderna de *aprender a aprender*.[121] Ele desenvolveu quebra-cabeças para seus macacos montarem, a fim de determinar se as recompensas estimulariam o desempenho. Nesse processo, ele descobriu que os macacos se tornaram interessados e proficientes em resolver os quebra-cabeças para sua própria satisfação. Isso fez que ele desenvolvesse a ideia de *motivação intrínseca* para fazer algo por interesse próprio ou satisfação inerente, em oposição à *motivação extrínseca*, em que algo é realizado em função de recompensas extrínsecas.[122]

Os dois tipos de motivação estão ao nosso redor. Exemplos de motivação intrínseca incluem o voluntariado para ajudar as pessoas (em vez de para adicioná-lo ao seu currículo); aprender a tocar violão por amor à música (em vez de para atrair um interesse amoroso); limpar o ambiente para ser responsável (em vez de para evitar a ira de seus pais) e escrever um livro com o melhor de sua capacidade para alcançar qualidade e beleza artesanal (em vez de para satisfazer seu coautor ou para ganhar um prêmio). Na escola, a motivação intrínseca é aprender para sua própria satisfação, para seu interesse pessoal ou para perseguir um propósito importante (em vez de para atrair a aprovação do professor ou para obter uma nota mais alta).

Os modernos mestres da teoria da motivação intrínseca são os professores da University of Rochester Edward Deci e Richard Ryan.[123] Deci e depois Ryan desenvolveram uma teoria de *autodeterminação* que examina as motivações das pessoas para realizar tarefas inerentemente interessantes, assim como os efeitos que isso tem sobre o seu desempenho. Sua maior contribuição tem sido mostrar, por meio de uma série de experimentos com cobaias humanas, que, enquanto pequenos pagamentos pela conclusão de tarefas podem impulsionar o desempenho em curto prazo, recompensas extrínsecas não conseguem melhorar o desempenho em muitas atividades a longo prazo. Contra todas as expectativas e opostamente à forma como a maioria das organizações está estruturada,

Deci e Ryan descobriram que as recompensas extrínsecas, na verdade, pioram o desempenho.

Novamente, no entanto, as coisas são um pouco mais complicadas do que isso. Por exemplo, aprender a tabela periódica pode não ser naturalmente interessante para muitos estudantes. Entretanto, se esses estudantes puderem ser convencidos de que adquirir esse conhecimento valerá a pena em termos de uma carreira posterior em ciências, então, com a ajuda dos professores, eles poderão transformar essa motivação extrínseca em um processo de determinação intrínseca, com o argumento de que o engajamento nessa parte do currículo irá, em última análise, valer o esforço. O argumento da motivação intrínseca pode nos levar longe ao tentarmos descobrir como engajar nossos alunos, mas existem importantes exceções, nas quais a motivação extrínseca também tem o seu valor. Não devemos dispensá-la tão rapidamente.

Embora alguns tipos de motivação extrínseca tenham, de fato, sua importância, na verdade é a motivação intrínseca que impulsiona engajamento e desempenho duradouros. Porém, o que os educadores podem fazer, em termos práticos, para aumentar a motivação intrínseca? Deci e Ryan defendem que os estudantes precisam de três coisas para esse tipo de motivação.[124]

1. **Autonomia** em termos de escolha e controle das atividades. As recompensas extrínsecas reduzem essa autonomia – ou sensação de *empoderamento*, devemos acrescentar – e levam a reduções na motivação intrínseca.

2. **Competência** e uma sensação de *maestria* crescente sobre o conteúdo, que pode se beneficiar de um *feedback* positivo autêntico.

3. **Afinidade** com os outros – a que nos referimos mais tarde como uma sensação de *associação* ou pertencimento – em e por meio da realização de tarefas.

Em seu livro mais vendido, *Motivação 3.0 – Drive: A surpreendente verdade sobre o que realmente nos motiva*, Daniel Pink leva os leitores através do clássico trabalho experimental de Harlow, Deci e Ryan e outros. Ele então acrescenta dois elementos adicionais à teoria da motivação.[125] Primeiro, afirma os dois primeiros elementos da teoria da autodeterminação de Deci e Ryan: *autonomia* e *competência*. Porém, no lugar do terceiro elemento, a *afinidade*, Pink defende a ideia de ter e perseguir um sentido de *significado e propósito* em qualquer atividade específica.

Cultivar um sentido de significado e propósito, como vimos, é também um ingrediente vital para o bem-estar de estudantes e professores. Certificar-se de que os estudantes percebem o propósito de seus trabalhos escolares, em vez de considerá-los inúteis ou irrelevantes, tende muito mais a motivar os alunos e a engajá-los em seus estudos. Por essa razão, os professores devem sempre tentar ser o que Pink chama de "maximizadores de propósitos", aqueles que incentivam seus alunos a aprender a agir "[...] a serviço de uma missão social maior [...]".[126]

As descobertas de Pink representam uma grande transformação para o estudo da motivação – e uma grande oportunidade para as escolas: os educadores aumentam a motivação dos estudantes ao ajudá-los a identificar uma sensação abrangente de significado e propósito para suas vidas. Isso é muito mais amplo do que o treinamento profissional porque, para alguns estudantes, seu senso de propósito pode ir além do que esperam alcançar por meio do trabalho. Ele pode abranger, por exemplo, serviços públicos, chamados espirituais e religiosos ou dedicação à família e aos amigos.

Em segundo lugar, Pink afirma que, enquanto as recompensas extrínsecas, como a remuneração relacionada ao desempenho, podem funcionar para tarefas simples, desinteressantes e até mesmo desagradáveis, especialmente ao longo de curtos períodos de tempo, elas, na verdade, pioram o desempenho em tarefas complexas, ambíguas ou criativas. Isso porque as pessoas reduzem seu investimento intrínseco no trabalho, uma vez que as recompensas extrínsecas já lhes comunicaram que o trabalho é intrinsecamente desagradável. Elas são desviadas de sua capacidade de exercer um julgamento profissional de alto nível. Nessas circunstâncias, as pessoas frequentemente se satisfazem em aprender a como obter recompensas e alcançar metas de desempenho em detrimento da qualidade, manipulando seus clientes a fazerem avaliações positivas, ensinando para a realização de provas e testes, e assim por diante.

Pink resume as implicações práticas dessa descoberta: "para artistas, cientistas, inventores, crianças em idade escolar e o resto de nós", ele afirma, "[...] a motivação intrínseca – o impulso para fazer algo porque é interessante, desafiador e envolvente – é essencial para altos níveis de criatividade. Porém, [...]" ele continua, "[...] os motivadores 'se-então', que são a base da maioria das empresas, muitas vezes sufocam em vez de estimular o pensamento crítico".[127]

Portanto, uma das coisas mais importantes a serem cultivadas nos estudantes é que sejam capazes de conhecer e articular o que estão aprendendo e por que o estão aprendendo. Isso é parte de não se sentir alienado ou desconectado da experiência de aprender. Isso significa que os educadores precisam dedicar algum tempo para conhecer bem a todos os seus alunos, de modo que possam ajudá-los a desenvolver aquela indispensável sensação de sentido e propósito.

## Teoria do *flow* (fluxo) e engajamento total

No meio da década de 1970, uma das contribuições mais significativas para o estudo do engajamento humano foi feita por um psicólogo húngaro, Mihaly Csikszentmihalyi. Csikszentmihalyi é professor emérito de psicologia e administração na Claremont Graduate University, na Califórnia. Junto com Martin Seligman, da University of Pennsylvania, ele é creditado como um dos criadores do florescente campo da psicologia positiva.

A contribuição única e duradoura de Csikszentmihalyi para a disciplina da psicologia é expressa em uma palavra e em uma única ideia: *flow*.[128] Quando as pessoas sentem que estão em *flow*, afirma Csikszentmihalyi, elas estão totalmente imersas no que estão fazendo e experimentam uma felicidade imensa, uma vez que cada aspecto do seu ser está envolvido na atividade escolhida. Observando artistas e pessoas de outras áreas, Csikszentmihalyi descobriu que elas agradavelmente se perdiam nos seus trabalhos quando a atividade estava no limite da sua capacidade. Isso ocorria quando elas estavam sendo desafiadas e pressionadas em relação a algo importante para elas e quando estavam atingindo uma sensação de realização ao dominar algo difícil. Isso é semelhante, de certa forma, ao conceito de experiência culminante de Maslow, embora tenda a ser um conceito mais ativo do que a abordagem mais receptiva e contemplativa de Maslow.

Em sua popular conferência TED de 2004, Csikszentmihalyi descreve *flow* como aquele momento ou processo em que "Você sabe que o que precisa fazer pode ser feito, mesmo que seja difícil, e a sensação de tempo desaparece. Você esquece de si mesmo. Você se sente parte de algo maior".[129]

Estados de *flow* podem ocorrer em atividades de alto desempenho e de alto gasto de energia, como esportes – uma razão pela qual esse conceito se tornou influente na psicologia do esporte – mas também em atividades de baixo gasto energético, como meditação, leitura silenciosa ou oração.[130]

O *flow* pode estar presente de muitas maneiras na educação. Quando Dennis estava no sétimo ano da Keene Mill Elementary School, em Springfield, na Virgínia, seu professor, Sr. Levine, mostrou à turma um filme sobre a teoria da relatividade de Albert Einstein. Então o Sr. Levine pediu aos alunos que imaginassem que o tempo pudesse passar mais rápido ou mais devagar. Não foi tão difícil para Dennis imaginar isso; ele sabia que o tempo sempre passava mais rápido durante o recreio e mais devagar na sexta-feira à tarde, antes do fim de semana!

O Sr. Levine prosseguiu perguntando aos alunos se eles podiam imaginar que o tempo pudesse passar tão devagar a ponto de parar. Dennis protestou; disse que o tempo sempre tinha que continuar. O Sr. Levine perguntou-lhe por que ele tinha tanta certeza – *e deixou Dennis argumentar*. Dennis gostou tanto da troca que discutiu com o Sr. Levine por uma hora inteira depois da escola. O menino tinha perdido completamente a noção do tempo, enquanto argumentava que o tempo não podia parar!

O problema com muitas escolas é que elas não oferecem a seus alunos (e a seus professores) oportunidades suficientes para o *flow* tal como Dennis o vivenciou. O falecido Ken Robinson, um especialista global em criatividade e potencial humano, não foi o único a argumentar que a busca constante por maior aproveitamento em resultados de testes e exames está reduzindo o currículo.[131] A Era do Desempenho e do Esforço eliminou ou rebaixou grande parte da atenção dada à dança, às artes, à educação física, às atividades ao ar livre, ao contato com a natureza e à pura oportunidade de brincar –justamente as atividades que têm alto potencial para criar experiências de *flow*.

O argumento convincente de Csikszentmihalyi a favor da teoria do *flow* e de sua importância para o engajamento estudantil significa que precisamos de mais experiências de *flow*, mais frequentemente e para mais alunos? Isso é mesmo possível na maioria, ou pelo menos em parte, do tempo? Embora seja tentador querer o máximo de *flow* possível para nós mesmos e para os outros, alcançar essa sensação de forma infinita parece ser muito difícil, tanto para alunos quanto para professores. A resposta de Jim Loehr e Tony Schwartz em seu livro *Envolvimento total: gerenciando energia e não o tempo* é paradoxal. Aproveitando seus conhecimentos e experiências como consultores e treinadores de atletas de alto desempenho, Loehr e Schwartz argumentam que o engajamento envolve administrar e liberar a energia das pessoas, *não* estar sempre em plena atividade. O engajamento total, segundo os autores, significa que:

> [...] devemos estar fisicamente engajados, emocionalmente conectados, mentalmente focados e espiritualmente alinhados com um propósito além do nosso próprio interesse imediato. [O engajamento total] significa ser capaz de imergir a si mesmo na missão em que você se encontra, seja ela enfrentar um desafio criativo no trabalho, gerenciar um grupo de pessoas em um projeto, passar algum tempo com entes queridos ou simplesmente se divertir.[132]

O engajamento total, comparado ao desengajamento, tem a ver com gerenciamento de energia. Trata-se, contraintuitivamente, de buscar ativamente o estresse em vez de evitá-lo ou apenas de tentar "manter a calma e continuar" (*keep calm and carry on*), como aconselha o popular cartaz motivacional.[133] Está relacionado à ideia de tratar a vida como uma série de *sprints* emocionantes que o mantém alerta, em vez de uma maratona desgastante que o deixa exaurido. Trata-se, também, de colocar um propósito intrínseco antes das recompensas extrínsecas, mesmo em esportes competitivos, para que a busca da excelência pessoal prevaleça sobre o desejo de vencer os outros, por exemplo.

O poder do engajamento total se resume a quatro princípios básicos:

1. **Aproveitar e combinar quatro fontes de energia:** são elas física, mental, emocional (alinhada aos componentes comportamental, cognitivo e emocional do engajamento) e espiritual (um sentido de respeito, reverência ou admiração). Na sua melhor forma, atividades tão variadas quanto praticar esportes de aventura, escrever, falar em público, restaurar mobília antiga e lecionar incorporam tudo isso. Há poucas coisas mais edificantes para nós do que lecionar para um grupo de mestrandos de meio-período às 16h30min ou 19h, que chegam à aula cansados de trabalhar em algumas das escolas mais desafiadoras da cidade, e então, se tudo for bem-organizado, percebem que as duas horas e meia seguintes passaram absolutamente voando, e vão embora com mais energia do que quando chegaram.

2. **Esforçar-se além dos limites normais:** como os melhores atletas, aprender a esforçar-se além dos limites normais, de maneira disciplinada e deliberada. Quando escrevemos juntos, por exemplo, tentar formas melhores de escrever e experimentar novas estruturas narrativas, como em um romance, ou descartar frases e parágrafos de transição convencionais, por exemplo.

3. **Praticar rotinas para geração e controle de energia:** Dennis pratica atenção plena e respiração profunda quando tem bloqueio criativo para escrever e está desmotivado. Em outros momentos, ele grita e gesticula até que fique evidente, para ele próprio, exatamente o que está tentando dizer. Andy frequentemente faz alongamentos de ioga pouco antes de uma palestra importante e tenta se concentrar em dois ou três membros da plateia, imaginando do que eles abriram mão para estar ali ou o que estão esperando ouvir.

4. **Renovar energia:** renovar energia, bem como gastá-la, tirando um tempo de folga, relaxando e fazendo coisas diferentes. Quando nossas caixas de *e-mail* estão transbordando, em vez de nos iludirmos acreditando que a felicidade se encontra em uma caixa de entrada vazia, tentamos fazer uma atividade criativa. Às vezes, literalmente nos afastamos de todas as nossas tarefas ao nos dirigirmos para as florestas e campos próximos.

O último desses quatro princípios – sobre a renovação de energia, bem como o gasto dela – talvez seja o mais interessante do ponto de vista do engajamento total. Engajamento total não significa engajamento completo e implacável sem nenhuma interrupção, nunca. Ele não deve ser uma receita para o esgotamento. Se estivermos sempre em *flow*, acabaremos nos afogando! Nenhum de nós pode ou deve estar constantemente eufórico ou sempre perdido em nosso trabalho, alheio às nossas famílias e amigos.

> *Engajamento total não significa um engajamento completo e implacável sem nenhuma interrupção, nunca. Ele não deve ser uma receita para o esgotamento. Se estivermos sempre em* flow, *acabaremos nos afogando!*

Alguém que não compreendeu a necessidade de renovação foi Dominic Cummings, ex-assistente sênior do primeiro-ministro britânico Boris

Johnson. Em um *blog* controverso e muito criticado, em janeiro de 2020, Cummings anunciou àqueles que tinham interesse em trabalhar com o governo, afirmando que estava procurando "esquisitos" e "desajustados" que pensam diferente.[134] Fiel à sua palavra, suas especificações de trabalho para o cargo de jovem assistente pessoal (que faria uma mistura de trabalho rotineiro criativo e opressivamente monótono) tomaram a forma de um aviso: "Você não terá encontros noturnos durante a semana e sacrificará muitos fins de semana – francamente, será difícil ter um namorado ou uma namorada".[134] Esse é um homem que não entende como renovar a energia das pessoas – apenas como esgotá-las e depois substituí-las por outra pessoa. Por mais interessante que seja o trabalho, o aprendizado ou qualquer outra atividade, ainda assim devemos tirar um tempo para recarregar nossas baterias. Algumas das melhores ideias podem vir até nós quando deixamos de pensar demais nelas e paramos de nos esforçar em excesso. Às vezes é mais sábio simplesmente relaxar e deixar para pensar no assunto depois.

Timothy Walker, um professor dos Estados Unidos que se mudou para a Finlândia, escreveu um livro em que compara o ensino nos dois países e descreve sua experiência na sala dos professores finlandeses. No início ele se sentia culpado, porque, nos Estados Unidos, com tanta coisa a ser feita pelos alunos, conversar várias vezes na sala dos professores seria considerado um luxo frívolo e um desperdício de tempo valioso.[135] Porém, na Finlândia, Tim percebeu que o tempo gasto dessa forma com os colegas era um investimento. Era um momento de construção de confiança e compreensão para que os problemas pudessem ser resolvidos rápida e conjuntamente mais tarde. A preparação para os exames e a dedicação de cada vez mais tempo para o aprendizado formal em leitura e matemática reduziram a atividade física e os intervalos nas escolas americanas a níveis perturbadoramente baixos. Ao contrário, as escolas escandinavas em geral oferecem às crianças um intervalo para exercícios ao ar livre a cada 50 minutos ou mais. Desse modo, a maioria das escolas americanas esgotam a energia dos seus alunos por meio do trabalho contínuo. As escolas nórdicas a renovam por meio de diversão e brincadeiras.

Quer você seja um professor ou um estudante, é bom experimentar o *flow* e o engajamento total mais do que ocasionalmente – pelo menos uma ou duas vezes por semana, com certeza –, e as escolas e os professores devem fazer muito mais para que isso aconteça. Porém os alunos, na verdade todos nós, não podemos e não devemos trabalhar o tempo todo. Isso não é engajamento total – é insanidade total!

## Aprendizagem para a maestria

As teorias psicológicas de engajamento e motivação que revisamos até agora seguem a orientação de grande parte da literatura sobre negócios e autoajuda. Elas são inspiradoras e edificantes ao exaltar as virtudes do interesse intrínseco, o poder do *flow* e o valor de alcançar estados de autorrealização e transcendência. Essas teorias são, até certo ponto, de natureza existencial e até mesmo romântica. Elas apelam para a ideia de liberar as qualidades naturais do espírito humano.

Porém, outras teorias lançam um enfoque diferente sobre o engajamento e a motivação. Elas fazem alusão e ativam disposições menos românticas, mais trabalhosas, estoicas e até mesmo de autossacrifício na busca pelo desenvolvimento humano. Um desses conjuntos de teorias aborda a busca de *domínio* ou *maestria* como fonte e estímulo à motivação e ao engajamento.

O termo *maestria* vem do substantivo *mestre* e do verbo *dominar* (*to master*). Uma de suas origens é a palavra latina *magister*, que significa *professor*.[136] Há algumas outras origens infelizes e até ofensivas, além de associações com *mestres* que exercem poder sobre servos, escravos ou membros de uma família. No entanto, dominar ou ter maestria em relação a uma habilidade ou tópico, em vez de sobre outras pessoas, pode ter conotações mais positivas. As universidades, por exemplo, oferecem cursos de mestrado. Uma *master class* é geralmente ministrada por um mestre em arte, artesanato ou de determinada profissão, cuja *expertise* foi duramente conquistada e é amplamente reconhecida. Uma obra-prima (*masterpiece*) é uma "[...] suprema realização artística ou intelectual".[137] Podemos ainda ver o uso do termo *master* para os mestres padeiros, mestres cervejeiros e todos os mestres artesãos que estão no topo de seu ofício ou profissão.

A ideia de *maestria* está associada a esse último uso. Ela se refere ao domínio de um conhecimento, à posse de grande habilidade ou à capacidade de exercer autocontrole positivo, mesmo diante de obstáculos e contratempos.[138] A noção de maestria aparece em vários campos, tais como esportes, treinamento, saúde e liderança. Ela também ocupa um lugar de destaque nas ciências do aprendizado.

Benjamin Bloom foi um psicólogo educacional da University of Chicago e desenvolveu o que ele chamou de *aprendizagem para a maestria* nos anos 1960.[139] Quando fora aluno de pós-graduação na Pennsylvania State University, Bloom recordou ter recebido uma bolsa de assistente que lhe exigia a classificação de "[...] vários tipos de testes padronizados".[140] Ele logo se viu "[...] insatisfeito com esse trabalho [...]" devido "[...] à qualidade altamente previsível de todos esses testes".[140] Sem exceção, Bloom percebeu que "[...] os testes padronizados de desempenho mediam apenas a lembrança dos alunos sobre o conteúdo informativo de cada uma das disciplinas escolares".[140] A educação tem de ser mais do que apenas isso, Bloom pensou.

Bloom percebeu que algo estava errado com a forma como o aprendizado dos alunos era medido na maioria das escolas. Ele observou que quando uma curva normal clássica é aplicada às notas, por exemplo, uma consequência não intencional é a redução da "motivação para aprender dos estudantes", devido a uma "profecia de autorrealização", na qual apenas um número limitado de estudantes pode apresentar sucesso.[141]

Em seu artigo *Learning for mastery*, de 1968, Bloom propôs que até 90% de todos os estudantes deveriam ser capazes de demonstrar uma compreensão completa e extensa do conteúdo acadêmico, desde que recebessem tempo e apoio adequados para fazê-lo.[141] Ele defendia que se a pressão para completar uma tarefa pontualmente – a fim de acompanhar o ritmo de uma aula – fosse removida, muitos estudantes sem inclinações ou aptidões acadêmicas aparentes seriam capazes de demonstrar domínio do conteúdo, com o apoio certo.[142] Como Tom Guskey destaca em sua revisão da pesquisa sobre a aprendizagem para a maestria, as adaptações adequadas à instrução contribuem para a melhora dos resultados de aprendizagem e para um dia escolar com mais engajamento dos estudantes.[143]

Hoje a invenção do conceito de aprendizagem para a maestria de Bloom perdura em redes escolares, como o Mastery Transcript Consortium (MTC).[144] As escolas do MTC identificam os principais objetivos ou resultados de aprendizagem que estão buscando alcançar. Em seguida, trabalham em conjunto para utilizar *softwares* que permitam aos alunos demonstrar seu progresso em uma série de atividades. Como ocorre em algumas das atrativas ferramentas de avaliação digital que descrevemos mais adiante, os alunos podem mostrar seus pontos fortes em uma ampla gama de áreas, incluindo disciplinas tradicionalmente marginalizadas, como artes visuais e teatro, e os professores podem mapear o progresso de seus alunos nelas. As escolas também podem considerar temas interdisciplinares, como, por exemplo, cidadania global, que elas desejam que seus alunos desenvolvam. Por meio de redes como o MTC, o conceito de aprendizagem para a maestria de Bloom foi reinventado para acomodar uma gama muito mais ampla de competências globais na Era do Engajamento, do Bem-estar e da Identidade.

Apesar de toda originalidade e impacto positivo sobre o modo de os educadores verem os estudantes e seu aprendizado hoje, a teoria de Bloom, no entanto, deixa de perceber alguma coisa. Os processos cognitivos relacionados a alcançar o controle sobre o conhecimento e o aprendizado por meio de hierarquias de compreensão e proficiência representam apenas um aspecto do engajamento. O ponto em que Bloom realmente não avançou foi na intensidade emocional, e até mesmo espiritual, de dominar uma nova disciplina ou habilidade em um nível excepcionalmente alto, em vez de meramente proficiente.

> *Dominar algo – como tocar um instrumento musical, andar de bicicleta, tornar-se um leitor fluente ou adquirir uma habilidade esportiva difícil – envolve muito mais do que ascender em uma hierarquia cognitiva.*

Dominar algo – como tocar um instrumento musical, andar de bicicleta, tornar-se um leitor fluente ou adquirir uma habilidade esportiva difícil – não é uma proeza trivial; envolve muito mais do que ascender em uma hierarquia cognitiva. Pode exigir prática cansativa, repetição sem fim, dedicação incansável, sacrifício, desafio, frustração, fracasso, momentos de dúvida ou mesmo medo, contratempos, dor, sofrimento e muito mais. Quando um novo nível significativo de desempenho ou destreza é alcançado, a maestria também pode envolver orgulho, alegria, entusiasmo, sensações de *flow* e novos níveis de autoconsciência e autoestima que podem se parecer quase com epifanias. Como aponta Daniel Pink, a maestria e o *flow* estão intimamente interligados. Se você já sentiu que estava atuando no auge de sua competência como professor, líder escolar ou atleta, ou em qualquer outra atividade, você sabe exatamente como é isso.

O conhecimento ou habilidade que está sendo dominado pode ser social ou moralmente profundo, mas não necessariamente o é. A maestria também pode ser encontrada no imenso prazer de assar um bolo perfeito sem olhar para a receita, acertar todas as notas em um coral *gospel* ou lançar uma bola de futebol no arco preciso sobre uma barreira defensiva. Em todos esses casos, é a perspectiva de atingir o desempenho máximo, como um verdadeiro maestro, que mantém muitos alunos em atividade.

> *A maestria também pode ser encontrada no imenso prazer de assar um bolo perfeito sem olhar para a receita, acertar todas as notas em um coral gospel ou lançar uma bola de futebol no arco preciso sobre uma barreira defensiva.*

Por algum motivo desconhecido, Bloom nunca chegou, como psicólogo cognitivo, a esses aspectos mais intensos da condição humana e do processo de aprendizagem que a mais completa sensação de maestria poderia captar. As ciências de aprendizagem em geral têm sido dominadas pela psicologia cognitiva; tendem, portanto, a encarar a progressão em direção à maestria em etapas progressivas, com os estudantes sendo apoiados a se moverem gradual, ascendente e continuamente de um nível para o outro. Isso pode tornar a aprendizagem e o ensino tediosos e tortuosos, em vez de inspiradores e engajadores.

Autores de outras áreas, no entanto, abordaram o domínio ou a maestria de forma diferente. Para eles, aprender a dominar algo às vezes ocorre aos trancos e barrancos. Mesmo os aspectos progressivos não são apenas de natureza racional e linear. Eles também têm dimensões emocionais, morais e até espirituais.

Uma área de atuação que pode abrir nossas mentes para os significados mais amplos da maestria é o treinamento esportivo. Entre as abordagens mais populares de treinamento está o *mastery coaching* (treinamento da maestria). Na psicologia do esporte, o *mastery coaching* é geralmente oposto ao treinamento centrado no ego ou orientado pelo desempenho.[145] Um ambiente centrado no ego ou orientado pelo desempenho, criado por treinadores ou por pais de jogadores, é organizado em torno de recompensas extrínsecas, contribuições individuais e vitórias a todo custo. Essa abordagem competitiva individual engaja e afirma atletas de elite e vencedores. No entanto, assim como os sistemas de classificação e as notas em formato de curva de sino (distribuição normal) que Bloom desaprovou, ela tem consequências desalentadoras para os demais, que ou se veem como perdedores ou se exaurem em frenéticas tentativas de sucesso.[146]

O *mastery coaching*, ao contrário, proporciona um reforço positivo aos atletas que trabalham duro e se esforçam ao máximo – lutando continuamente para melhorar em vez de se tornarem acomodados com seu sucesso –, além de ajudar outros a contribuírem para o desempenho geral da equipe. Os treinamentos orientados para a maestria não são apenas eticamente preferíveis. Eles também têm mais probabilidade de desenvolver maior espírito esportivo, atitudes positivas em relação a outros jogadores, melhor raciocínio moral, satisfação em equipe, persistência em desafios e fracassos, eficácia coletiva e autoconfiança entre todos os jogadores e participantes.[147]

Carole Ames, professora emérita de psicologia da Michigan State University, influenciou significativamente a abordagem da aprendizagem para a maestria no treinamento esportivo. Baseando-se na pesquisa fundamental sobre a *motivação para o sucesso* de David McClelland, à qual voltaremos na próxima seção, a pesquisa altamente referenciada de Ames nos anos 1980 e 1990 fez uma distinção entre estudantes orientados para a *maestria*, que se concentram em melhorar e aprofundar sua compreensão, e estudantes orientados para o *desempenho*, que estão mais empenhados em superar os outros.[148] A pesquisa de Ames a levou a desenvolver e utilizar uma abordagem conhecida como modelo *TARGET* de motivação eficaz, proposto inicialmente por Joyce Epstein em um livro que Ames coeditou.[149] O TARGET é agora amplamente utilizado no *mastery coaching*, um campo para o qual Ames tem contribuído diretamente.[150]

- **Tarefa**: seu valor em termos de importância, interesse intrínseco, utilidade para o aluno e custos de tempo e esforço (questões que exploraremos na próxima seção).

- **Autonomia**: em termos de autoconfiança e autodeterminação (um fator também identificado de diferentes maneiras por Maslow e Pink).[151]

- **Reconhecimento**: elogio que é apropriado e específico, em vez de gratuito e generalizado (para incentivar melhorias adicionais, evitando ao mesmo tempo o excesso de autoestima e o narcisismo).

Cinco caminhos para o engajamento **65**

- **Agrupamento** (em inglês, *grouping*): segundo princípios cooperativos, como aconselhado por Bloom.

- **Avaliação** (em inglês, *evaluation*): equilibra as contribuições individuais e cooperativas e as realizações.

- **Tempo**: e apoio para atender às expectativas, como também recomendado por Bloom.

A abordagem TARGET foi avaliada em vários estudos de psicologia do esporte. Em um estudo, 283 estudantes atletas foram divididos em um grupo experimental, que recebeu uma intervenção TARGET com cinco treinadores especialmente treinados, e um grupo-controle, que passou por um regime de treinamento semelhante mas sem considerar os elementos TARGET. A intervenção TARGET "[...] teve um efeito positivo significativo nas percepções dos atletas sobre aprendizado cooperativo, aprimoramento, decisão/escolha, relações sociais, competência, autonomia, motivação autodeterminada, persistência, esforço e tédio", que, na maioria dos casos, persistiu após seis meses.[152] Uma intervenção em pequena escala que utilizou a versão TARGET orientada para a maestria – desenvolvida por Ames – em aulas de educação física mostrou um aumento de quase 10% na atividade física moderada e intensa durante as aulas no grupo de maestria em comparação com o grupo-controle.[153] Uma metanálise de 22 estudos que utilizaram intervenções TARGET encontrou modestos efeitos gerais positivos das intervenções em comparação com grupos-controle nos três domínios habituais de motivação e engajamento – comportamental, afetivo e cognitivo.[154]

Mesmo no campo do atletismo e da competitividade corporativa, a literatura de pesquisa tem levantado questões sobre o valor da orientação para o ego, em que o vencer e os vencedores são a prioridade. As metas voltadas para o ego podem ser ainda mais prejudiciais no aprendizado em sala de aula. As classes em que predominam metas egocêntricas diminuem a sensação de pertencimento dos alunos. Elas levam os estudantes a atribuírem o fracasso a uma falta de habilidade inata, em vez de a uma ruptura na maneira como o ensino e a aprendizagem são organizados. O moral também sofre, porque os alunos consideram as aulas em que predominam as metas de ego como injustas.

Quando as escolas são conduzidas por uma orientação egocêntrica para aumentar notas em exames, subir em classificações, receber mais prêmios externos ou ter um desempenho superior ao das outros, os alunos que têm um interesse mais intrínseco nas tarefas de aprendizado são desencorajados. Os sinais de *status* e reconhecimento, que muitas vezes são favorecidos por pais abastados ou de alto desempenho, não motivam esses estudantes. Ao contrário, eles têm efeitos desencorajadores, que levam ao desengajamento. As motivações do tipo "ganhar ou perder" e de desempenho movidas pelo ego podem ter efeitos negativos na aprendizagem mais profunda e nas perspectivas de um ensino inspirador. As orientações para a maestria, por outro lado, promovem e reconhecem os esforços coletivos para manter a melhora, quer isso se aplique a jogadores em uma equipe, a alunos em uma turma ou a escolas em um sistema.

Quando contrastamos o trabalho de Ames com o de Bloom, torna-se evidente que as orientações para a maestria da motivação e do engajamento envolvem a gestão emocional e o desenvolvimento moral, bem como o progresso e o processamento cognitivo. A maestria é tanto um processo pessoal como técnico. Provavelmente não há autor que tenha argumentado isso mais efetivamente do que Peter Senge, palestrante sênior em liderança na Sloan School of Management do MIT. Em 1987, no meio de sua prática diária de meditação, Senge teve a ideia de um livro de gestão que se concentrasse na importância de as organizações terem a capacidade de melhorar por meio de processos de aprendizagem contínua. O livro que resultou desse *insight*, *A quinta disciplina: a arte e prática da organização que aprende*, vendeu mais de quatro milhões de exemplares.[155] Foi listado entre os 10 livros de negócios mais vendidos de todos os tempos pela revista *Time* e pelo *Financial Times*. As ideias de Senge são, agora, amplamente utilizadas em muitos campos, bem como nos negócios – especialmente na educação.

Senge defende que "[…] organizações onde as pessoas expandem continuamente suas capacidades para criar os resultados que verdadeiramente desejam […]" e "[…] onde a aspiração coletiva é liberada […]", colocam em prática certas disciplinas.[156] As disciplinas, diz ele, são "[…] uma série de práticas e princípios que devem ser aplicados para serem úteis".[157] Uma das cinco disciplinas essenciais do que ele chama de organizações que aprendem é a *maestria pessoal*.

Para Senge, maestria pessoal não envolve "[...] dominar pessoas ou coisas",[158] mas abordar a vida como um artista, para determinar o que realmente importa e alcançar os resultados ou impactos que são realmente desejados. A maestria pessoal "[...] vai além da competência e das habilidades [...] Significa encarar a vida como um trabalho criativo [...]".[159] Porém, aqueles que praticam a maestria pessoal não são meros sonhadores, ressalta Senge. Eles constantemente se esforçam e convivem com a tensão de administrar sua visão em relação à realidade atual. A maestria pessoal não envolve apenas dominar esta ou aquela coisa. Trata-se de tornar-se altamente proficiente como ser humano, no trabalho e na vida.

A maestria pessoal, argumenta Senge, envolve uma série de características básicas. A visão de uma pessoa é um chamado, não apenas uma fantasia ou um devaneio. A realidade apresenta oportunidades constantes, em vez de apenas obstáculos frustrantes. As pessoas que perseguem a maestria pessoal são "profundamente curiosas. Elas se sentem ligadas aos outros e à própria vida". Elas estão sempre aprendendo; nunca "chegam". Para elas, a maestria pessoal é algo que perseguem constantemente e nunca possuem completamente.[160]

Com o que se pareceria a capacidade de maestria pessoal, como parte do processo de engajamento dos estudantes na busca por maestria e domínio em uma sala de aula? A percepção mais importante é que a aprendizagem e a maestria não devem ser tratadas como estritamente cognitivas por natureza. Crescer e desenvolver a maestria do conhecimento, das habilidades e de si mesmo é um processo de desenvolvimento humano, e não apenas de aprendizagem. Para Senge, a maestria pessoal tem a ver com a aquisição de um sentido de propósito que conecta alguém ao mundo mais amplo, ao todo, assim como à compaixão e à conexão com outros seres humanos. A maestria está relacionada ao progresso assintótico em direção à perfeição, sempre efêmera, em vez de meramente atingir níveis mais elevados de proficiência. Trata se, também, de os estudantes desenvolverem um sentido de visão ou propósito para além de medalhas, sucessos ou desempenhos máximos, e sim pelo seu valor intrínseco, pelo prazer que darão aos outros. Trata-se do propósito de fazer uma diferença positiva no mundo e da busca espiritual por se tornar um ser humano melhor.

Maestria é a capacidade de prevalecer sobre retrocessos, decepções, frustrações e adversidades, a fim de alcançar um padrão mais elevado e um propósito maior. Parte do problema do desengajamento é a ausência de sentido e propósito. A maestria pessoal está relacionada à recuperação e ao desenvolvimento desse propósito, e, também, à busca e à compreensão de sua visão pessoal sobre quem você quer ser. Embora a maestria na aprendizagem seja, muitas vezes, gradual no sentido de Bloom, no final das contas, quando atinge seu auge após toda luta e sacrifício, ela pode ser verdadeiramente inspiradora.

## Teoria de expectativa-valor

É uma falha humana comum, na liderança e na vida, perder de vista o que é importante ou não conseguir manter a mente no trabalho. Ambas as coisas são expressões de desengajamento entre pessoas que, de alguma forma, apenas se sentem perdidas. Elas são tão comuns que definem narrativas dominantes na mitologia grega, fantasias modernas da Disney e casamentos arruinados. Há uma teoria que aborda esses fenômenos gêmeos de perder de vista o seu propósito e se distrair facilmente do trabalho (e seus opostos). Ela é conhecida como *teoria de expectativa-valor.*[161]

Você já se perguntou alguma vez por que é que você retorna, várias e várias vezes, a alguma tarefa particularmente desafiadora? Por que você continua a fazer isso, mesmo que isso lhe faça se sentir péssimo? Inversamente, por que atividades em que você facilmente se destaca às vezes não conseguem manter seu interesse, mesmo quando outros o parabenizam por sua realização sem esforço? A teoria de expectativa-valor proporciona uma abordagem para esse tipo de questões.

Raramente é fácil identificar o ponto de origem de uma ideia ou teoria, mas a teoria de expectativa-valor parece ter suas origens na pesquisa de John William Atkinson, professor da University of Michigan nos anos 1950 e 1960. Atkinson foi aluno de doutorado de David McClelland, psicólogo da Harvard University e, mais tarde, também coautor de trabalhos com ele. Em psicologia e em administração de empresas, McClelland tornou-se famoso por sua teoria da *motivação para o sucesso*. Esta identificou três impulsos motivacionais básicos – para o poder, para a afiliação e para a realização. Seu conceito de necessidade para a realização, e um conjunto associado de ferramentas de avaliação psicológica para a gestão de recursos humanos, tiveram um enorme impacto nos campos educacional e empresarial, e estabeleceram uma carreira proeminente para ele como consultor organizacional.[162]

Atkinson utilizou como base a pesquisa de McClelland, assim como sua própria pesquisa, para desenvolver uma nova abordagem conceitual a fim de explorar e explicar "[...] diferenças individuais na intensidade da motivação para realização [...]".[163] Embora Atkinson tenha confirmado a contribuição de McClelland, de que os indivíduos variam em suas necessidades de realização, ele também descobriu que, para muitas pessoas, um sentimento de orgulho pela realização era, no mínimo, uma fonte tão forte de motivação humana quanto a busca por recompensas extrínsecas e materiais. Essa dupla percepção deu origem a dois componentes interativos da teoria de expectativa-valor.[164] De um lado, estão as esperanças ou expectativas de sucesso das pessoas em uma ou outra atividade. De outro, se encontram os valores subjetivos de suas tarefas, que se referem à intensidade com que as pessoas valorizam as atividades nas quais esperam ser bem-sucedidas.

Talvez a melhor explicação seja um exemplo: você já viu jovens passando horas na quadra de basquete praticando arremessos de três pontos, apesar de suas chances de construir uma carreira como atletas profissionais serem escassas? A atividade de basquetebol é uma tarefa de alto valor subjetivo, mesmo que haja poucas perspectivas de sucesso. E os estudantes que fazem qualquer coisa para evitar as aulas de ciências e matemática, embora o modesto desempenho nessas disciplinas possa lhes abrir uma série de opções lucrativas de carreira? Aqui testemunhamos o fenômeno oposto, em que atividades com boas perspectivas de sucesso recebem um baixo valor subjetivo por parte dos estudantes.

Uma vez mais, o que descobrimos aqui é a extraordinária complexidade da motivação humana. O que os teóricos da expectativa-valor defendem é que se tenha uma dose saudável de realismo que reconheça toda a gama de estímulos que motivam as pessoas. Eles querem ser capazes de estudar e reconhecer fenômenos cotidianos, tais como a importância de recompensas extrínsecas – como boas notas ou um pagamento – juntamente a análises de custo-benefício realistas. Eles acreditam que esses tipos de motivações podem e devem ser mensuradas – e podem até mesmo ser usadas para prever alguns resultados de aprendizagem.

Em 1977, uma jovem acadêmica chamada Jacquelynne Eccles se juntou a Atkinson na University of Michigan. Ao contrário de McClelland ou Atkinson, Eccles estava interessada em aplicar o modelo de expectativa--valor a estudantes e escolas. Em seu trabalho inicial, ela utilizou o "[...] modelo teórico de expectativa-valor e o aplicou às decisões dos estudantes na escolha das disciplinas", como escreveu posteriormente.[165] Isso a ajudou a entender que as meninas normalmente se afastavam das ofertas curriculares em ciência e matemática porque duvidavam de suas habilidades para ter sucesso nessas disciplinas e, também, viam poucas razões para valorizá-las. As implicações de equidade desse tipo de pesquisa foram profundas. Os educadores viram que precisavam aumentar a confiança das estudantes e ajudá-las a atribuir valor a disciplinas que elas tinham considerado de pouca importância para seu futuro. A influência de Eccles tornou-se tão proeminente no engajamento estudantil que seu trabalho foi citado mais de 143.000 vezes, de acordo com o Google Acadêmico.

Eccles seguiu Atkinson ao argumentar que a motivação pode ser medida e entendida como a interação entre expectativas e valores. Sua contribuição adicional foi a de diferenciar os *valores subjetivos das tarefas* em quatro grupos distintos, que ela acreditava serem ainda mais poderosos do que as *expectativas* em relação ao seu papel no aumento da motivação.[161] São eles:

1. **Valor de realização:** uma atividade é vista pelos estudantes como importante ou não conforme sua capacidade de encorajá-los a permanecer nela, a fim de "[...] sentirem que estão indo bem na tarefa".[166] A natureza exata da atividade pode variar, e de fato varia. Pode ser um problema político que os estudantes conheçam ou um tópico da cultura popular que lhes interesse. O que mais importa é que os estudantes concordem que a tarefa é significativa, de modo que eles enfrentem seus desafios com toda a persistência que ela exige até atingirem o sucesso.

2. **Valor intrínseco:** a atividade é escolhida por seu interesse ou valor intrínseco, como nas teorias de motivação intrínseca que discutimos anteriormente. Ela pode ser um enigma intrigante por si só (como aprendemos com os macacos de Harlow) ou pode estar ligada aos interesses e paixões dos estudantes, por exemplo.

3. **Valor utilitário:** trata-se da relação de uma tarefa com "[...] objetivos futuros, tais como objetivos de carreira. O indivíduo pode realizar algumas tarefas porque elas são importantes para objetivos futuros, mesmo que ele ou ela não esteja tão interessado nessa tarefa por seu valor intrínseco".[166] É aqui que a motivação extrínseca volta a funcionar, e é por isso que os professores falam aos alunos sobre as razões pelas quais eles precisam aprender cálculo para entrar na universidade, não importa o quão repugnante possa lhes parecer aprender cálculo naquele momento.

4. **Custo de oportunidade:** relacionado ao questionamento se o engajamento em uma atividade vale o esforço ou o compromisso, quando esta é comparada às outras oportunidades disponíveis – fazer o dever de casa *versus* manter um trabalho em meio período; trabalhar duro *versus* navegar nas redes sociais; gastar muito tempo em esportes competitivos à custa de obter notas mais altas, e assim por diante.

A pesquisa de Eccles descobriu que bons professores são habilidosos em ajudar os estudantes a compreenderem o papel que seus valores desempenham na motivação. Sempre que um professor pergunta "Quão importante é para você sair-se bem na aula?", uma pergunta sobre o valor de realização foi feita. Se um professor observa um grupo empolgado de alunos que fica depois da aula para debater a melhor maneira de resolver um problema, então seu valor intrínseco foi despertado. Professores que perguntam aos alunos "De que forma algo que estão aprendendo poderia lhes ser útil?" não estão fazendo a pergunta errada, conforme algumas teorias de motivação intrínseca podem sugerir. O valor utilitário é totalmente apropriado em muitas situações – por exemplo, para estudantes de um programa educacional profissionalizante que desejem aprender um ofício para satisfazer suas necessidades de sobrevivência e contribuir com suas famílias. Finalmente, os professores precisam entender que há muitas coisas que os estudantes gostariam de fazer e outras que preferiram evitar; portanto, ser realista quanto aos custos de oportunidade para assumir uma tarefa desafiadora é tão importante na educação quanto no mundo do trabalho.

A grande conclusão da pesquisa de Eccles é que professores e orientadores vocacionais devem, explicitamente, engajar seus alunos na discussão *tanto* de suas expectativas de sucesso *quanto* das coisas que têm valor para eles. Esse tipo de autorreflexão direta ajudará os estudantes a se entenderem mais profundamente, assim como a aprenderem porque exatamente eles são – ou podem se tornar – impelidos a se destacar em atividades que lhes são de extrema importância.

## INCORPORANDO PERSPECTIVAS SOCIOLÓGICAS AO ENGAJAMENTO

A maior associação profissional de pesquisadores educacionais do mundo é a American Educational Research Association, com mais de 25 mil membros. Todos os anos, a associação premia o melhor e mais influente artigo publicado em uma revista acadêmica revisada por pares. Em 2014, esse prêmio foi dado a uma equipe formada por pai e filho, Michael Lawson e Hal Lawson, por sua abrangente revisão da literatura sobre o conhecimento existente em pesquisas relacionadas ao engajamento estudantil.[167]

Como muitos de seus antecessores, Lawson e Lawson concluíram que o extenso corpo de pesquisas psicológicas sobre engajamento estudantil enfatizara a importância inter-relacionada do engajamento comportamental, cognitivo e emocional. Porém, o valor agregado de seu trabalho foi uma crítica sobre como a pesquisa psicológica tinha dominado o campo, à custa da pesquisa sobre o impacto significativo dos muitos fatores sociológicos que afetam como os estudantes se engajam em seu processo de aprendizagem.

Lawson e Lawson estavam preocupados que a pesquisa sobre o engajamento e a motivação dos estudantes tivesse sido realizada, em grande parte, do ponto de vista da psicologia experimental. Com seu isolamento de variáveis em experimentos controlados com macacos ou estudantes voluntários pagos em laboratórios artificiais, essa tradição de pesquisa parecia ter pouco ou nada a ver com o ensino cotidiano em salas de aula comuns. Eles reclamaram que "[...] a maioria dos estudos quantitativos sobre engajamento estudantil emprega apenas uma dimensão do engajamento do estudante em seus modelos analíticos".[168]

Os autores argumentaram que, sem qualquer compreensão do cotidiano em sala de aula – em que as variáveis vêm em feixes confusos, não em grupos de tratamento e controle –, uma parte excessiva da pesquisa psicológica sobre engajamento tornou-se refém das formas comuns de fazer escola. Ela assume que os estudantes têm que se encaixar na instituição e nas formas melhores ou piores de ensino existentes. Parece haver pouca curiosidade em explorar como as próprias escolas podem ser transformadas para que sejam mais engajadoras, não neste método ou naquela estratégia, mas na própria natureza de como podem operar de forma diferente com populações diversas de estudantes.

Lawson e Lawson tiveram como objetivo direto o *Handbook of research on student engagement*.[114] Eles argumentaram que os estudos exclusivamente psicológicos do livro se concentraram em estudos específicos dentro da escola e negligenciaram importantes fatores de fora dela, tais como as "características da população" e a "geografia social baseada no local", que poderiam "[...] destacar melhor os pontos fortes e as necessidades relacionadas ao engajamento de populações estudantis vulneráveis".[169] Como esses tipos de variáveis sociológicas são difíceis de mensurar em metodologias experimentais, os pesquisadores não perceberam muitos fatores importantes que contribuíram para o engajamento estudantil ou o dificultaram, segundo os autores. Os tipos de fatores que eles tinham em mente incluíam, por exemplo, como os programas de leitura são ou não responsivos às culturas dos estudantes; como o aprendizado envolve ou não formas emocionais de expressão e de presença nas diferentes comunidades de onde vêm os estudantes; e que experiências os estudantes estão tendo com a tecnologia digital fora de suas escolas que podem afetar seu potencial de aprendizado quando estão na sala de aula.

Curiosamente, todo o *Handbook of research on student engagement*, publicado em 2012, não faz uma única referência à tecnologia! Ao excluir questões imperiosas dos tempos atuais – como tecnologia ou pobreza – do campo do engajamento estudantil dominado pela psicologia, esse espaço adquire um ar de irrealidade. Uma infinidade de projetos de pesquisa experimentais ou quase-experimentais levou a descobertas que podem parecer inúteis para professores, administradores e funcionários atarefados de escolas. Com algumas exceções, como as que discutimos anteriormente neste capítulo, apenas estudos de controle cego, investigações experimentais ou meta-análises parecem contar para o estudo sobre engajamento estudantil.

Muitos pesquisadores e reformadores parecem considerar que nada de valor pode ser obtido ao se estudar professores e alunos em seu ambiente natural e cotidiano de aprendizagem. As chaves para um ensino e um aprendizado eficaz parecem existir não nas interações e relacionamentos da vida real, mas em outros lugares – em laboratórios clínicos, nos exames cerebrais ou nas vastas nuvens de *big data*. A ironia do predomínio do trabalho psicológico no campo do engajamento estudantil é que, ao final, a maior parte das pesquisas sobre engajamento é simplesmente enfadonha!

Lawson e Lawson explicam que precisamos entender as questões de engajamento em termos sociológicos – e não apenas psicológicos. Como um fenômeno que ocorre em instituições, escolas e sociedades, o engajamento pode mudar dependendo de como essas entidades são criadas. Os autores argumentam a favor de abordagens focadas nas pessoas envolvidas e nos métodos de pesquisa, "[…] que atendam às relações entre *múltiplas* variáveis, eventos e sistemas simultaneamente e de forma inclusiva […]".[170] Se quisermos que os alunos estejam mais *engajados*, então escolas inteiras, professores e modo de ensino devem se tornar mais *engajadores* em sua totalidade, não apenas em relação a uma ou outra variável controlada.

Em relação a esses aspectos, nossa abordagem do engajamento dos estudantes neste livro é mais sociologicamente baseada do que as abordagens enraizadas unicamente na psicologia da motivação e do desenvolvimento humano, que fundamentou essencialmente a prática nas escolas. Queremos que o estudo e a prática do engajamento estudantil se estendam além de pequenos ajustes em rotinas e detalhes da prática em uma sala de aula convencional. Ao iniciarmos a jornada para a Era do Engajamento, do Bem-estar e da Identidade, precisamos repensar não apenas como os professores podem fazer perguntas de forma diferente, mudar suas abordagens de atribuição de notas ou iniciar suas aulas tradicionais de uma forma mais interessante – por mais importantes que essas questões sejam. Também precisamos examinar como podemos aumentar significativamente o engajamento dos estudantes, seja mudando o currículo, aprofundando o aprendizado, introduzindo tecnologias digitais quando apropriado e/ou transformando o sistema de avaliação. É por isso que nosso livro analisa o engajamento dos estudantes em seus contextos sociológicos e institucionais, fazendo perguntas abertas, porém críticas, que vão ao fundo da questão de como nossas escolas são montadas e do que precisamos fazer para mudá-las.

Com conhecimento relevante e uma base teórica em nossas mochilas, agora podemos continuar nossa jornada para o engajamento bem-preparados para enfrentar o que nos espera. O primeiro obstáculo ao longo do percurso é uma série de caminhos ramificados que parecem sedutores, mas levam apenas a becos sem saída. Essas curvas erradas são marcadas com os nomes de três estratégias de engajamento comuns e, frequentemente, simplificadas ao extremo: relevância, tecnologia e diversão.

# 3

## Três mitos do engajamento: relevância, tecnologia e diversão

O engajamento é um assunto sério; envolve compromisso e intensidade. Não há nada de frívolo, engraçado ou meramente divertido em relação ao engajamento. Desse modo, vamos nos ater a essa bagagem conceitual à medida que exploramos e analisamos o que o engajamento no aprendizado pode ou não significar nos dias de hoje. Isso nos ajudará a reavaliar algumas das estratégias mais populares para fazer os estudantes se engajarem. Elas são: tornar o aprendizado *relevante*, utilizar *tecnologia* e *se divertir*.

Essas três estratégias têm uma qualidade imensa, mitológica. Elas fornecem narrativas convincentes de engajamento que inspiram e motivam muitos professores e lideranças escolares. Porém, se forem adotadas na íntegra, se os educadores seguirem qualquer uma delas de maneira acrítica, esses mitos – definidos como crenças amplamente aceitas, mas de certa forma ou inteiramente falsas – os afastarão do verdadeiro caminho para melhorar o aprendizado e o sucesso de todos os jovens. O professor Steve Anderson, da University of Toronto, adverte que um dos grandes perigos da implementação de boas ideias na educação não é a sua implantação de modo *insuficiente*, mas a implementação de novas práticas *pouco compreendidas*, especialmente quando elas são amplamente adotadas.[171] Quando estratégias inovadoras são equivocadamente compreendidas e aplicadas, a prática não melhora e o ensino tradicional muitas vezes persiste.[172]

Existe muito mérito nessas três abordagens do engajamento. Porém, quando consideradas isoladamente e seguidas ao extremo, há falhas fundamentais em cada uma delas. Vamos examiná-las, uma de cada vez, começando pelo seu potencial e passando aos conceitos e orientações errôneas que, muitas vezes, estão associados a elas na prática.

## RELEVÂNCIA

Uma abordagem comum ao engajamento é tornar o aprendizado o oposto de entediante: algo interessante e relevante para a vida dos jovens. Em 1967, um dos relatórios mais influentes de todos os tempos, produzido no Reino Unido, anunciou uma nova era da educação centrada na criança. O relatório *Children and their primary schools*, também conhecido como *Plowden Report* (Relatório Plowden), afirmou memoravelmente que a escola tinha que "[...] deliberadamente planejar o ambiente certo para as crianças, a fim de permitir que elas sejam elas mesmas e se desenvolvam da maneira e no ritmo adequados a elas". Esse novo tipo de escola, prosseguiu, "[...] coloca uma ênfase especial na descoberta individual, na experiência em primeira mão e nas oportunidades de trabalho criativo".[173]

Em 1959, quando esse espírito educacional progressista estava ganhando impulso no Reino Unido, os inspetores escolares de Sua Majestade visitaram a escola primária de Andy, quando ele ainda era um jovem estudante. Eles elogiaram como "[...] o trabalho escrito é louvavelmente limpo e preciso; boa parte dele é relacionado a história, geografia e estudo da natureza e intimamente ligado ao ambiente e aos interesses das crianças". Foi esse tipo de currículo, aprendizado, e, especialmente em uma de suas aulas, o ensino inspirador da professora, que levou Andy a querer, um dia, se tornar também um professor.[174] O aprendizado era relacionado ao meio ambiente e aos interesses das crianças. Era motivador e envolvente porque era relevante.

A responsabilidade profissional em melhorar o engajamento por meio da relevância foi, também, uma parte explícita da agenda Achieving excellence do governo de Ontário. Os "ensinamentos culturalmente relevantes" que são "empreendidos por toda a comunidade escolar" foram mantidos como objetivos desejados.[175] Os professores que estavam "[...] criando experiências de aprendizado mais relevantes, aplicadas e inovadoras, que despertam a curiosidade dos alunos e os inspiram a seguir suas paixões" foram apontados como exemplos.[176] O Ministério da Educação de Ontário pediu "[...] novas medidas de engajamento e pertencimento para todos os estudantes [...]" com o objetivo de produzir "[...] cidadãos saudáveis, ativos e engajados".[177] Foi nesse espírito que a Era do Engajamento, do Bem-estar e da Identidade foi inaugurada na província canadense.

Encontramos amplas evidências dessa transição nos 10 distritos que fazem parte do Consórcio. Jovens do ensino médio estudaram a crise dos refugiados sírios e seus múltiplos impactos. Em seguida, trabalharam com seus professores para angariar fundos e trazer uma família refugiada para sua região. Embora a preocupação original com esse impulso "[...] tenha vindo muito dos estudantes", segundo o diretor do distrito, os educadores sabiam que estavam diante de uma oportunidade privilegiada para "um *teachable moment*"* que os estudantes lembrariam por toda a vida. Os estudantes aprenderam a trabalhar com instituições de caridade e agências governamentais locais na arrecadação do dinheiro para que pudessem transformar suas aspirações em realidade. Eles levaram suas preocupações para a comunidade e conseguiram até mesmo que uma família – composta por sete pessoas – de Alepo, Síria, fosse trazida e se estabelecesse em seu novo lar na vidade de Toronto.[1]

Um diretor de outro distrito contou a história de um refugiado sírio de sete anos de idade que tinha chegado ao Canadá apenas cinco meses antes. Seu professor do terceiro ano propôs que o novo aluno da classe ensinasse uma "palavra do dia" em árabe a seus colegas de turma. O diretor comentou que, da perspectiva do aluno, isso significava que "[...] você e a classe sabem que eu sou importante - isso significa algo para mim". No dia seguinte, o resto da turma perguntou se eles poderiam aprender mais cinco palavras em árabe. O aluno em questão estava "entusiasmado por alguém se importar" com um aspecto relevante de sua identidade que ele não tinha conseguido compartilhar anteriormente. "Por apenas um minuto do dia, aquele garoto é o líder, em vez de ser aquele que não consegue fazer algo", disse o professor.[1]

---

*N. de R.T. Momento de aprendizado. Corresponde a um momento que ocorre fora do planejamento, decorrente da relação do professor com seus alunos, e que gera impacto no aprendizado.

O estímulo para criar um currículo mais relevante levou os professores de um distrito com muitos alunos indígenas a planejarem aulas que integrassem os conhecimentos e práticas culturais dos alunos às suas turmas; um programa de educação ao ar livre passou a realizar a maioria das aulas do lado de fora da escola. Um diretor descreveu o que seus colegas, também diretores, disseram:

> Precisamos engajar estas crianças. Eles colocaram um gestor de casos indígenas para trabalhar com elas. Trouxeram um programa de educação ao ar livre, no qual as levam para passear de canoa, trenó de cachorro, todas essas habilidades cotidianas, então as crianças disseram: "Nós vamos". Seu comparecimento melhorou. Na verdade, temos mais crianças nesse programa do que nos de música e teatro.[1]

A educação ao ar livre nesse distrito ensina habilidades do cotidiano indígena, tais como pescar, fazer fogueiras e construir abrigos em ambientes selvagens, a fim de tornar o currículo mais relevante para as vidas e identidades dos estudantes, para aumentar seus conhecimentos e pontos fortes. Um professor observou: "Há crianças lá que você não consegue que façam coisas como escrever e ler. Então você as leva para fora e elas são as primeiras a saber como construir uma fogueira e um abrigo".[1]

Um erro comum é imaginar que os estudantes só podem experimentar um currículo relevante se este falar a respeito do seu próprio grupo étnico, linguístico ou cultural. Estudantes e professores não devem cair na armadilha tradicional da relevância, que restringe os estudantes ao que é imediato e local. Em vez disso, eles podem aprender a fazer a ponte entre suas experiências e outras culturas, ao mesmo tempo em que aperfeiçoam suas habilidades acadêmicas de leitura e escrita. Em uma lição sobre o livro infantil *Flat Stanley*, por exemplo, estudantes de um de nossos distritos participantes do Consórcio enviaram fotografias e figuras do personagem Flat Stanley para estudantes maoris na Nova Zelândia.[178] Isso lhes permitiu construir relações com outros estudantes e com diferentes heranças indígenas do outro lado do globo.

No sul de Ontário há muitas escolas sem alunos indígenas. Os líderes de uma dessas escolas foram inspirados por um movimento nacional conhecido como Red Feather Project (Projeto Pena Vermelha), que procurou aumentar a conscientização sobre 1.180 mulheres indígenas desaparecidas ou assassinadas no Canadá. Todos os alunos dessa escola pesquisaram a identidade de uma das mulheres desaparecidas ou assassinadas, escreveram o nome da mulher escolhida em uma pena vermelha e participaram de uma cerimônia ao ar livre para honrar e reconhecer a vida dessas vítimas. Eles aprenderam sobre a Native Women's Association of Canada e seus esforços para chamar a atenção para a situação das mulheres desaparecidas.[1] O trabalho dos estudantes foi desenvolvido utilizando música, poesia e arte; eles destacaram as injustiças que essas mulheres sofreram e a necessidade de melhores programas a seu favor.

Uma das lideranças do distrito descreveu a importância da participação dos estudantes no projeto:

> Eles pegariam uma pena vermelha e, em cada uma delas, escreveriam o nome de uma das mulheres indígenas assassinadas ou desaparecidas. Aqueles estudantes escreveriam o nome, saberiam quem era aquela mulher e colocariam aquela pena na árvore. O bonito é que todos estavam envolvidos nisso. Todo mundo! Nas aulas de inglês, eles escreviam ensaios sobre o assunto. No teatro, eles faziam peças a respeito. Estar lá naquele dia foi lindo, porque havia muitos membros da comunidade lá. Havia membros da comunidade das Primeiras Nações e o pároco da igreja realmente se interessou pelo projeto e pelo que as crianças estavam fazendo. Foi uma verdadeira confraternização da comunidade.[1]

O Red Feather Project mostra como o desenvolvimento curricular culturalmente relevante pode ser colocado em prática no nível escolar e pode, ainda, ser usado para engajar estudantes cujas identidades próprias não têm correspondência direta com as culturas que estão estudando. O projeto também tem relevância para os Estados Unidos, onde mais de cinco mil meninas e mulheres indígenas desapareceram ou foram assassinadas.[179]

Os exemplos de Ontário são reencarnações modernas do que muitas tradições distintas de teoria e prática educacional têm defendido há mais de um século. O filósofo educacional norte-americano John Dewey, a especialista italiana em primeira infância Maria Montessori e o educador de alfabetização para adultos Paulo Freire, todos eles, viram a relevância como uma forma essencial de gerar engajamento e sucesso – relevância a serviço de um propósito mais profundo, não pelo seu valor intrínseco.[180]

A rede Escuela Nueva, de 25 mil escolas que atendem crianças pobres na Colômbia, em toda a América Latina e além, coloca a paz, a democracia e a participação dos estudantes no centro de seu aprendizado.[181]

Gabriel Cámara, Santiago Rincón-Gallardo e seus colegas ajudaram a construir uma rede de milhares de escolas progressistas bem-sucedidas em toda a região rural do México – desenvolvendo e expressando a prática da liberdade por meio do aprendizado, com um currículo projetado para ser relevante e engajador para os estudantes.[182]

Cada vez mais, estruturas políticas em lugares tão díspares quanto Escócia, Noruega, Singapura, Coreia do Sul, Canadá e Uruguai estão indo além do básico testado para enfatizar a importância da cidadania, responsabilidade social, confiança estudantil, inovação e criatividade. A visão da OCDE para a educação em 2030 contém um total de 36 competências, juntamente com a defesa de métodos inovadores, tais como o aprendizado baseado em problemas ou em investigações, a fim de engajar os estudantes através de problemas socialmente relevantes e do mundo real.[183]

> *O que é relevante de forma geral nem sempre é relevante para o engajamento dos estudantes.*

Entretanto, o que é relevante de forma geral nem sempre é relevante para o engajamento dos estudantes. Às vezes a associação automática da relevância ao engajamento pode se revelar bastante enganosa. Isso se tornou um problema com a popular atualização de um conceito mais antigo conhecido como *aprendizado profundo*. Muitos dos usos modernos do aprendizado profundo não apenas argumentam que os estudantes precisam de experiências mais aprofundadas de aprendizado na escola, mas assumem, ainda, que esse tipo de profundidade só é encontrado em problemas relevantes, do mundo real. Por essa razão, nos aprofundaremos a respeito do próprio aprendizado profundo, a fim de descobrir exatamente em quais situações a relevância tem ou não um papel na promoção do engajamento estudantil.

Mais de mil escolas da rede global New Pedagogies for Deep Learning (NPDL), criada e organizada por Michael Fullan e seus colegas, apoiam os estudantes a se engajarem no que eles chamam de *aprendizado profundo* sobre questões imperativas e problemas atuais. O "aprendizado profundo", argumentam eles, "[...] consiste em encontrar nosso lugar em um mundo complexo, realmente assustador. Trata-se de transformar nossa realidade por meio do aprendizado [...]".[184] Além disso:

O aprendizado profundo é um aprendizado valioso que se *fixa* [...] Ele situa o aprendiz como alguém que atua sobre o mundo (geralmente com outros), transformando, desse modo, a si mesma(o) *e* o próprio mundo. *Engajar-se no mundo, mudar o mundo* é fundamentalmente uma proposta de aprendizado. Ela estimula os alunos; estimula os professores e pais; é o futuro.[185]

Fullan e sua equipe alegam que o aprendizado profundo "[...] é especialmente poderoso para aqueles mais desconectados da escola."[185] Entre outras coisas, o aprendizado profundo "Aumenta o engajamento dos estudantes [...]" ao trabalhar consistentemente "[...] por meio da personalização e da autoria". Ele "[...] conecta os estudantes ao *mundo real*, que muitas vezes reflete mais sua própria realidade e identidade cultural [...]". Além disso, constrói novas relações com as famílias; se ramifica para as comunidades dos estudantes; "Aprofunda o desejo humano de conectar-se com os outros para fazer o bem".[186] Aqui, o aprendizado profundo é relevante, tem um propósito e é engajador porque conecta os jovens ao seu idealismo natural e às suas aspirações de fazer uma diferença positiva no mundo.

No livro *Preparing teachers for deeper learning*, as professoras Linda Darling-Hammond e Jeannie Oakes, da Stanford University e da University of California em Los Angeles, respectivamente, apresentam uma visão semelhante do aprendizado profundo. Este, afirmam, se "[...] baseia no desenvolvimento e é personalizado", sendo "aplicado e transferido" do ambiente acadêmico da escola para "[...] problemas e ambientes do *mundo real* [...]". Elas desejam que o aprendizado profundo seja "[...] equitativo e voltado para a justiça social", por meio de "[...] uma consciência de raça, classe, gênero e outras características sociais que moldem as experiências dos estudantes".[187]

Porém, será que todo aprendizado que engaja os estudantes precisa ser imediatamente relevante para suas vidas? A ideia de *aprendizado profundo* não se originou com esses livros ou suas preocupações com um aprendizado para mudar o mundo.[188] O conceito de aprendizado profundo, na verdade, surgiu inicialmente nos campos da cibernética, do processamento de informações, do aprendizado de máquinas e da inteligência artificial, nos quais se referia ao modo como os dados poderiam ser transformados por meio de múltiplas camadas de significado em redes neurais artificiais. Essa ideia de aprendizado profundo persiste no campo tecnológico, em que, atualmente, engloba o uso de algoritmos digitais para simular processos de pensamento no desenvolvimento de abstrações.[189]

No campo educacional das ciências do aprendizado, na década de 1970, dois pesquisadores suecos – Ference Marton e Roger Säljö – distinguiram abordagens de *nível profundo* das de *nível superficial* do aprendizado.[190] O psicólogo educacional Noel Entwistle, da University of Edinburgh, ampliou essa distinção mais tarde em suas entrevistas com estudantes do ensino superior. Ele descobriu que as abordagens superficiais enfatizavam a varredura e retenção de informações, enquanto as abordagens profundas implicavam "[...] processos ativos de aprendizado que envolvem relacionar ideias e buscar padrões e princípios [...] utilizando evidências e examinando a lógica do argumento [...]". Finalmente, "A abordagem também envolve o monitoramento do desenvolvimento da própria compreensão", acrescentou ele.[191] À medida que a educação universitária prosseguiu nos anos posteriores, Entwistle descobriu que o sucesso com ideias cada vez mais difíceis dependia de os estudantes fazerem uso efetivo de estratégias de aprendizado mais profundas.

Nenhum desses usos do aprendizado profundo implica, necessariamente, na relevância do aprendizado para a experiência pessoal ou para problemas sociais ou ambientais imperativos. Em 2006, David Hargreaves (sem relação com Andy, embora já tenham dado aulas de pós-graduação juntos na Oxford University) e sua colega Emma Sims desenvolveram uma série de textos sobre aprendizado profundo para a England's Specialist Schools and Academies Trust – uma organização nacional que coordenou esforços para melhorias em quase todas as escolas de ensino médio do país.[192] Eles argumentaram que as pressões por prestação de contas para aumentar as notas em testes e exames levaram as escolas a se aproximarem das abordagens ditas superficiais por Entwistle, fazendo-as abrir mão de abordagens mais profundas. Estas últimas, lembraram, caracterizavam-se por "Relacionar ideias com o conhecimento e a experiência anteriores ou prévios dos alunos; procurar padrões e princípios subjacentes; verificar evidências e relacioná-las a conclusões; e examinar argumentos com cuidado e de forma crítica [...]".[193] Para Hargreaves e Sims, o aprendizado profundo envolve três princípios.

1. **Voz dos estudantes:** envolver ativamente os estudantes na criação do próprio aprendizado com seus professores.

2. **Avaliação para o aprendizado:** afastar-se da proposta dos testes e exames tradicionais de verificação de aprendizagem; fornecer *feedback* contínuo por meio de professores, colegas e autoavaliações dos próprios alunos, para melhorar o processo de aprendizado e o sucesso que dele resulta.

3. **Aprender a aprender:** ajudar os alunos a entenderem o modo como estão aprendendo e como podem melhorar seu aprendizado de maneira geral, em um processo consciente – também conhecido como *metacognição*.

Esses princípios ajudam a engajar os estudantes mais plenamente, tanto em relação ao *porquê* de estarem aprendendo um determinado assunto quanto ao *modo* como o estão aprendendo. Observe que esse tipo de aprendizado profundo se aplicaria igualmente bem tanto ao estudo do latim quanto ao da mecânica quântica na física, assim como a questões mais obviamente relevantes e imediatamente imperativas, como ciência, política ou geografia nas mudanças climáticas. Essa perspectiva possui uma dimensão universal que vai muito além dos ambientes cotidianos e reais dos estudantes, engajando-os em temas tão distantes quanto as 27 luas de Urano, ou aparentemente indecifráveis, como os símbolos hieroglíficos do antigo sistema de escrita egípcio.

O professor de educação canadense Kieran Egan se opõe à ideia de que os alunos devam sempre estudar questões sociais sérias em sua comunidade ou na sociedade, tais como de onde vem sua comida ou qual é a qualidade da água local. Em algumas etapas de seu desenvolvimento, diz Egan, as crianças procuram outras formas profundas de pensar e de se engajar em seu aprendizado. Por exemplo, no que Egan chama de uma fase *mítica* de desenvolvimento – dos 4 ou 5 anos até, aproximadamente, 9 anos de idade –, as crianças são atraídas por ideias, enredos, livros e professores que fundem fantasia e realidade, gerando respostas emocionais intensas e brincando com temas binários, como vida e morte.[194] Certamente isso explicaria o fascínio global das crianças pelos livros de Harry Potter e por filmes como *Onde vivem os monstros* e *Frozen*, que não têm absolutamente nada a ver com problemas, culturas ou histórias locais. São os estranhos e hipnotizantes mundos de feiticeiros, monstros e rainhas do gelo que os atraem. Esses personagens imaginários estão tão distantes das vidas e das comunidades imediatas dos estudantes quanto qualquer outra coisa poderia estar – e isso é precisamente o que os torna tão interessantes!

Egan desenvolve ainda mais essa ideia em seu livro *Learning in depth: a simple innovation that can transfom schooling.*[195] Ele diz que, embora muitos reformadores defendam o aprendizado profundo, suas recomendações não apresentam nenhuma profundidade real. Aprender *algo* em profundidade, argumenta ele, seja o que for, tem uma série de justificativas. O engajamento na investigação baseada em projetos como uma base deliberada da vida democrática é apenas uma delas. Egan também argumenta que o aprendizado de algo em profundidade constrói maestria e domínio por meio de um estudo disciplinado. Ele torna o aprendizado agradável em si mesmo. Além disso, estimula a imaginação, construindo-a sobre uma plataforma de rica compreensão; desenvolve tanto a sabedoria que vem do saber acumulado, quanto a humildade do especialista que aprecia o quanto ainda há por aprender.

A fim de defender seu ponto de vista, Egan apresenta uma proposta surpreendente. Imagine, diz ele, uma cerimônia para as crianças que iniciam sua vida escolar com a presença das famílias e dos membros da comunidade, como um rito de passagem para as crianças envolvidas. Nessa cerimônia, cada criança recebe um tema que estudará durante parte de cada semana pelo resto de sua vida escolar. O tema deve se prestar à investigação interdisciplinar. Egan dá exemplos tais como ferrovias, maçãs, robôs, borracha e poeira (sim, poeira!). Os alunos não teriam escolha sobre seus tópicos; seus estudos e progressos seriam reunidos e avaliados por meio de portfólios. Aos 8 ou 9 anos de idade, a maioria dos alunos saberá mais sobre seu tema do que os professores.

Isso, diz Egan, é a verdadeira profundidade. Não se restringe à relevância local, ao mundo real ou aos interesses preexistentes dos estudantes. Na verdade, ela pode perturbar ou transcender essas dimensões. O que importa é desencadear a intensidade da investigação do aluno sobre um assunto inerentemente fascinante e sobre o qual todas as crianças se interessarão – *se ele for abordado da maneira correta*. O assunto da poeira, por exemplo, pode ser estudado em física, astronomia, literatura, teologia, mitologia e geologia. Egan descreve uma menina cujo tema de pesquisa era maçãs; ela ficara fascinada ao descobrir que existem mais de 7.500 variedades da fruta e que as pessoas começaram a cultivar maçãs no Cazaquistão há pelo menos 4 mil anos.[196] Tal aprendizado profundo, diz Egan, é dirigido por estudantes, apoiado por professores e impulsionado pelos níveis avançados de conhecimento e maestria que as crianças adquirem.

É evidente que Egan está deliberadamente apresentando sua proposta em uma forma extrema, para chocar. De fato, sempre que expomos seu modelo aos professores, eles podem amá-lo ou odiá-lo, mas nunca respondem com indiferença. Por trás da proposta provocadora, no entanto, está uma visão-chave: um professor engajador não segue apenas os interesses ou paixões atuais dos alunos. Esse professor também os apresenta a *novos* interesses ou a assuntos atemporais que podem envolvê-los para o resto de suas vidas. "Quanto mais você sabe sobre algo, mais interessante ele se torna", afirma Egan.[197]

> *Um professor engajador não segue apenas os interesses ou paixões atuais dos alunos. Esse professor também os apresenta a novos interesses ou a assuntos atemporais que podem envolvê-los para o resto de suas vidas.*

Quando nos esforçamos para obter um maior engajamento, é fácil tomar o atalho do apelo à relevância local ou à conexão imediata com os interesses dos estudantes. Às vezes, é evidente, isso é mesmo necessário, como quando convidamos os jovens a estudar as mudanças climáticas, o ambiente local, as próximas Olimpíadas e assim por diante. Entretanto, as crianças não precisam apenas de um aprendizado que aborde suas circunstâncias imediatas, que seja socialmente relevante ou que as engaje em um ou dois projetos. Elas também precisam ter a liberdade e a oportunidade de explorar, em profundidade considerável, coisas que as levem muito além de suas vidas cotidianas. De fato, Howard Gardner, um dos psicólogos educacionais mais citados do mundo, propõe que os estudantes do ensino médio desenvolvam compreensões profundas e disciplinadas de questões importantes, mas que nem sempre lhes parecem imediatamente relevantes, estudando tópicos como *As bodas de Fígaro*, de Mozart, a teoria da evolução de Charles Darwin e o Holocausto.[198] Quando se trata de engajamento, o que é relevante nem sempre é profundo, e o que é profundo nem sempre é imediatamente relevante.

## TECNOLOGIA

Uma segunda proposta comum para garantir o engajamento dos estudantes é o uso da tecnologia digital. Nesse caso, empresas de tecnologia e seus especialistas associados desenvolveram um ataque persuasivo e popular contra o sistema de ensino existente. Mostrando fotos de estudantes sentados em filas, há dois séculos e hoje, eles reclamam que os sistemas escolares modernos são administrados em um modelo industrial anacrônico de escolas fabris. Dizem que as escolas aborrecem os alunos e são cegamente indiferentes à forma como os jovens utilizam a tecnologia em sua vida cotidiana, fora das escolas. Segundo eles, somente descontinuando completamente as escolas como elas existem hoje e recomeçando do zero, utilizando as novas tecnologias como base, as coisas melhorarão.

Uma pequena parcela desse argumento é verdadeira. Os tecnófilos não são os primeiros a criticarem a gramática tradicional de ensino e aprendizagem – uma turma, com um professor, formada de acordo com a faixa etária dos alunos, que recebem o ensino como um grupo, todos ao mesmo tempo, de forma padronizada. Porém, os defensores da tecnologia superestimam essa crítica à escolarização tradicional. Nem todos os professores ficam parados na frente da sala de aula o tempo todo; tampouco distribuem pilhas de tarefas livremente. Em lugares como os Estados Unidos e a Inglaterra, quando agem dessa forma, as pressões por resultados nos testes de alto desempenho são frequentemente os reais culpados, em vez de qualquer suposto mau hábito dos próprios professores.

As alternativas aprimoradas digitalmente também não são tão eficazes quanto seus defensores afirmam. No lugar do desacreditado modelo fabril, e em vez das chamadas pedagogias velhas e más de aprendizagem, empresas de tecnologia, escolas *charter* americanas, lideranças políticas e um número considerável de acadêmicos agora promovem alternativas como *aprendizado on-line, instrução híbrida ou blended, aprendizado personalizado* e *inovação disruptiva*. Cada uma delas abre novos potenciais de aprendizado e engajamento estudantil, mas também apresenta desvantagens e riscos significativos.

## Aprendizado *on-line*

Antes da pandemia de covid-19, o governo conservador de Ontário tentou impor o aprendizado *on-line* nas escolas de ensino médio – primeiro quatro cursos, depois dois – com o argumento de que todos os estudantes precisam se beneficiar do aprendizado digital. Os sindicatos de professores de Ontário se opuseram até mesmo à redução da exigência para dois cursos e, pouco antes da implantação das restrições e do aprendizado remoto devido à covid-19, em março de 2020, o governo ofereceu oportunidades para que os estudantes optassem por não participar, se assim o desejassem. Com efeito, a mudança para o aprendizado em casa, a partir de abril de 2020, congelou essas negociações até o fim da pandemia. No entanto, a questão dos cursos *on-line* obrigatórios e não opcionais para os estudantes do ensino médio de Ontário permanece aberta, aguardando para ser negociada quando todos esses estudantes retornarem a um ambiente escolar físico em tempo integral.[199]

É visível que o aprendizado *on-line* opcional pode oferecer – e às vezes oferece, de fato – benefícios. Estudantes em áreas isoladas podem ter acesso a professores em disciplinas que não estão disponíveis localmente. Alunos sendo escolarizados em casa, pais adolescentes com bebês para cuidar, jovens que não conseguem lidar com um ambiente escolar convencional e algumas das milhões de restrições de distanciamento social durante a pandemia de covid-19 apresentaram experiências positivas de aprendizado com programas *on-line*. Em um estudo norueguês, por exemplo, os professores "[…] foram capazes de promover tarefas mais criativas durante o período de aulas em casa" porque tinham mais tempo para a escolarização, e os alunos disseram que "[…] podiam se concentrar melhor em casa".[200] Para a surpresa de muitos, "Pais/educadores relataram que muitos alunos vulneráveis tiveram melhor desempenho em casa do que com as distrações da sala de aula".[201]

Andy viu seus netos vivenciarem mais do que alguns poucos momentos de genuína confiança e prazer durante o aprendizado em casa, conduzido por seus professores *on-line* e apoiado presencialmente pela avó (uma ex-professora). Estes incluíram a identificação e reprodução de rastros de animais gravados em vídeo por professores ao ar livre na reserva natural local; a confecção de recortes de papelão em formato de duendes – durante o tempo de aprendizagem assíncrona no Dia de São Patrício; o reconhecimento dos sobreviventes indígenas da opressão e suas realizações, em eventos virtuais de todo o distrito; e simplesmente receber *emojis* positivos e afirmativos quando completam com sucesso tarefas de matemática *on-line*. Essas oportunidades *on-line* são reais e trazem reconhecimento para os professores que as projetam e aplicam. No entanto, elas também dependem de um apoio presencial vital, em casa, que muitas famílias, por diversas razões, não têm sido capazes de fornecer.

O ensino superior tem presenciado, durante a pandemia, um crescimento massivo de oportunidades e opções de aprendizado *on-line* que provavelmente nunca mais retrocederão, assim que ela acabar, para a instrução presencial.[202] Por exemplo, Dennis projetou um curso de mestrado *on-line* sobre perspectivas globais em educação, oferecido pelo Boston College, que reúne diversos estudantes de muitos países e culturas em interações síncronas e assíncronas.[203] Isso cria possibilidades para estudantes excepcionais de todo o mundo que normalmente não seriam capazes de participar, de maneira alguma, de quaisquer oportunidades de ensino superior. Exemplos de pessoas que se beneficiaram incluem uma mãe de quatro crianças pequenas que não podia frequentar uma sala de aula física por causa dos custos elevados da educação infantil e uma diretora de um vilarejo remoto no Quênia, que usou uma sessão para apresentar seus alunos a educadores de todo o mundo. Curiosamente, alguns estudantes nesse ambiente *on-line* dizem que se sentem mais seguros para se abrirem, compartilharem suas lutas e serem críticos em relação às ideias dos outros do que no ambiente físico de um campus, onde poderiam encontrar seus colegas de classe em outras ocasiões. Além disso, Dennis não precisa tomar decisões relacionadas a sua substituição por colegas quando tem que conduzir pesquisas em escolas ou apresentar resultados em conferências profissionais e científicas. Não apenas os seus cursos podem ser administrados de qualquer lugar do mundo agora, mas os melhores especialistas internacionais também podem ser teletransportados para participar de interações com as turmas ao lado de Dennis, que atua como instrutor.

Para ajudar os educadores nas escolas e no ensino superior que estão desenvolvendo cursos e programas *on-line*, os colegas de Andy na University of Ottawa, Michelle Schira Hagerman e Hugh Kellam, desenvolveram um guia de acesso livre ao ensino *on-line* (www.onlineteaching.ca). O guia foi inicialmente desenvolvido para professores de formação inicial que se viram confrontados, de repente, com a forma de ensinar *on-line*, mas também é importante para muitos outros professores. O guia está dividido em seis módulos separados: (1) relações, (2) equidade e acessibilidade, (3) planejamento, (4) avaliação, (5) normas de modelagem, e (6) padrões de prática. O guia *on-line* é a síntese de uma abordagem *yin-yang* necessária para o aprendizado conectado digitalmente. Por exemplo, ele assume temas tais como relações e engajamento emocional, que outros rejeitam ou até mesmo negam como possibilidades no mundo digital. Como dizem Hagerman e Kellam, "[...] os relacionamentos são tudo".[204] É importante, eles afirmam, que os alunos "[...] se sintam seguros, apoiados e conectados a seu(s) professor(es) e a seus pares".[204]

Há muitos formatos e exemplos de como isso pode funcionar. Estes incluem uma recepção no momento do *check-in* digital; visitas complementares aos alunos sempre que possível; materiais elaborados por professores de forma personalizada para os alunos, em vez de tarefas produzidas em série; e fotos e vídeos pessoais. Os professores também podem aprimorar suas habilidades para moderar boas discussões, pedir *feedback* sobre o ambiente *on-line* e sobre como melhorá-lo, assim como fornecer aos alunos pequenos avisos irreverentes para clicar neste ou naquele botão *on-line* porque "você sabe que você quer", de modo a animar toda a experiência.

Ao mesmo tempo, Hagerman e Kellam são francos sobre como o aprendizado *on-line* pode, também, se tornar rapidamente impessoal e esmagador. Como exemplo, eles incluem uma imagem da caixa de entrada do *e-mail* da própria filha de Hagerman (Figura 3.1, página 92), que ficou inundada de "novas tarefas", "novas perguntas" e notificações diárias proclamando, ameaçadoramente, "para ser entregue amanhã". Sua filha, de 9 anos, se sentiu tão "[...] desconectada, desengajada e ansiosa" que saiu da escola *on-line*. "A escola, que sempre foi um desafio para ela", escreve Hagerman, "[...] tornou-se ainda mais difícil. Ela só queria que isso parasse".[204]

Como o caso da filha de Hagerman demonstra explicitamente, receitar o aprendizado *on-line* como uma cura para tudo não é apenas problemático; pode ser completamente insensível. Os críticos do aprendizado *on-line*

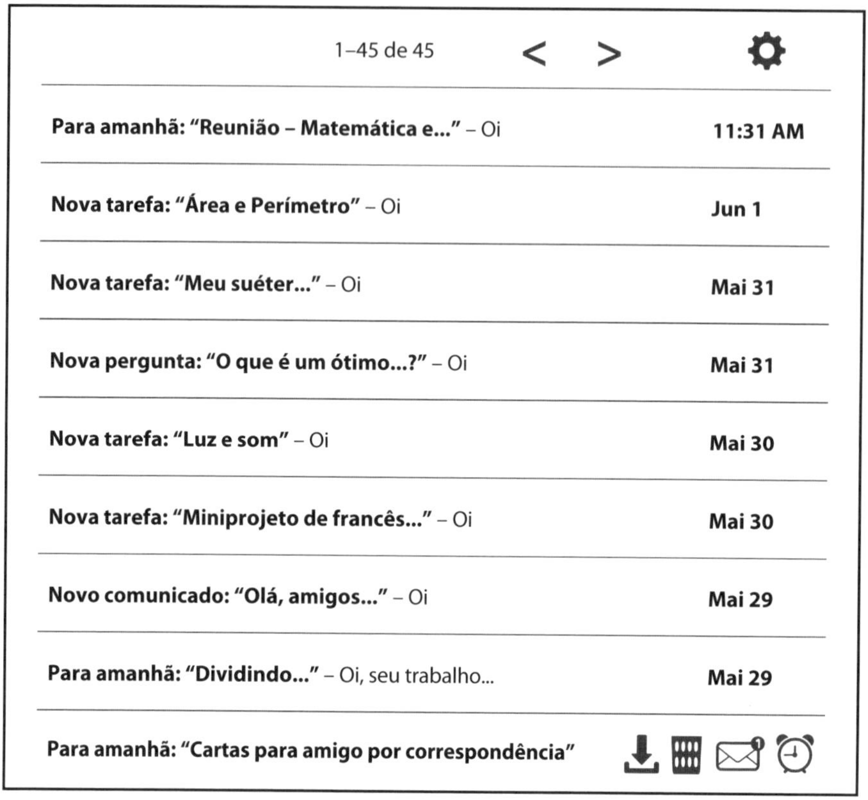

| 1–45 de 45 | ‹ › | ⚙ |
|---|---|---|
| **Para amanhã: "Reunião – Matemática e..." – Oi** | | **11:31 AM** |
| **Nova tarefa: "Área e Perímetro" – Oi** | | **Jun 1** |
| **Nova tarefa: "Meu suéter..." – Oi** | | **Mai 31** |
| **Nova pergunta: "O que é um ótimo...?" – Oi** | | **Mai 31** |
| **Nova tarefa: "Luz e som" – Oi** | | **Mai 30** |
| **Nova tarefa: "Miniprojeto de francês..." – Oi** | | **Mai 30** |
| **Novo comunicado: "Olá, amigos..." – Oi** | | **Mai 29** |
| **Para amanhã: "Dividindo..." – Oi, seu trabalho...** | | **Mai 29** |
| **Para amanhã: "Cartas para amigo por correspondência"** | | ⬇ ▦ ✉ ⏰ |

Fonte: © 2020 por Michelle Schira Hagerman. Utilizado com permissão.

**Figura 3.1** A caixa de *e-mails* de uma criança de 9 anos durante a pandemia de covid-19.

apontam que o apoio individual aos estudantes com habilidades mais fracas geralmente oferece muito menos do que é prometido.[205] Estudantes vulneráveis que não têm confiança, que ainda não são autossuficientes ou que têm outras distrações importantes em suas vidas, como responsabilidades familiares ou dificuldades de aprendizado, muitas vezes apresentam um desempenho ruim em ambientes *on-line*. Embora os estudantes americanos de baixa renda do ensino médio – que são transferidos para cursos de recuperação de créditos *on-line* depois de serem reprovados em seus cursos regulares – possam obter uma oportunidade a princípio, os padrões mais baixos, que são comuns nesses cursos, comprometem as chances de sucesso posterior desses estudantes.[205] Contudo, apesar do que professores e estudantes foram capazes de realizar, contra todas as expectativas, durante a pandemia, uma pesquisa *on-line* com estudantes da 6ª à 12ª série conduzida pelo maior distrito escolar do Canadá, o Toronto District School Board, mostrou que "[...] 84% dos estudantes disseram preferir o aprendizado presencial à escola virtual".[206]

Como Dennis descobriu em seu próprio ensino *on-line*, o suporte técnico necessário para que os cursos sejam colocados em funcionamento é de mão de obra intensiva. Isso requer uma equipe qualificada trabalhando durante muitos meses para construir a infraestrutura necessária e para responder a falhas inevitáveis quando os cursos estiverem em funcionamento. A covid-19 também expôs o quão difícil pode ser aprender com o uso de tecnologia em casa quando as crianças têm dificuldade para se concentrar, não têm dispositivos suficientes na família, não têm conexões seguras de *wi-fi*, não têm espaço adequado para trabalhar e se esforçam para construir conexões emocionais com seus professores.[207]

## Aprendizado híbrido ou *blended*

Ao contrário dos programas totalmente *on-line*, o aprendizado híbrido ou *blended* utiliza uma abordagem com atividades dirigidas por professores e assistidas por tecnologia. Ele combina interação presencial a consultas individuais e em grupo, projetado por professores especializados e mediado pela tecnologia. Assim, os alunos trabalham em projetos que requerem aprendizagem *off-line* e habilidades digitais, apresentando esses projetos a seus colegas de classe na escola. Nos melhores casos, os alunos buscam seus próprios temas livremente escolhidos, enquanto os professores se "deslocam" pela classe, oferecendo assistência individual ou instrução em pequenos grupos a quem precisar, logo no momento em que um problema é identificado.

O primeiro trabalho universitário de Andy, em 1978, foi na United Kingdom's Open University – uma universidade pública que foi a primeira de ensino a distância no mundo. A Open University foi criada em 1969 pelo primeiro-ministro Harold Wilson, como uma universidade de segunda chance para pessoas que não tinham tido acesso ao ensino superior mais cedo na vida devido a pobreza, falta de financiamento ou outras oportunidades restritivas. Wilson também promoveu a Open University como um símbolo de como a "atividade intensa" da tecnologia moderna poderia melhorar o aprendizado. Os projetos dos cursos incluíram uma mistura de textos elaborados por especialistas com leituras associadas de pesquisas existentes, programas de televisão à tarde ou à noite, retiros residenciais multidisciplinares e aulas regionais à noite ou nos finais de semana com professores locais – empregados em tempo integral em outras universidades. Andy se viu escrevendo materiais por correspondência, incluindo exercícios que engajariam ativamente os estudantes nos textos que estavam lendo – uma habilidade de aprendizagem profissional que ele manteve durante toda a vida; filmou programas de televisão para a BBC que o tornaram famoso em seu vilarejo, porque eram transmitidos imediatamente após os programas de televisão vespertinos para crianças; também assumiu a avaliação de instrutores que conduziam as ocasionais aulas presenciais e de fim de semana em todas as regiões da Grã-Bretanha. A Open University continua até hoje como uma instituição de "ensino a distância" que usa o ensino misto, tendo substituído a tecnologia da televisão por alternativas digitais modernas.

As formas mistas de ensino superior continuam sendo opções poderosas para melhorar as oportunidades de mobilidade social ascendente das pessoas, assim como para oferecer uma oportunidade única aos que não têm pleno acesso presencial a oportunidades de aprendizado superior. Nas escolas de educação básica, as mesmas possibilidades relativas ao aprendizado misto e híbrido também se aplicam. Porém, os benefícios das opções mistas e híbridas são muitas vezes exagerados e hiperdimensionados. Em situações específicas, aprendizado *misto* e *híbrido* podem até mesmo não ser os melhores termos a serem utilizados. Eles apenas revelam um formato de ensino e não fazem nenhum julgamento sobre sua qualidade.

Não devemos adotar o aprendizado misto ou híbrido em função do seu valor intrínseco. Com que intensidade e propósito usamos a tecnologia digital, assim como qualquer outro recurso, deve ser consequência do valor que este adiciona aos métodos de ensino e aprendizagem. Além disso, devemos avançar em seu uso quando gera um impacto único, que não pode ser obtido de outra forma. Retornaremos a essa questão mais adiante neste capítulo.

## Aprendizagem personalizada

A *aprendizagem personalizada* é uma terceira opção frequentemente promovida por defensores da tecnologia. Em princípio, o aprendizado personalizado não precisa envolver tecnologia digital. Porém, as concepções de aprendizagem personalizada do século XXI equivalem, muitas vezes, a obter o *feedback* algorítmico de um computador sobre o progresso no desenvolvimento de uma habilidade ou no aprendizado de um conceito.

O aprendizado personalizado foi introduzido pela primeira vez no Reino Unido no início dos anos 2000, durante o governo do primeiro-ministro Tony Blair, destinando-se a ajustar e adaptar o aprendizado e a avaliação ao ritmo, estilo e interesses de diferentes alunos.[208] O professor emérito da School of Education da University of Kansas Yong Zhao evidenciou o que a personalização no aprendizado realmente significa.[209] Na sua essência, ele argumenta, a personalização é simplesmente o planejamento do aprendizado para que ele possa dar conta das diferenças individuais. A personalização, diz ele, envolve estudantes escolhendo o que aprendem, como e quão rápido eles o aprendem e como expressam ou exibem os resultados desse aprendizado em relação a suas paixões e seus pontos fortes. David Hargreaves – cujas ideias em relação ao aprendizado profundo abordamos anteriormente – realizou algumas das primeiras incursões intelectuais sobre personalização na educação. Ele lançou a aprendizagem personalizada como uma forma de enriquecer as experiências de aprendizado e capacidade dos jovens de refletir sobre o próprio aprendizado, com um apoio que inclui a tecnologia digital.[210]

Tanto Zhao como Hargreaves distinguem esses tipos de personalização, que estão relacionados ao significado humano e à compreensão no aprendizado, dos usos do mesmo termo em negócios e tecnologia, em que a personalização é equiparada à customização digital (como os aplicativos em seu telefone ou suas preferências no Spotify). Com muita frequência, dizem os autores, o entendimento empresarial da personalização se introduz no ambiente educacional, com consequências desastrosas para o engajamento dos estudantes.

Empresas de tecnologia e *software* estão fazendo grandes investimentos financeiros nessas formas de personalização baseadas em computadores. Escrevendo na revista *Forbes*, a colunista de educação Natalie Wexler observou que, entre 2013 e 2017, a Fundação Bill e Melinda Gates investiu mais de 300 milhões de dólares no apoio à pesquisa sobre aprendizado personalizado. A Iniciativa Chan Zuckerberg assumiu compromissos semelhantes para "[...] fornecer a cada estudante uma educação personalizada" perfeitamente adequada às suas necessidades e interesses.[211] Wexler contra-argumentou que, apesar das evidências de um impacto modesto nos resultados em matemática, os resultados do aprendizado personalizado apontaram para a diminuição do prazer dos estudantes, a redução no acesso destes a adultos atenciosos e a tentação para que os alunos escolhessem tópicos triviais e divertidos em vez de profundos e significativos. Wexler dá sustentação, portanto, aos críticos que afirmam ser essa apenas mais uma maneira de esvaziar a profissão docente e substituí-la por programas e máquinas com fins lucrativos.

Trazendo a questão para um exemplo próximo, um estudo de 2017 com 40 escolas norte-americanas implantando a aprendizagem personalizada, em um projeto financiado pela Fundação Gates, descobriu que seu desempenho não era muito diferente quando comparado com as escolas tradicionais. Isso foi constatado apesar de o tamanho das escolas da amostra ser menor, de elas terem melhores proporções aluno-professor e até um *status* de escola *charter*, que lhes concedia maior liberdade para inovar do que as escolas com as quais foram comparadas.[212] Com o tempo, portanto, o significado original da personalização como uma interação humana e responsiva se transformou em uma definição orientada para os negócios que é mais parecida com a customização algorítmica e impessoal.

### Inovação disruptiva

> *É fácil ficar cego pela luz digital.*

É fácil ficar cego pela luz digital: videogames, simulações, impressões em 3-D, votações *on-line*, *feedback* em tempo real habilitado digitalmente, vídeos do YouTube, questionários do Kahoot, Google Earth e o Ngram Viewer. Com essa abundância de delícias digitais, não é de admirar que os estudantes possam considerar o aprendizado com tecnologia – seja totalmente *on-line*, misto, híbrido ou por algoritmos personalizáveis – mais interessante do que com livros didáticos, exercícios e professores falando à frente da sala. O papel do professor na era do aprendizado misto, da personalização e da instrução *on-line*, dizem os seus defensores, agora é o de apoiar os alunos em seu próprio aprendizado autodirigido: ser um facilitador, não mais um apresentador de informações.[213]

No espírito do empreendedorismo tecnológico no setor privado e seguindo o trabalho altamente citado e popular do falecido Clayton M. Christensen, o que as escolas precisam, segundo nos dizem, é de *inovação disruptiva*.[214] No livro *O dilema da inovação*, Christensen descreveu como as empresas consolidadas se tornam excessivamente fiéis à sua linha atual de produtos e resistentes à ideia de inovação que primeiro criou esses produtos.[215] Os inovadores frustrados deixam as empresas estabelecidas que não querem mudar uma fórmula de sucesso, recomeçando por conta própria. No fim das contas, eles superam as empresas originais quando sua alternativa disruptiva conquista um mercado de massa.

Christensen diz que esses processos disruptivos levaram à substituição da escavadeira a vapor pela escavadeira a diesel, da grande siderúrgica pelas miniusinas e dos computadores de mesa pelos *laptops* e depois por dispositivos portáteis ainda menores (e agora, acrescentamos, pelos *tablets* digitais). Um exemplo familiar é como a empresa finlandesa Nokia se tornou acomodada com seu domínio de vários mercados de telefonia celular até 2007 e, assim, falhou no salto tecnológico para a tecnologia *touch-screen* e para o mercado do *smartphone*. Seus próprios funcionários inovadores pularam do navio: eles levaram suas ideias e sua experiência para as concorrentes do Vale do Silício.[216]

Com seu sócio Michael Horn, Christensen passou a promover a inovação disruptiva como uma estratégia de mudança digital para sistemas escolares ainda presos na era fabril.[217] Com base em pouca ou nenhuma evidência, os sistemas escolares e até mesmo países inteiros introduziram, atualmente, *laptops* ou *tablets* digitais para cada criança. No entanto, os argumentos de que escolas tradicionais precisam do mesmo tipo de ruptura tecnológica que negócios estabelecidos são perigosos e mal informados. Não se trata nem mesmo de uma analogia útil; interromper a aprendizagem de um estudante ou de uma turma por um ano ou mais em prol de um ganho inovador a longo prazo e não garantido, dessa forma, não pode ser comparado ao valor de interromper a complacência de um grupo de executivos corporativos.

Diane Ravitch é brutalmente franca em sua crítica aos disruptores, que "[...] dizem que as escolas devem ser administradas como empresas", obtendo lucros ou fechando quando não os obtêm. Essas escolas geram receitas para proprietários, prestadores de serviços (como os de desenvolvimento profissional), empresas de *software* e agências de recrutamento. "Os disruptores são os defensores da privatização. Eles desconfiam do setor público. Eles não gostam do controle local. Eles gostam de fechar escolas públicas. Eles menosprezam os professores"[218] para que possam substituí-los por alternativas de baixo custo. Eles ignoram os efeitos da pobreza e da raça e "causam estragos" em escolas e distritos escolares, especialmente naqueles que atendem os alunos mais vulneráveis.[218] A tecnologia avançada em nome da personalização, do aprendizado misto ou do maior engajamento dos estudantes deve ser encarada não apenas com uma pitada de desconfiança, mas com uma *enorme quantidade* dela.

## Aprendizado digitalmente aperfeiçoado em ação

Nas escolas, como na vida, as pessoas são rápidas em assumir posições arraigadas e opostas em relação à tecnologia digital. Os *smartphones* dos jovens são agora tão indispensáveis como um par de sapatos decente, ou devem ser completamente banidos do ambiente escolar? Devemos começar a ensinar codificação aos bebês para dar-lhes uma vantagem no aprendizado? Devemos seguir os conselhos dos pediatras e dar acesso às telas, às crianças mais novas, por não mais do que uma hora por dia? Os aplicativos de GPS tornam os mapas de papel redundantes ou nos privam de nossa capacidade de lê-los? Se passarmos cada vez mais tempo em mundos virtuais, o mundo físico parecerá muito cansativo sempre que voltarmos a ele? Alguns acham que é hora de esvaziar as bibliotecas de livros e deixá-las praticamente sem nada em papel. Outros se agarram às culturas baseadas em livros com um fervor quase religioso.

Em termos abstratos, a tecnologia digital pode dividir as pessoas em campos opostos. Na pesquisa e na prática diária, no entanto, os benefícios e as limitações da tecnologia educacional são menos unilaterais e consideravelmente mais complicados.

Por um lado, é importante reiterar que a tecnologia digital *pode* enriquecer o aprendizado e aumentar o engajamento dos estudantes. Veremos exemplos poderosos disso no momento certo. Porém, também é importante aceitar que os benefícios das tecnologias para aprendizagem não devem ser exagerados. O que precisamos fazer, de alguma forma, é manter essas duas posições ao mesmo tempo e depois encontrar um caminho através delas que ofereça as melhores oportunidades e experiências para os estudantes.

Como uma fonte de engajamento estudantil, a tecnologia é tão complicada e contraintuitiva quanto o aprendizado profundo e a relevância. A tecnologia não melhora a aprendizagem por si só. Quando implementada de forma descuidada, ela pode realmente piorar o aprendizado, distraindo estudantes e professores com artifícios e *gadgets* à custa de um aprendizado verdadeiramente profundo, desafiador e abrangente.

Em nosso trabalho, ajudando a aumentar o engajamento dos estudantes em escolas rurais no Noroeste Pacífico dos EUA, observamos o tempo todo o duplo caráter da tecnologia educacional. Vimos vários professores colocando a tecnologia em ação com resultados positivos. Eles planejaram atividades em colaboração com colegas distantes, em outras escolas, em uma grande variedade de plataformas digitais; solicitaram aos alunos que gravassem pequenos vídeos sobre suas comunidades e os compartilhassem com colegas de outros estados. Essas atividades aumentaram o engajamento dos estudantes, de acordo com seus professores.

Outros exemplos não foram tão positivos. Uma escola que visitamos havia implantado *tablets* digitais em todas as salas de aula. Em muitas escolas rurais pequenas, os professores são obrigados a lecionar várias disciplinas diferentes; isso pode sobrecarregá-los excessivamente, exigindo que dominem uma enorme quantidade de conteúdos e se preparem totalmente para cada aula. Portanto, compreensivelmente, alguns professores nem sempre dominavam inteiramente o que estavam ensinando. Em uma aula de estudos sociais, por exemplo, o professor usou o recurso de direcionar os alunos para a página do livro didático no *tablet*, que todos então percorreram juntos, como se fosse um texto tradicional, só que pior. Os alunos certamente pareciam estar engajados em termos de comportamento. Todos os olhos estavam fixos em suas telas; ninguém dava um piu. Na verdade, porém, eles estavam apenas hipnotizados pelo brilho de seus dispositivos; pouco engajamento com o aprendizado parecia estar ocorrendo. Parece que as salas de aula podem ser, às vezes, ainda mais chatas com a tecnologia do que sem ela.

Um de nossos distritos do Consórcio em Ontário, no Canadá, engloba tanto os pontos positivos quanto os negativos da tecnologia na educação. Um componente importante da abordagem desse grande distrito urbano ao aprendizado e à mudança foi impulsionado pela visão do programa Transforming Learning Everywhere (TLE), lançado em 2014. O diretor do distrito descreveu o TLE da seguinte forma:

Os aprendizes são capazes de dominar seu aprendizado. Eles são capazes de trabalhar de forma independente e colaborativa para engajarem-se em questões e ideias da vida real. Nossos alunos são criativos e inovadores se lhes dermos a oportunidade de serem assim. Eles são defensores da justiça social e estão dispostos a desafiar o *status quo* se criarmos as condições para que eles o façam.[219]

Insistindo que o TLE não era simplesmente uma iniciativa tecnológica, o diretor, no entanto, apontou que o programa "[...] colocaria *tablets* [digitais] nas mãos de cada professor e de cada aluno do 4º ao 8º ano até 2019 [...]".[219] Ele afirmou que a modalidade um para um (*one-to-one*) apoiaria e aceleraria a criação de um "[...] ambiente de aprendizado personalizado, colaborativo e baseado em investigação para cada aluno".[220] O TLE foi apoiado por um investimento financeiro significativo do Technology and Learning Fund do Ministério da Educação e pelos próprios recursos do distrito. No ano escolar de 2015-2016, de um gasto total de quase US$ 1,3 milhão, mais da metade foi gasta na compra e no aluguel de iPads.

Um grupo de sete escolas do primeiro segmento do ensino fundamental forneceu a todos os professores e alunos do 4º ao 8º ano iPads individuais, juntamente com apoio associado e desenvolvimento profissional, a fim de promover o aprendizado baseado em investigação. Uma avaliação independente do segundo ano de implementação do TLE encontrou evidências de que houve progresso na garantia de mudanças profundas e duradouras no aprendizado dos alunos.[221] O relatório atribuiu ao TLE a garantia da continuidade diante das pressões e prioridades concorrentes, a missão de tornar generalizadas as crenças e os princípios fundamentais que sustentam a inovação e a transferência da propriedade sobre a inovação do escritório central do distrito para as escolas.

A avaliação constatou que o aprendizado baseado em investigação foi empregado em tópicos tão diversos como *habitat* da vida selvagem, alimentação saudável, GarageBand,* poesia, cartas a autoridades governamentais, poluição, ciência ambiental, trabalho infantil e publicidade.

---

*N. de R.T. GarageBand é um DAW (*Digital Audio Workstation* ou estação de trabalho de áudio digital, em tradução livre) gratuito para Mac OS X e para iOS, desenvolvido pela Apple Inc, que permite aos usuários criar música ou podcasts. É conhecido por ter sido usado por diversos artistas para a criação de demos.

Também relatou que muitos desses projetos estavam relacionados a questões imperativas na comunidade local ou no mundo como um todo. Dependendo do seu nível escolar e da natureza de cada tarefa, os professores relataram que os alunos gastavam de 30% a 50% de seu tempo trabalhando em projetos de aprendizado baseados em investigações. Os alunos, segundo eles, demonstraram maior autonomia e persistência do que anteriormente. Eles creditaram o aprendizado baseado em investigações ao aumento do engajamento dos estudantes. "Às vezes você podia ouvir um alfinete cair enquanto eles estavam pesquisando", disse um professor. Outro comentou: "Não tenho palavras para descrever o entusiasmo que eles têm e o foco que possuem, e, de fato, eu nunca vejo ninguém parecer entediado ou perdido quando se trata de aprendizado baseado em investigação".[222] Os avaliadores concluíram que o uso de iPads "facilita a pesquisa estudantil, [...] motiva intrinsecamente os estudantes e torna o aprendizado mais visível [...]".[221]

Junto com o TLE, a outra grande inovação do distrito envolveu 16 de suas escolas na rede de aprimoramento New Pedagogies for Deep Learning (NPDL), que também promoveu os efeitos aceleradores da tecnologia como um componente-chave no engajamento dos estudantes. O distrito estava entusiasmado em seu apoio à NPDL, assim como estava com a TLE.

Nossos próprios dados revelaram uma grande variedade de opiniões sobre o valor da utilização de iPads já no primeiro ano. Um diretor argumentou que os iPads normalizaram a presença da tecnologia na escola de uma maneira positiva, especialmente valiosa para os estudantes com lacunas de aprendizado que precisavam do apoio de tecnologias auxiliares. Uma professora achou que a questão era simples: "Tendo a tecnologia, se você fizer uma pergunta às crianças – Como descobriríamos isso? Você tem a resposta ali mesmo. 'Muito bem, vamos procurar isso no computador, encontrar essa informação'. Desse modo, tem ajudado".

Entretanto, a mesma professora também observou que "não trabalhamos muito nos iPads na nossa turma porque vejo que, quando estão em casa, muitas crianças já estão jogando videogames, e prefiro tê-las interagindo umas com as outras e em atividades práticas". A tecnologia digital nem sempre é apropriada para as crianças mais novas, segundo ela. Nesse sentido, a difusão da tecnologia para alunos cada vez mais jovens, embora normalize seu uso no ambiente de aprendizado, pode distrair as crianças e seus professores de outras formas valiosas de aprendizado e diversão.

O ritmo disruptivo da implantação também provocou um caos entre professores e alunos dessas escolas. A avaliação independente observou que "[...] a implementação inicial dos iPads nas escolas em 2014-2015 foi bastante caótica [...]".[221] De fato, o diretor seguinte do distrito nos descreveu como, quando ele visitou as escolas um ano após o início da implantação, os professores lhe passaram a mensagem de que "o ano passado foi um inferno". "Foi brutal", eles disseram. O novo diretor ficou "muito preocupado" com "o caos que criamos"; determinou, então, que seria necessário um apoio muito maior para professores e alunos do que havia sido previsto originalmente.

As experiências desse distrito com a tecnologia refletem as de muitos outros sistemas escolares. As altas expectativas iniciais têm alguns benefícios esperados, mas, também, muitas consequências involuntárias que podem desmoralizar os funcionários e confundir os alunos. Pode ou não haver ganhos no longo prazo, mas sacrifícios sérios – que durem um ano ou mais – no aprendizado dos alunos são uma face inaceitável da ruptura tecnológica. O uso das novas opções da tecnologia digital na batalha pela atenção e pelo engajamento dos estudantes deve ser cuidadoso e prudente.

## Uma carta pela mudança

Andy e seus colegas da University of Ottawa criaram um centro de pesquisa, desenvolvimento e defesa pública conhecido como CHENINE (Mudança, Engajamento e Inovação na Educação – do inglês, *Change, Engagement, and Innovation in Education*). Ele dedica atenção especial ao desenvolvimento e ao uso ético e ponderado da tecnologia em relação à inovação nas escolas.[223] O CHENINE aborda questões como as seguintes:

- Quais são as melhores maneiras de reforçar o engajamento dos estudantes e a inovação educacional com e sem tecnologia digital?

- O que podemos fazer a respeito da profunda divisão digital que está amplificando as desigualdades existentes na educação canadense?

- Como podemos explorar o potencial inovador único das tecnologias digitais nas escolas, enquanto desenvolvemos estratégias bem definidas para lidar com os riscos comprovados da dependência digital e do excesso de tempo passado, pelos alunos, na frente de telas?

- Que novas oportunidades temos agora para reformular o ensino, o aprendizado e os testes, a fim de tornar as escolas mais engajadoras e inovadoras?

O CHENINE examina *tanto* as oportunidades *quanto* as ameaças das tecnologias digitais ao aprendizado e ao bem-estar de todos os estudantes. O centro produziu uma Carta CHENINE para fornecer a si mesmo, bem como a escolas, sistemas escolares, governos e empresas de tecnologia, princípios orientadores bem definidos para o uso positivo da tecnologia nas escolas.[224] Esses princípios foram editados e adaptados do original no texto a seguir.

1. **A Primazia das escolas e do ensino:** as escolas físicas e o ensino são essenciais para a grande maioria dos alunos e das comunidades. O aprendizado em casa, durante a pandemia, nos ensinou que a maioria das crianças e das suas famílias precisam de escolas físicas com ensino e aprendizado presenciais. As escolas físicas promovem igualdade de acesso; nivelam as desigualdades mais extremas, apoiando tanto a realização individual quanto a coletiva. Elas fornecem apoio mútuo e propósito comum em uma comunidade diversificada; são essenciais porque permitem que crianças e adolescentes se reúnam como membros de uma comunidade e desenvolvam identidades em relação aos outros. De forma mais óbvia, as escolas físicas são necessárias porque os pais das crianças precisam sair para trabalhar.

2. **Enriquecer o bom ensino:** a tecnologia educacional pode enriquecer o bom ensino, mas não consegue substituir o ensino deficiente. Ensinar e aprender envolve, antes de tudo, relacionamentos. As relações mais importantes são entre professores e alunos. Essas relações não podem ser substituídas por soluções tecnológicas. Portanto, a inovação tecnológica deve ser guiada pela experiência pedagógica. A tecnologia digital pode apoiar, fortalecer e estimular ainda mais o grande processo de ensino e aprendizado que está embutido nos relacionamentos fortes e atenciosos, na compreensão de como os jovens pensam e aprendem e na conexão do aprendizado estudantil com o mundo. A tecnologia pode enriquecer as boas práticas; não é, no entanto, uma substituta adequada para a arte, a ciência e o ofício do ensino inspirador e eficaz.

3. **Acesso público universal:** o acesso à tecnologia educacional deve ser público, universal e gratuito. A pandemia de covid-19 tornou todos muito conscientes da necessidade do acesso igualitário a computadores, serviços de internet de alta velocidade e *softwares* educacionais. A rápida e generalizada mudança para a educação *on-line* revelou as desigualdades sociais, econômicas e políticas que continuam a assolar desde a educação infantil até o ensino superior. Alguns lares possuem os mais avançados computadores pessoais, telefones e outros dispositivos; em outros, crianças e adolescentes competem com pais e irmãos pelo acesso a um único dispositivo. Algumas crianças vivem em comunidades com acesso confiável a internet de alta velocidade e serviço de *wi-fi* distribuído, enquanto outras têm acesso apenas a serviços lentos e muito limitados ou mesmo a nenhum serviço. Essas disparidades são ampliadas por desigualdades sociais e econômicas cada vez maiores. Mesmo quando a tecnologia está disponível, nem todas as famílias podem arcar com ela. A confiança em tecnologias caras torna um jogo já desigual em algo ainda pior no campo da educação. O acesso público, universal e gratuito à tecnologia adequada e o acesso à internet para todos os estudantes e suas famílias é, portanto, um direito humano essencial.

4. **Proposta de valor única:** a tecnologia educacional deve ser adotada quando oferece um valor único; o uso da tecnologia dentro e fora das escolas deve ser orientado pela determinação de sua proposta de valor único. Que aspectos do aprendizado e do bem-estar podem ser proporcionados unicamente pela tecnologia digital que não podem ser oferecidos, de maneira tão eficaz ou de maneira alguma, por outros meios? Por exemplo, as tecnologias assistivas permitem que muitos estudantes com necessidades educacionais especiais tenham acesso e expressem um aprendizado que que lhes seria difícil obter por qualquer outro meio. Estudantes em pequenas comunidades minoritárias podem fazer conexões virtuais com colegas em locais e situações similares, como parte do pertencimento a um mundo maior. Professores em escolas rurais remotas são capazes de colaborar rotineiramente com seus colegas para planejar o currículo ou empreender a aprendizagem profissional por meio

de plataformas digitais com maior frequência e menor custo em comparação com a colaboração presencial. Há um grande potencial para transformar a avaliação e os relatórios com o uso da tecnologia, especialmente da autoavaliação assistida digitalmente e da avaliação por pares. Trabalhos e *feedback* podem ser compartilhados rapidamente entre alunos e seus professores, professores e colegas com alunos em comum, assim como entre escolas e famílias. A tecnologia educacional deve ser usada sempre que ela amplie, melhore e engaje o aprendizado dos alunos de modo único.

5. **Inovação disciplinada:** o uso da tecnologia deve ser fundamentado em evidências, orientado por investigações e avaliado por seu impacto. Um novo paradigma de inovação deve incluir, engajar e capacitar professores e alunos como condutores de modelos de aprendizado. Antes de as escolas adotarem ferramentas digitais, todos os *designers* e desenvolvedores de tecnologia devem apresentar evidências de impacto, obtidas por meio de pesquisas rigorosas e imparciais, que incluam avaliações honestas das necessidades de alunos e professores. Os *designers* de tecnologia devem estar cientes não apenas dos efeitos desejados com a tecnologia digital, mas também de seus efeitos colaterais negativos, tais como o tempo e os recursos que ela redireciona de outras prioridades.

6. **Redução de riscos:** as estratégias tecnológicas educacionais devem abordar os riscos. As tecnologias digitais e sua implantação trazem riscos consideráveis, assim como benefícios. Os riscos incluem o impacto do tempo excessivo gasto em frente a uma tela por parte dos jovens estudantes; ansiedades em adolescentes, decorrentes de identidades e interações *on-line*; algoritmos que reforçam preferências e preconceitos existentes; vigilância das atividades estudantis; mau uso de dados pessoais e deslocamento digital de outras atividades valiosas, tais como jogos ao ar livre e tempo de sono. Outro risco significativo é a dependência digital. Muitas plataformas de tecnologia digital são deliberadamente projetadas para estimular os centros de prazer no cérebro, de modo que as pessoas sejam incapazes de resistir por muito tempo até que as usem novamente.[225] Além disso, a presença dominante da língua inglesa nas plataformas digitais pode contribuir para a marginalização do conhecimento e

da participação em outros idiomas e culturas. Os riscos envolvidos na inovação digital podem ser mitigados ao trazer alunos, profissionais da educação e membros da comunidade para conversas críticas entre si; esta deve envolver uma reflexão honesta e ética sobre todas as questões presentes no aprendizado digital, por meio de grupos de vigilância tecnológica em escolas, distritos, governos e nas próprias empresas de tecnologia.

7. **Design inclusivo:** a tecnologia educacional deve fomentar a compreensão e a colaboração entre culturas, identidades e idiomas. A mudança para formas mais virtuais de conexão oferece oportunidades para que todos os tipos de grupos compartilhem experiências e recursos, mobilizem esforços de argumentação e desenvolvam um senso de pertencimento. Como podemos construir, a partir dessas formas de reunião, a promoção de uma compreensão entre os grupos, bem como uma profunda conexão no interior deles? Como os alunos de diferentes culturas, idiomas e identidades podem participar do aprendizado por meio da tecnologia digital? A construção de redes virtuais de colaboração dentro e por meio dos sistemas escolares pode ajudar estudantes e educadores a se envolverem com colegas e parceiros em comunidades diferentes das suas próprias.

8. **Profissionalismo dos professores:** a tecnologia educacional deve valorizar, incluir e enriquecer o julgamento profissional dos professores. Ela não pode e não deve substituir os professores ou ignorar seu julgamento profissional, sua experiência e habilidade. Algoritmos podem fornecer *feedback* digital útil para alguns tipos de habilidades ou tarefas, mas poucos alunos irão se apaixonar por escrever tarefas que nunca serão lidas por outro ser humano, por exemplo. Profissionalismo, por parte do professor, significa ter e ser encorajado a desenvolver a valiosa competência e confiança profissional para usar todos os recursos disponíveis – como livros, pinturas, ferramentas digitais, ambientes naturais e interação humana – de uma maneira integrada e flexível, que beneficie todos os estudantes e suas comunidades.

9. **Responsabilidade pública:** empresas de tecnologia educacional devem pagar impostos corporativos justos. A pandemia do coronavírus trouxe à tona a necessidade de repensar as economias nacionais

e globais. Enormes lucros foram acumulados por muitas empresas de tecnologia durante esse período, já que mais atividades de lazer, trabalho, aprendizado e consumo migraram para o ambiente *on-line*. Empresas de tecnologia socialmente responsáveis, especialmente aquelas que fornecem produtos e serviços para crianças e suas famílias, têm a responsabilidade de contribuir com uma parte de seus lucros para o bem público, por meio de uma tributação justa.

10. **Benefício social:** a tecnologia educacional deve visar à melhoria da sociedade. As soluções tecnológicas têm tido um histórico manchado quando se trata de amenizar problemas sociais crônicos em larga escala; em alguns casos, elas criaram desigualdades digitais semelhantes e que ampliam aquelas já existentes. Entretanto, o engajamento digital reflexivo oferece imensas possibilidades para o desenvolvimento equitativo e inclusivo em habilidades e acesso digital, participação democrática e engajamento crítico, com visões de mundo compartilhadas e conflitantes, de maneiras que transcendam o *status* social ou a localização imediata. A tecnologia educacional deve fortalecer as instituições sociais, aumentar o engajamento cívico em torno de questões de interesse público e melhorar o aprendizado e o sucesso de todos.

A tecnologia digital tanto atrai como distrai. O ensino tradicional não é de todo ruim, e ainda não devemos descartar os professores e o ensino como fontes positivas de engajamento estudantil. Nem todas as novas pedagogias são boas, e nem as velhas pedagogias são todas ruins. Em vez de termos um confronto entre estimuladores excessivamente zelosos da tecnologia e ludistas cínicos, podemos e devemos desenvolver um diálogo mais construtivo. Mais professores poderiam se abrir às oportunidades de engajamento dos estudantes apresentadas pelas tecnologias digitais, como muitos já fizeram durante a pandemia. Ao mesmo tempo, os defensores da inovação tecnológica nas escolas poderiam proporcionar maior transparência em relação aos perigos da distração digital, que perseguem suas próprias inovações e se escondem no DNA de algumas das empresas de tecnologia que investem em inovação educacional. Essas são as direções para as quais muitas instituições educacionais e empresas de tecnologia socialmente responsáveis estão agora se encaminhando, à medida que se tornam líderes na área.

## DIVERSÃO

*Um dos encantos das crianças mais novas é que elas parecem se interessar por quase tudo: pedras à beira-mar, poças após uma chuva de verão, uma fileira de formigas avançando em direção a uma migalha.*

Um dos encantos das crianças mais novas é que elas parecem se interessar por quase *tudo*: pedras à beira-mar, poças após uma chuva de verão, uma fileira de formigas avançando em direção a uma migalha. Poucos adultos são capazes de manter esse alto nível de curiosidade ao longo de suas vidas. Leonardo da Vinci, por exemplo, não pintou apenas a *Mona Lisa* e *A Última Ceia*; ele também ficou fascinado com projetos de máquinas voadoras e submarinas e manteve notas extensas de suas observações da natureza, como, por exemplo, sobre o funcionamento da língua de um pica-pau![226] Helen Keller, a famosa protagonista surda-cega de *O milagre de Anne Sullivan*, não era apenas uma escritora bem-sucedida, mas também uma ativista dos direitos da mulher e do pacifismo.[227] A imensamente popular Nadiya Jamir Hussain não apenas ganhou o programa de TV *The great British bake-off* em 2015; ela preparou o nonagésimo bolo de aniversário da Rainha Elizabeth II, desenvolveu um conjunto de habilidades inteiramente novo e se tornou uma apresentadora de TV de grande sucesso. Depois, além de tudo isso, foi autora de livros de culinária e *best-sellers* infantis. Finalmente, graças a seu puro entusiasmo e aparentemente infinito talento, ela se tornou referência de um futuro positivo e multicultural que inclui a todos. Na opinião da escritora de um relatório governamental do Reino Unido sobre coesão comunitária, Hussain fez "[...] mais pelas relações britânico-muçulmanas do que 10 anos de políticas governamentais".[228] Da Vinci, Keller e Hussain exibem uma imensa amplitude, bem como profundidade, em seus interesses.

Indivíduos extraordinários como esses exibem intensa curiosidade e criatividade. Eles trabalham intensamente em seus campos, mas também exploram apaixonadamente além deles; estão constantemente aprendendo coisas novas ao longo de suas vidas. Uma afirmação que é comumente atribuída, embora sem certeza, a Sigmund Freud, é a de que trabalhar e amar são as duas forças motrizes da vida. Se a atribuição é verdadeira ou

Cinco caminhos para o engajamento **109**

falsa, ela ainda não menciona uma terceira força motriz: o poder do brincar, de fazer coisas prazerosas em função de seu valor intrínseco.

Brincar – a ação de satisfazer a imaginação, virar ideias ou objetos do avesso ou de cabeça para baixo para ver como são, ou virar a próxima esquina ou página para ver quais surpresas ainda existem – é um ingrediente essencial da inovação e do empreendedorismo, além de ser uma grande parte da criatividade. A criatividade se inspira e também impulsiona um tipo particular de engajamento, que muitas vezes se torna inteiramente fascinante para as pessoas envolvidas. É a isso que Ken Robinson se referiu quando falou sobre estar "em seu elemento".[229] As pessoas estão em seu elemento, de acordo com Robinson, quando estão intensamente envolvidas em aprender e fazer algo em que têm forte interesse e talento existente ou potencial; seja arte, dança, matemática, ler romances de fantasia, praticar esportes – quase qualquer coisa.

> *Brincar – a ação de satisfazer a imaginação, virar ideias ou objetos do avesso ou de cabeça para baixo para ver como são, ou virar a próxima esquina ou página para ver quais surpresas ainda existem – é um ingrediente essencial da inovação e do empreendedorismo.*

Estamos ambos em nosso elemento quando caminhamos juntos pelas montanhas. Compartilhamos um senso de admiração diante do poder e da beleza da natureza. Quando estamos fazendo caminhadas prolongadas, ficamos atentos a mudanças sutis, porém potencialmente sérias, no clima. É emocionante experimentar nossa mente se sentindo totalmente em sintonia com nosso corpo.

Quando podemos nos reunir lado a lado, ocasionalmente, escrever um livro também pode parecer algo assim. É emocionante experimentar a excitação de repercutir as ideias um do outro, eliminar os conceitos errados um do outro, esforçar-se para encontrar uma palavra ou frase melhor, ou ver se dois ou três adjetivos parecem melhores quando dispostos em uma ordem diferente. Em momentos como esses, sentimos que estamos brincando, não trabalhando. Perdemos toda a noção do tempo. Podemos esquecer de comer ou dormir. Nesses casos, sabemos que estamos em um estado de *flow* e queremos que esse sentimento glorioso dure para sempre.

Em sua agora lendária palestra TED *Será que as escolas matam a criatividade?*, Ken Robinson afirmava que as escolas eliminam a criatividade das crianças.[230] Enquanto quase todas as crianças pequenas sentem que são criativas, muito poucos adolescentes podem dizer o mesmo. Depois de dez ou mais anos de testes de desempenho e metas focadas em habilidades básicas, de acordo com Robinson, os jovens parecem ter pouca criatividade sobrando. O problema com as escolas, argumentava Robinson, é que elas impedem muitas crianças de – em algum momento – estarem em seu elemento, porque as maneiras de aprender e ser que nossas escolas passaram a valorizar restringem e excluem muitas culturas, personalidades e pontos fortes. A padronização, os testes e os professores, que parecem obcecados com a conformidade e a obediência, trituram as crianças. Uma aluna pode adorar dançar, mas sua escola a mantém sentada e quieta. Um estudante indígena pode se sentir espiritualmente parte da natureza, mas a escola o aprisiona dentro de um ambiente fechado o dia todo. Talvez você se sinta em seu elemento quando está esfuziante, mas os programas de autocontrole emocional insistem para que você permaneça calmo. Paradoxalmente, muitas pessoas que se encontravam em constante desacordo com seus professores por contar piadas, fazer brincadeiras e falar demais, agora percebem que podem viver com muito sucesso falando em público, atuando no teatro ou fazendo comédia.[231]

As escolas que viram tal abordagem de cabeça para baixo e permitem que os alunos estejam em seu elemento podem alcançar resultados incríveis. Em um estudo anterior, Andy e seus parceiros de pesquisa examinaram a liderança em organizações que tiveram desempenhos extraordinariamente bons em circunstâncias muito difíceis.[232] Um dos fatores que explicou a habilidade dessas diversas organizações de alcançar resultados excepcionais foi a sua capacidade de adotar estratégias que iam na contramão do comum. Havia vários exemplos educacionais.[233]

A Inglaterra, onde o estudo foi realizado, estava na época sob a pressão implacável do governo, que visava estimular os resultados dos exames e testes. Tal pressão resultou em tendências generalizadas para ensinar para os testes, restringir o currículo e ensinar com mais intensidade em vez de melhor. As escolas estudadas por Andy e sua equipe de pesquisa adotaram uma abordagem contrária. Uma escola que havia escapado por pouco de ser designada como oficialmente reprovada reconfigurou seu currículo em torno das potencialidades artísticas de seus alunos bengali-britânicos, para que seus alunos, nos termos de Robinson, pudessem se encontrar "em seu elemento". Uma escola do primeiro segmento do ensino fundamental próxima tornou os estudantes parte da aprendizagem, ensinando-lhes metacognição – ou a *aprender a aprender*. O aprendizado era celebrado por um "[...] sistema de recompensa aos 'alunos magos'. A escola colocou um feiticeiro de brinquedo na entrada e ele se tornou o aprendiz modelo: um símbolo do que é aprender".[234] Chapéus e capas de feiticeiro foram comprados, e os alunos feiticeiros da semana eram vestidos como magos em um evento para receber um certificado. Bem no meio do ambiente altamente competitivo da Inglaterra, uma terceira escola se comprometeu com as estratégias de aprendizado cooperativo de Spencer Kagan e treinou todos os professores no uso desse método.[235] As escolas mencionadas passaram da conformidade para a criatividade, e, em consequência, melhoraram significativamente seus resultados.

Qual é a moral dessas histórias? Se quisermos engajar os estudantes dando mais ênfase à criatividade, isso significa que o aprendizado só precisa ser muito mais *divertido*? Pense em todos os livros de exercícios que chegam às salas de aula repletos de atividades "divertidas", quebra-cabeças e jogos para as crianças fazerem! É difícil argumentar contra um processo que torna o aprendizado muito mais divertido na escola; mas será que isso é algo sempre realista, ou até mesmo desejável, como base para um engajamento criativo?

Certamente, subir uma montanha em meio a uma chuva torrencial nem sempre é divertido, embora possa ser realmente revigorante. Escrever um livro sozinho ou em parceria com alguém às vezes pode ser emocionante, mas, como podemos atestar, durante boa parte do tempo é mais como George Orwell descreveu: "[...] uma luta horrível e esgotante, como um longo período de doença dolorosa".[236] Os artistas criativos são conhecidos, muitas vezes, por expressarem seus conflitos psíquicos, suas lutas e tensões por meio de seu trabalho.

Esperar a sua vez em uma discussão em grupo ou desistir para que alguém possa falar em seu lugar não é algo realmente divertido, mas essas são algumas das habilidades e disposições essenciais que temos que aprender na escola, como parte do nosso crescimento. Às vezes, como Charles Darwin observou em seu livro *A expressão das emoções no homem e nos animais*, quando estamos aprendendo algo complicado ou resolvendo um enigma difícil, nós franzimos nossas sobrancelhas para nos concentrarmos.[237] Assim, interrompemos as distrações com uma expressão de compromisso intenso, que é totalmente diferente das sobrancelhas levantadas por surpresa ou satisfação.

Desse modo, quando estamos engajados, nem sempre estamos nos divertindo; nem sempre somos felizes. Às vezes, podemos até ter que sofrer durante semanas ou meses de uma vez. Basta perguntar ao maratonista exausto, ao compositor em busca de notas corretas ou aos atores, que repetidamente treinam suas falas nos ensaios e têm que fazer inúmeras retomadas enquanto lutam pelo resultado final perfeito.

No livro *Let the children play*, Sahlberg e Doyle apontam que não há evidência de que o jogo digital seja melhor do que o jogo no mundo real – "[...] não devemos aceitar automaticamente as telas como um substituto da brincadeira [...]", argumentam os autores.[238] Eles citam um relatório de 2018 da American Academy of Pediatrics, sobre as brincadeiras:

> O uso da mídia (p. ex. televisão, videogame e aplicativos de *smartphone* e *tablet*) muitas vezes incentiva a passividade e o consumo da criatividade dos outros, em vez da aprendizagem ativa e dos jogos socialmente interativos. Mais importante ainda, a imersão em mídia eletrônica tira tempo dos jogos reais, seja ao ar livre ou em ambientes internos.[239]

A brincadeira e a criatividade como caminhos para o engajamento não podem ser reduzidas à diversão. Em *Democracia e educação*, John Dewey argumenta que o trabalho gratificante deve se parecer com um jogo, e que muitos jogos são realmente um trabalho duro.[240] Pense em como é exigente andar de caiaque rio acima, resolver um cubo mágico ou jogar contra alguém que é melhor do que você, seja em um jogo de tabuleiro ou em uma quadra de basquete, e você vai perceber o quão extenuante um jogo pode ser.

Em seu livro *Teaching creative thinking*, Bill Lucas e Ellen Spencer descrevem por que encontrar novas formas de resolver problemas pode ser tão difícil.[241] Eles definem a atividade criativa como uma coisa proposital que "[...] gera algo que é, até certo ponto, original e valioso".[242] Os indivíduos criativos, argumentam eles, têm cinco características.

1. **Colaborativos:** trabalham com outras pessoas e essa colaboração leva, muitas vezes, a momentos de criatividade individual.
2. **Inquisitivos:** se perguntam, exploram, questionam, investigam e desafiam.

Cinco caminhos para o engajamento **113**

3. **Imaginativos:** são brincalhões, intuitivos e capazes de fazer conexões entre ideias que às vezes podem passar despercebidas por outros.

4. **Persistentes:** não desistem facilmente e passam a fazer outra coisa, mesmo quando estão frustrados, confusos ou simplesmente cansados.

5. **Disciplinados:** desenvolvem conhecimentos e técnicas para elaborar – não apenas finalizar – melhorias.

O engajamento criativo, em outras palavras, não envolve apenas relaxar, divertir-se, sair da caixa ou ser completamente esquisito. Ele requer disciplina e persistência, bem como imaginação e ludicidade. A descoberta do rádio por Marie Curie na França e da insulina por Frederick Banting no Canadá não veio de forma instantânea ou fácil. Cada descoberta ocorreu após anos de lutas profissionais e financeiras, intensa frustração e inúmeros contratempos.[243] Da mesma forma, quando o modelo Dyson substituiu o aspirador tradicional, ele exigiu testes, ensaios e aprimoramentos em mais de cinco mil protótipos antes de estar pronto para ser comercializado.[232]

> *O engajamento criativo, em outras palavras, não envolve apenas relaxar, divertir-se, sair da caixa ou ser completamente esquisito. Ele requer disciplina e persistência, bem como imaginação e ludicidade.*

O que os professores podem e devem aprender com a vida de verdadeiros cientistas e com os processos reais de descoberta científica é algo que poucos livros sobre autoestima ou psicologia positiva já mencionaram: que eles devem, às vezes, dificultar suas interações com os estudantes, pelo menos em curto prazo. Assim como na paternidade, o apoio dado pelos educadores precisa ser complementado com um pouco de pressão positiva, de modo que os estudantes sejam chamados de tempos em tempos a desafiar a si mesmos, para se esforçarem mais do que poderiam inicialmente estar inclinados a fazer.

Os professores ainda têm papéis vitais a desempenhar fazendo com que os alunos refaçam algo que ainda não tenha resultado do seu melhor esforço. Eles também devem reconhecer que diferentes grupos de estudantes enfrentam todos os tipos de obstáculos no caminho do engajamento e precisam de atenção extra que os ajudem a lidar com tais questões e superá-las. Talvez, de forma antiquada, nossas descobertas indiquem que, como Curie, Banting e outros cientistas, os estudantes podem até mesmo ter que estar preparados para sofrer um pouquinho, enquanto os professores os estimulam a entender ou a alcançar algo que eles podem ter pensado, anteriormente, que estava além de suas possibilidades.

## MODELANDO OS CAMINHOS CERTOS

Neste capítulo, aprendemos que o engajamento envolve muito mais do que relevância, tecnologia e diversão. Porém, o engajamento não é inalcançável, e detectamos algumas pistas a respeito de seu significado e sua importância. O engajamento parece ser essencial para o desempenho da maioria dos alunos e nos leva além de apenas promover a resiliência e a determinação diante de um currículo chato ou de um ambiente de ensino ruim.

A relevância é frequentemente importante para o engajamento, mas é difícil identificar, de forma padronizada, o que será mais relevante para uma determinada classe ou grupo. Muitas coisas que fascinam as crianças, como livros e filmes encantadores, dizem respeito a mundos completamente inventados nos quais as crianças se engajam precisamente porque *não são* imediatamente relevantes para suas vidas. Os professores precisam ser capazes de seguir os interesses das crianças. No entanto, eles também devem despertar novos interesses em áreas sobre as quais os alunos anteriormente pouco sabiam.

A tecnologia digital pode às vezes aumentar o engajamento dos estudantes, mas, sem propósito e orientação, também pode levar as crianças a se tornarem dependentes de recompensas de curto prazo, em vez de envolvê-las em atividades de longo prazo. A tecnologia digital também pode desvincular os jovens de outras formas de aprendizado, como atividades ao ar livre, conversas estimulantes ou brincadeiras não estruturadas. A tecnologia também pode ser totalmente entorpecente em vez de envolvente, como todos que já experimentaram a fadiga de alguma plataforma de videoconferência podem testemunhar.

Da mesma forma, se buscamos a diversão como um caminho para o engajamento, podemos acabar simplesmente imersos em entretenimento superficial, desviados do engajamento em questões fundamentais relacionadas à existência humana e aos desafios mais urgentes do nosso tempo.

Não há uma melhor maneira de garantir o engajamento, e ele é consideravelmente mais complexo do que parece inicialmente. Além de conhecer e responder a cada criança de uma forma que tenha um propósito educacional, não há uma solução mágica para o engajamento – seja optando por relevância, tecnologia, diversão ou qualquer outra coisa.

Tendo identificado os caminhos errados e os becos sem saída a que eles podem nos levar, podemos agora avançar novamente pelos caminhos do engajamento. No entanto, a jornada a seguir não será fácil. Qualquer viajante em qualquer viagem épica encontrará inimigos assustadores ao longo da estrada. Nossos inimigos, nessa busca pelo aprendizado e pelo bem-estar de todos os estudantes, são as cinco formas de desengajamento. Se queremos que nossos alunos experimentem o engajamento, devemos reconhecer e combater o desengajamento. Para isso, temos que entender o que o torna tão proeminente e prevalente, em primeiro lugar. Esse é o assunto do nosso próximo capítulo.

# 4

# Os cinco inimigos do engajamento: como derrotá-los

O oposto do engajamento é o *desengajamento*: "liberar-se ou desprender-se: desistir";[244] "a ação ou o processo de desvincular-se de uma atividade, situação ou grupo".[245] O desengajamento pode significar uma oposição ativa ao que supostamente o engaja ou apenas uma desistência física ou mental por estar ausente ou não se importar. Qualquer que seja a forma em que ele se manifeste, o desengajamento significa que as pessoas não têm nenhum propósito, senso de conexão ou investimento emocional em relação ao que estão fazendo.

Qualquer pessoa que já tenha lecionado ou sido pai/mãe de um adolescente pode pensar que a falta de engajamento estudantil é apenas parte do processo de ser adolescente. Todos nós não encontramos adolescentes em nossas famílias ou salas de aula que transmitem, principalmente, cinismo ou descaso quando se trata de qualquer coisa associada aos adultos? Os sinais desse tipo de desinteresse se agravam à medida que os estudantes crescem. Pelo menos na cultura ocidental moderna, adolescência significa separar-se de seus pais, estabelecer sua própria identidade, libertar-se. Não é legal ficar animado ou entusiasmado ou, de fato, *dizer* que você está interessado no que seus professores ou seus pais estão dizendo ou fazendo. Se a maioria de nós lembrar de quando lecionamos, amadurecemos ou simplesmente fomos adolescentes, veremos que esses momentos de "revirada de olhos" eram muito comuns.

Isso, porém, não quer dizer que os adolescentes não possam ser engajados ou empoderados se forem abordados da maneira correta. De que outra forma poderíamos explicar a enorme onda global de greves estudantis, iniciada pela estudante sueca do ensino médio Greta Thunberg, para pressionar os governos a adotar medidas mais fortes em resposta às mudanças climáticas?[246] E o movimento estudantil em todo os Estados Unidos para dispensar testes padronizados e substituí-los por avaliações melhor elaboradas?[247] Poderíamos, então, considerar a indignação mundial expressa principalmente por jovens manifestantes de todas as raças e etnias a respeito das mortes de George Floyd, Breonna Taylor, Ahmaud Arbery, entre outros, bem como a negligência sistêmica e histórica do princípio humano básico de que vidas negras importam.[248] Neste livro, veremos um exemplo após o outro de como os adolescentes se tornam estimulados quando o currículo é significativo para eles.

*Pense em um aluno a quem você já ensinou – ou está ensinando agora – e que parece estar muitas vezes desengajado. Como é isso? Como você explica isso?*

Pense em um aluno a quem você já ensinou – ou está ensinando agora – e que parece estar muitas vezes desengajado. Como é isso? Como você explica isso? Agora considere suas próprias experiências de desengajamento quando *você* era estudante ou mesmo quando já adulto, sentado em uma reunião de equipe, tentando pegar o jeito do ensino *on-line*, ou participando de uma atividade de desenvolvimento profissional. As explicações para a falta de engajamento de seu aluno e para o seu próprio desengajamento são as mesmas ou são diferentes? Quem é responsável pela falta de engajamento – a pessoa que não está se engajando ou o professor ou líder que parece incapaz ou sem vontade de engajar essa pessoa?

O desengajamento é complicado. Não é um distúrbio de personalidade, ou uma devastadora falha individual de caráter. O desengajamento é um conjunto de ações, pensamentos e sentimentos que variam de um momento para o outro, de uma tarefa para a outra e de um relacionamento para o outro. Adolescentes que parecem irritantemente desengajados de seus pais podem estar profundamente engajados com seus amigos; podem estar altamente engajados em um assunto, mas terrivelmente desengajados de outro. O desengajamento também pode variar em suas manifestações e em sua intensidade, desde o afastamento silencioso e a resistência passiva até a hostilidade e a rebeldia.

Frequentemente, o desengajamento é visto como algo que é culpa de um indivíduo: o trabalhador ou o chefe, o estudante ou o professor, o treinador ou o atleta. É considerado como uma falha moral, uma deficiência pessoal ou um ponto cego psicológico que precisa de uma resposta individual – uma correção local. É bem melhor culpar o indivíduo do que criticar o sistema e suas hierarquias.

Alguns jovens simplesmente não toleram adultos insensíveis e instituições que lhes impõem exigências irracionais. Por exemplo, andar pelos corredores em *completo* silêncio, ter *sempre* que manter os olhos no professor, *nunca* usar xingamentos, ficar *constantemente* entediados com a submissão, e ser obrigado a demonstrar *total* aceitação *o tempo todo* são regras comuns em milhares de escolas ao redor do mundo. São coisas que adultos nunca fariam, a menos que estivessem no exército ou na prisão! No entanto, frequentemente exigimos esse tipo de comportamento de nossos jovens durante anos a fio.

Problemas psicológicos sugerem soluções individuais e não institucionais – não mais do que no campo empresarial. Escrevendo na *Harvard Business Review* sobre *How to work with someone who's disengaged*, o psicólogo industrial-organizacional Tomas Chamorro- -Premuzic oferece conselhos sobre como trabalhar com colegas desengajados.[249] Suas sugestões incluem aceitar personalidades peculiares que não projetam entusiasmo; concentrar-se em fazer o seu trabalho em vez de ganhar a simpatia dos colegas; adequar a pessoa à tarefa; descobrir o que faz as pessoas vibrarem e recorrer às recompensas extrínsecas – representadas metaforicamente por cenouras na ponta de varas. Chamorro-Premuzic admite que o trabalho intrinsecamente engajador pode ser uma prerrogativa dos privilegiados. Diante da rotina tecnológica do trabalho de outras pessoas, ele se pergunta "[…] se, em algum momento, haverá empregos suficientes lá fora para engajar a grande maioria da força de trabalho".[249] Portanto, não é surpreendente que suas soluções se concentrem em como gerenciar indivíduos desengajados, em vez de questionar a natureza desengajadora do trabalho em si, ou, ainda, a estrutura das empresas e organizações que fazem as pessoas se sentirem desengajadas.

O que Chamorro-Premuzic não questiona é como o crescimento das tecnologias digitais e da robótica têm concentrado cada vez mais lucros corporativos dentro do 1% dos maiores detentores de riqueza da sociedade. Ele não discute como esses lucros podem ser gastos na educação pública, no espaço público e na saúde pública, para melhorar a qualidade de vida de todos e para financiar um trabalho mais significativo àqueles fora da elite. Ele não considera as consequências calamitosas da insegura economia do trabalho para um grande número de funcionários. Estes incluem os trabalhadores da saúde durante a epidemia de covid-19, que tiveram que se mudar de um lugar para o outro e de um emprego para o outro toda semana, apenas para acumularem horas suficientes para pagar suas contas, não restando tempo para que se envolvessem com qualquer lugar ou parte de trabalho a mais.[250] O que pode parecer um simples desengajamento é, às vezes, uma indicação importante de que há algo profundamente errado com o sistema em grande escala.

Se o desengajamento fosse resultado de um ensino ruim ou de mau planejamento, as soluções seriam simples. Treinar os professores sobre em que local da sala de aula devem ficar e sobre como distribuir os materiais da maneira correta, para que sejam capazes de manter a atenção de seus alunos. Mostrá-los como capturar a atenção dos seus alunos no início de uma aula. Ajudá-los a encontrar materiais interessantes além do livro didático, na internet ou em seu próprio banco de recursos pessoais, para que possam tornar o aprendizado mais envolvente. Se nada disso funcionasse, o caminho poderia ser realizar algumas avaliações de desempenho decisivas e, então, substituir os professores desengajados por outros que tenham o dom de entusiasmar os alunos com a aprendizagem.

Entretanto, quando mais de um terço dos estudantes estão desengajados, tem que haver algo mais do que miopia acumulada ou falta de esforço coletivo. Quando alguns poucos alunos estão desmotivados em poucas aulas, a culpa é, provavelmente, de alguns professores individuais. Porém, quando uma proporção significativa de alunos está desmotivada, há algo profundamente errado com o sistema em que os professores estão trabalhando. A verdade é que o desengajamento nas escolas é mais do que um simples sentimento de tédio. Não é um problema que possa ser atribuído a alunos ou a professores individualmente, e combatê-lo exigirá mais do que simplesmente ser mais divertido, vigilante ou capaz de acompanhar o ritmo de cada aluno.

Este capítulo identifica cinco tipos de desengajamento e apresenta maneiras de transformá-los em algo mais positivo. Será um pouco como um

Tour Mágico da Infelicidade,* mas não se preocupe – adotaremos, mais tarde, uma abordagem mais positiva. Estes são os cinco inimigos do engajamento:

1. desencantamento;
2. desconexão;
3. dissociação;
4. desempoderamento;
5. distração.

Seguindo nossa abordagem teórica integrada para compreender o engajamento, esse capítulo complementa as teorias psicológicas que descrevemos no Capítulo 2 (página 43), desenvolvendo entendimentos sociológicos das formas de desengajamento e de seus antídotos. As três primeiras formas de desengajamento são evidenciadas e explicadas por perspectivas desenvolvidas, primeiramente, pelos três "pais fundadores" do pensamento sociológico do século XIX. São eles o sociólogo liberal alemão Max Weber; seu compatriota, o radical Karl Marx; e o teórico social conservador francês Emile Durkheim. O quarto tipo deriva de perspectivas sociopolíticas sobre como o poder e os processos associados de empoderamento e desempoderamento operam nas organizações. A quinta forma de desengajamento se baseia no pensamento sociológico e psicológico para abordar como as novas tecnologias podem distrair e, portanto, desengajar os estudantes de seu aprendizado e sucesso.

## DESENCANTAMENTO

O desengajamento pode representar o desencanto dos jovens com as escolas, que lhes oferecem brincadeiras e amor pelo aprendizado nos primeiros anos apenas para substituí-los, posteriormente, por uma gaiola de ferro com padronização burocrática e foco em testes.

Max Weber é fortemente associado ao conceito de burocracia; ele não inventou o termo, mas foi o primeiro a empreender um estudo sistemático deste. Embora geralmente olhemos a burocracia sob uma ótica negativa,

---

*N. de T. Em inglês, *Magical Misery Tour*, trocadilho com a canção dos Beatles de mesmo nome.

como algo que é complicado, impessoal e obstrutivo, para Weber ela poderia ser, e muitas vezes era, uma coisa positiva. "Precisão, rapidez, compreensibilidade, conhecimento dos arquivos, continuidade, discrição, unidade, estrita subordinação, redução de atritos e de custos materiais e pessoais – estes são elevados ao ponto ideal na administração estritamente burocrática [...]", argumentava ele.[251] As burocracias eram livres de lealdades, facções e outros apegos irracionais às pessoas em uma organização. "[...] Quanto mais a burocracia é desumanizada [...]", afirmava ele, "[...] mais completamente ela consegue eliminar, dos negócios oficiais, amor, ódio e todos os demais elementos puramente pessoais, irracionais e emocionais que escapam do cálculo".[252]

Weber acreditava que a burocracia era eficiente e eficaz; além de imparcial, impessoal (no bom sentido) e racional. Havia hierarquias evidentes de responsabilidade e o que agora chamaríamos de *accountability*.* Os conjuntos de regras evidenciavam o que as pessoas deveriam e não deveriam fazer. Por último, mas não menos importante, a promoção no emprego se baseava em um mérito objetivo, não em clientelismo ou favoritismo. Se assumissem sua forma mais perfeita, as burocracias modernas nunca teriam que lidar com corrupção, assédio sexual ou pessoas empregadas em cargos para os quais não estivessem qualificadas.

Apesar de seus benefícios, porém, a organização burocrática poderia se transformar no que Weber chamou de uma "gaiola de ferro" inflexível, que retira os aspectos irracionais e espirituais que tornam a vida mais significativa – por meio de um processo de *desencanto* ou perda de magia.[253] Essa gaiola de ferro da burocracia autocentrada, ele se preocupava, poderia transformar uma pessoa em um "especialista sem espírito".[254]

Os departamentos educacionais do governo, os distritos escolares e até mesmo as próprias escolas são frequentemente considerados e vivenciados como burocracias impessoais e inflexíveis. Os historiadores David Tyack e Daniel Tobin argumentam que muitas das estruturas e práticas básicas da educação – com suas turmas e classes enfileiradas – são, na verdade, o resultado de sistemas de educação pública projetados para educar e gerenciar um grande número de estudantes na era da manufatura industrial.[255] Essas práticas tornaram-se tão arraigadas quanto a gramática o é na linguagem. Uma vez que tais práticas se tornaram

---

*N. de R.T. Algo esperado de uma pessoa para justificar suas ações ou decisões.

rotineiras, era tão difícil imaginar a organização das escolas de forma diferente quanto imaginar falar um novo dialeto. As escolas públicas foram criadas não apenas para dar a mais crianças acesso ao aprendizado, mas também para administrar e impor a custódia e o controle das populações das classes mais baixas em grandes turmas.

O historiador norte-americano Michael Katz foi mais longe em seu livro *Class, bureaucracy, and schools.*[256] Ele descreveu quatro maneiras pelas quais as escolas foram organizadas no século XIX – por meio de instituições de caridade, patrocínio corporativo, controle local em comunidades rurais e o que ele chamou de *burocracias incipientes* nas grandes cidades. Com o tempo, argumentou ele, a burocracia conquistou o espaço das outras alternativas porque manteve as crianças e os professores das classes trabalhadoras, literalmente, bem como figurativamente, na linha. A burocracia – e seus problemas associados de desencanto ou perda de magia – continua sendo uma característica importante do que Tyack e Tobin chamaram de *gramática da escolarização.*

Um aspecto fundamental da burocracia, para Weber, foi o uso centralizado de credenciais para garantir os direitos profissionais dos funcionários públicos. Em *Economia e sociedade*, ele ressalta que os exames eram indispensáveis às instituições burocráticas. Eles eram a única maneira de garantir uma meritocracia objetiva de desempenho e realização. Weber escreve:

> Se ouvimos demandas de todos os lados pela introdução de um currículo controlado que culmine em exames especializados, a razão por trás disso não é, naturalmente, uma "sede pela educação" subitamente despertada, mas, sim, um desejo de limitar a oferta de candidatos para esses cargos e monopolizá-los.[257]

Para Weber, os exames podem selecionar especialistas imparcialmente, mas podem ter consequências terríveis para a paixão das pessoas pelo aprendizado e para o espírito humano em geral. Em muitos países, os testes únicos, aplicados de uma só vez, com alunos sentados e conceitos estáticos de aprovação ou reprovação, ainda controlam o ingresso em universidades e, antes disso, em escolas de ensino médio. No próximo capítulo, veremos como os testes padronizados de alto desempenho, utilizados para fins de *prestação de contas (accountability)*, se tornaram um arqui-inimigo do engajamento estudantil em muitos países. Entretanto, o uso de exames de conclusão de curso como um dispositivo de *seleção* para se qualificar para o ensino superior também tem enormes consequências para o desengajamento.

Em países como Reino Unido, Coreia do Sul, Cingapura, Japão e China, a busca implacavelmente competitiva por qualificar-se, não apenas para a universidade em geral, mas, particularmente, para um grupo de elite de universidades, cria imensa pressão, ansiedade, depressão e insônia nos alunos, devido aos horários intermináveis de estudo, prática e acúmulo de matérias. Isso é o resultado da combinação de burocracias com mercados competitivos. Nos casos mais extremos do que os educadores sul-coreanos chamam de *inferno de exames*, os estudantes – em número cada vez maior – têm até recorrido ao suicídio.[258]

A importância desses exames e testes seletivos na formação pessoal também exerce *efeitos retroativos* negativos no ensino e no aprendizado das séries que antecedem os exames.[259] Estes incluem não abordar resultados de aprendizado mais profundos, que não são facilmente examinados; desviar o tempo de ensino e aprendizagem para ensaiar as respostas às perguntas dos exames e testes; e enfatizar excessivamente o conhecimento efêmero, que é facilmente memorizado e depois rapidamente esquecido.[260]

Os exames não são a única característica desalentadora das burocracias; a padronização também o é. Padrões são uma boa ideia: os estudantes têm o direito de saber o que se espera deles e os objetivos finais de seu aprendizado. Normas para códigos de construção, qualidade da água e profissões como a docência ajudam a garantir que as casas permaneçam de pé, as comunidades tenham água potável e os professores conheçam seu material e atualizem seus conhecimentos ao longo do tempo. Muito frequentemente nas burocracias, porém, os próprios padrões se degeneram nesse processo de padronização – que propõe o mesmo tratamento para todos, sem exceção.

Cada pai e cada mãe sabe que seus filhos são diferentes – mesmo que sejam gêmeos. Os pais respondem a seus filhos como indivíduos humanos, não como clones genéticos. Na medida do possível, professores fazem o mesmo. No entanto, muitos sistemas escolares modernos transformaram padrões importantes em normas inflexíveis, e os resultados são depressivamente bizantinos e bizarros. Muitos professores do jardim de infância dos EUA foram obrigados a escrever no quadro metas de aulas alinhadas a padrões, não para que os alunos possam lê-las (porque

Cinco caminhos para o engajamento **125**

a maioria deles ainda não consegue), mas porque os professores devem obedecer às regras padronizadas. Por definição, as políticas de comportamento de tolerância zero não acomodam exceções, mas é insensível ignorar o contexto das transgressões e as circunstâncias atenuantes por trás delas. Livros didáticos obrigatórios que tiveram todas as nuances e controvérsias removidas, juntamente a guias de aula com roteiros que se parecem com manuais de reparo de geladeira, tornam extremamente difícil engajar os alunos diante da diversidade de idiomas, identidades e culturas que existem em praticamente todas as salas de aula.

*Livros didáticos obrigatórios que tiveram todas as nuances e controvérsias removidas, juntamente a guias de aula com roteiros que se parecem com manuais de reparo de geladeira, tornam extremamente difícil engajar os alunos.*

Na educação, a busca pelos padrões contém a promessa da maestria, do domínio do conteúdo. No entanto, a padronização inflige, principalmente, dor e infelicidade. Sempre que a falta de engajamento leva ao desencantamento, uma resposta é acabar com a padronização vazia e injetar mais criatividade e inovação de volta à educação. Outra resposta é converter os exames seletivos ou de ingresso, que ocorrem uma única vez e geram vitórias ou derrotas, em processos contínuos ou oportunidades repetidas. Tecnologias digitais sofisticadas podem fazer parte dessa solução – permitindo a montagem de portfólios digitais, oportunidades para *feedback* em tempo real e o compartilhamento acessível de informações sobre a avaliação com famílias e colegas. Quando o novo coronavírus tirou os alunos das escolas, a maioria deles sentiu falta de seus amigos e professores, mas duas coisas de que quase ninguém sentiu falta no ensino presencial foram seus rituais de preparação para exames e suas sufocantes rodadas de folhas de exercícios padronizadas. Educadores de todos os lugares pediram um "novo normal" após a pandemia, que incluísse mais oportunidades para a criatividade, as artes, o aprendizado ao ar livre e a investigação baseada em projetos em todo o currículo.[261]

Quando o vírus tiver desaparecido, tão certo quanto o fato de as aves terem cantado mais docemente e de os pedestres terem andado com mais frequência e maior liberdade, vamos deixar que a magia e o

*Não vamos apenas reinventar a educação. Vamos resgatar seu encantamento também.*

amor pelo aprendizado floresçam em nossas escolas. Não vamos apenas reinventar a educação. Vamos resgatar seu encantamento também.

## DESCONEXÃO

A falta de engajamento pode significar uma sensação de desconexão, distanciamento ou alienação do conteúdo do currículo e da cultura escolar, que é elitista e obscura ou padronizada e monótona, não respondendo à classe social ou à identidade cultural dos estudantes.

A maioria das pessoas provavelmente associa Karl Marx ao *Manifesto comunista* que ele escreveu com Friedrich Engels. Menos conhecidas são as ideias mais humanistas de Marx, que ele expressou em um conjunto de notas conhecidas como *Os manuscritos econômico-filosóficos*.[262] Nesses escritos, Marx teorizou como a realização humana ocorre por meio do trabalho significativo. Se o trabalho não for significativo, argumentou ele, os trabalhadores experimentam a *alienação*.

Alienação refere-se a um sentimento de afastamento, separação ou desprendimento de algo ao qual uma pessoa deveria pertencer.[263] Para Marx, porém, a alienação era uma característica endêmica da organização capitalista do trabalho e representava uma falta de realização nele. Marx alegou que havia quatro características em um trabalho alienado.

1. **Alienação do produto:** ocorre quando os trabalhadores produzem coisas que têm pouco ou nenhum *valor de uso* próprio e que só têm *valor de troca* pelo dinheiro que podem produzir para o mercado. Também emerge quando os trabalhadores produzem coisas para outras pessoas, e os lucros que obtêm com essa produção vão para outros e não para si próprios. Como mão de obra alienada, os trabalhadores produzem coisas com as quais não têm nenhum sentido de conexão.

2. **Alienação do processo de produção:** as pessoas não apenas criam um produto, mas também se sustentam por meio de seu trabalho, disse Marx. Porém, quando "[...] o trabalho é externo ao trabalhador [...]", o ser humano "[...] não se realiza em seu trabalho, mas, sim, nega a si mesmo, tendo um sentimento de infelicidade em vez de bem-estar [...]", sentindo-se em casa apenas durante o lazer, e não no emprego. O trabalho é obrigatório em vez de voluntário e

é apenas "[...] um meio para satisfazer outras necessidades [...]". No trabalho alienado, não existe a "alegria de produzir".[264]

3. **Alienação dos outros:** as pessoas trabalham para proprietários capitalistas, não para si mesmas ou para os homens e mulheres que trabalham a seu lado. Eles, então, se afastam dos outros e também de si mesmos.

4. **Alienação de ser humano:** como o trabalho alienado não é uma fonte de significado ou realização, ele se torna apenas um meio para um fim – meramente de sobreviver ou de obter uma renda que possa, posteriormente, ser gasta em lazer.

Quase todos nós já vivenciamos um trabalho alienado em um ou outro momento de nossas vidas. Quando Dennis era estudante de graduação e precisava de dinheiro para cobrir suas despesas universitárias, ele trabalhava fazendo canos de esgoto em uma fábrica. Seu trabalho era subir uma escada de cerca de dois andares com uma vara de ferro na mão, empurrando o concreto molhado quando ele escorria de uma rampa para que se acomodasse corretamente em sua forma final. O barulho das máquinas era horrível; tornava impossível qualquer tipo de conversa que não fosse gritando o mais alto que se conseguisse. O trabalho era entediante em sua repetitividade e fisicamente cansativo. Somente a perspectiva de um intervalo para tomar café ou almoçar dava ao dia qualquer medida de alívio.

Dennis experimentou todas as quatro etapas do trabalho alienado nesse emprego. Primeiro, ele foi alienado do produto; não tinha nenhuma palavra a dizer sobre como ele era feito e nenhuma ideia de onde seria usado. Nada foi feito para transmitir um sentimento de orgulho em fazer uma contribuição social. Em segundo lugar, ele estava alienado do processo. Não só não havia nenhum traço de prazer em seu trabalho, mas o pó de cimento que ele respirava – durante oito horas por dia – também era profundamente insalubre, e, mais tarde ele descobriu, até mesmo cancerígeno. Em terceiro lugar, ele era alienado de seus colegas de trabalho. Não havia quase nenhuma chance de se comunicar com eles durante o expediente e nenhum sindicato para representar seus interesses. Finalmente, ele estava alienado de sua própria humanidade. O trabalho era tão chato e desgastante que tudo o que ele podia fazer era aguentar cada dia até o apito no final!

Embora Dennis pudesse deixar seu emprego e voltar à universidade, isso lhe deu empatia por outros trabalhadores que faziam esse trabalho permanentemente. Ele agora tinha um senso visceral do quão punitivo é suportar essas condições de trabalho alienado diariamente.

Qual é o oposto de trabalho alienado? Andy tem uma lembrança viva de como é o trabalho não alienado. Quando ele vivia na Inglaterra, em meados dos anos 1980, ele fazia a maior parte dos consertos de seu carro; pagar a outra pessoa para fazer isso não era financeiramente possível. Em uma viagem à loja de autopeças para buscar o motor do limpador de para-brisas, ele encontrou um trabalhador da fábrica local de automóveis de Oxford que se ofereceu para ir com ele ao ferro-velho, onde poderia desmontar uma peça usada de um carro velho a um custo muito mais baixo. Lá foram eles, passando algumas horas sob uma chuva torrencial, suspensos de cabeça para baixo sob um veículo oleoso e enferrujado enquanto retiravam seu velho motor do limpador de para-brisas de baixo do painel de instrumentos. Esse completo estranho não quis aceitar dinheiro pelo incômodo; até convidou Andy para ir a sua casa tomar uma xícara de chá.

Essa experiência foi o oposto de alienação. O trabalho era duro, mas tinha um significado; tinha valor de uso para aqueles que o faziam. Eles estavam vivenciando todos os aspectos da tarefa; estavam conectados, na solidariedade da classe trabalhadora, consertando o carro juntos. Eles estavam experimentando e expressando sua humanidade básica em relação ao trabalho e em relação ao outro. Toda sociedade e organização deveria encontrar mais maneiras de promover um trabalho significativo e com sentido.[265]

As teorias do trabalho alienado não se aplicam apenas às pessoas que ganham salários baixos e trabalham nas condições desgastantes que Dennis vivenciou. Nos anos 1960, o professor da Oxford University John Goldthorpe e seus colegas descobriram que mesmo trabalhadores bem remunerados eram alienados. Eles costumavam suportar empregos repetitivos, e até mesmo abandonavam trabalhos mais intrinsecamente significativos, por salários mais altos que poderiam gastar na sociedade de consumo em expansão.[266]

Os psicólogos sociais adotam, atualmente, uma abordagem diferente da que Marx empregou para estudar a alienação dos trabalhadores. Eles não a consideram como uma característica endêmica de todo o capitalismo. Em vez disso, a consideram como uma condição variável que pode estar mais ou menos presente, dependendo das circunstâncias. Nas condições em que o trabalho *é* alienante, no entanto, há todo tipo de consequências negativas – o que também ocorre nas escolas, como veremos. Somente cerca de um terço dos trabalhadores nos Estados Unidos dizem estar engajados em suas ocupações.[267] Os trabalhadores que não têm nenhum vínculo com seu emprego ou local de trabalho, por exemplo, podem cumprir apenas os requisitos mínimos, em vez de ir um pouco além. Eles podem roubar pequenos itens para seu próprio uso; podem até cometer sabotagem industrial para expressar seu desprezo pelos empregadores ou para retardar o processo de trabalho.[265]

Os problemas da alienação no trabalho resultam em um aprendizado alienado nas escolas. O desengajamento dos estudantes pode ser a preparação ideal para o mundo alienado do trabalho, em que o tédio no local de trabalho é habitual. Em um influente estudo dos anos 1980, a professora Jean Anyon, da City University of New York, estudou escolas de ensino fundamental que atendiam a alunos do quinto ano de diferentes classes sociais.[268] A próspera escola preparou os jovens, em grande parte, para profissões que envolvem trabalho em universidades, no jornalismo, nas artes, etc. Ali, os alunos experimentavam criatividade e independência em seu aprendizado – "Os estudantes são continuamente solicitados a expressar e aplicar ideias e conceitos", Anyon observou.[269] "O trabalho envolve pensamento individual e expressividade, expansão e ilustração de ideias, bem como a escolha de método e material apropriados".[269] Esse era um aprendizado significativo e gratificante.

Nas escolas da classe trabalhadora, entretanto:

> O trabalho está seguindo as etapas de um procedimento. O procedimento é geralmente mecânico, envolvendo um comportamento de rotação e muito pouca tomada de decisão ou escolha. Os professores raramente explicam por que o trabalho está sendo passado, como ele pode se conectar a outras tarefas, qual é a ideia que está por trás do procedimento ou que lhe dá coerência e talvez significado ou relevância. Os livros didáticos disponíveis nem sempre são usados, e os professores muitas vezes preparam suas próprias cópias ou colocam exemplos de trabalho no quadro.[270]

No trabalho e na escola, o engajamento continua sendo mais comum para membros privilegiados da sociedade, cujos filhos frequentam, muitas vezes, escolas particulares ou públicas em comunidades suburbanas abastadas, onde o aprendizado lhes permite a exploração e o pensamento independente.

Enquanto isso, um número crescente de escolas na Inglaterra e grupos inteiros de escolas *charter* dos Estados Unidos que adotam a filosofia *no excuses* submetem seus alunos – de classes mais baixas e minorias – ao ensino altamente tradicional, com regimes disciplinares de estrito silêncio e obediência inquestionável.* Podem existir algumas evidências que associem esses regimes de comportamento ao desempenho acadêmico em escolas que atendem comunidades de baixo *status* socioeconômico, mas os críticos dizem que tais esquemas pouco contribuem para fomentar um compromisso duradouro com o aprendizado, e, ainda menos, para ajudar os jovens a se tornarem parte de uma comunidade e a atuarem efetivamente na sociedade.[271] Esses exemplos, muito comuns, representam o que Dennis chamou de "ensino alienado".[272]

Como algo tão potencialmente gratificante quanto ensinar crianças poderia ser transformado em uma atividade que professores e alunos vivenciam como alienante? O relato de Dennis sobre o ensino alienado surgiu de uma parceria entre o Boston College e um grupo de professores das escolas públicas de Boston. Essa parceria, que Dennis liderou com a educadora local Elizabeth MacDonald, permitiu aos professores articularem suas frustrações a respeito das estruturas que os alienaram de seu trabalho. A padronização e os testes impostos na cidade e no estado, por exemplo, converteram as comunidades profissionais de aprendizado em que eles haviam se desenvolvido em reuniões orientadas por dados que não pediam suas opiniões nem as valorizavam. Outra moda do momento foi a *expansão do tempo de aprendizado*. Isso foi originalmente proposto para fornecer tempo extra e apoio aos estudantes menos favorecidos, para que alcançassem os mesmos níveis de domínio das matérias que seus colegas mais privilegiados. Na prática, porém, isso significava que tanto alunos quanto professores passavam mais horas nas escolas, sem alterar nenhuma outra característica de como elas eram organizadas. Quando foi implantada sem apoio adicional, a política simplesmente significou que

---

*N. de T. Escolas *charter no excuses* atendem, principalmente, estudantes negros de baixa renda em ambientes do tipo pré-escola, com altas expectativas acadêmicas, códigos de conduta rígidos e anos escolares mais longos.

os professores tinham ainda menos tempo, no final do dia escolar oficial, para planejar suas aulas ou para dar um *feedback* adequado sobre o trabalho dos alunos.

Alguns dos professores descreveram como se engajaram em estratégias elaboradas de resistência passiva em resposta às condições de alienação no local de trabalho. Por exemplo, eles usaram mensageiros estudantis de modo velado para carregar códigos secretos, cuja função era alertar uns aos outros sobre quando o diretor ou os avaliadores externos estavam chegando – estes em um comportamento denominado erroneamente como *caminhadas de aprendizagem*, quando, na verdade, eram estratégias para impor o cumprimento das normas. Um cartão vermelho carregado pelos mensageiros estudantis significava que os avaliadores estavam vindo para "fazer as perguntas da prancheta" – realizar avaliações-surpresa sobre os protocolos determinados externamente. Os professores sabiam que o monitoramento do aprendizado era apenas um pretexto. O que estava realmente acontecendo era uma forma velada de vigilância que eles, intencionalmente, se propuseram a sabotar.[272]

O ensino alienado leva ao aprendizado alienado, especialmente entre os estudantes mais vulneráveis. O aprendizado alienado ou desconectado ocorre quando:

- não tem qualquer sentido ou propósito pessoal;
- é produzido para outra pessoa, não para si mesmo;
- não tem nenhuma utilidade, sendo realizado em troca de notas, conceitos ou estrelas;
- é realizado principalmente de maneira isolada, não em cooperação com os outros;
- consiste em tarefas vazias, padronizadas e desarticuladas.

Com o avanço do aprendizado alienado, não devemos nos surpreender quando estudantes desconectados e alienados agem como trabalhadores alienados. Não devemos ficar chocados quando eles colam, fazem pichações nas dependências da escola, causam desordem na sala de aula ou fazem simplesmente o mínimo de trabalho necessário para que o dia passe.

O antídoto para o aprendizado alienado é o aprendizado com sentido e propósito. É o aprendizado que tem uso no mundo real e não apenas como credencial ou prestação de contas; que conecta a tarefa da aprendizagem ao resultado por meio de avaliações oportunas e significativas; que é criativo e gratificante em sua produção. Finalmente, esse aprendizado ocorre em um ambiente em que a cooperação entre os estudantes é frequente e encorajada.

## DISSOCIAÇÃO

O desengajamento pode resultar da dissociação das normas e dos padrões básicos entre as comunidades humanas e suas lideranças, assim como da dissociação de qualquer sentimento de ligação ou pertencimento a esses coletivos.

Viver em um estado de ausência de normas ou de falta de regulamentação social e de pertencimento à sociedade é o que Emile Durkheim chamou de *anomia*. A *Enciclopédia Britânica on-line* descreve a anomia como "[...] uma condição de instabilidade resultante da quebra de padrões e valores ou da falta de propósito ou ideais".[273] Em seu clássico estudo do suicídio, que documentou e explicou como as taxas de suicídio variavam entre diferentes culturas em diferentes épocas, Durkheim associou a anomia às condições de depressão econômica e desespero por um lado, e, surpreendentemente, à condição oposta, de extrema prosperidade, por outro.[274]

### Individualismo narcisista

No extremo próspero da escala, a anomia é aparente no tipo de estado mental que ocorreu na Era Dourada do último quarto do século XIX, na explosão das empresas "pontocom" da década de 1990 e no período imediatamente anterior ao colapso econômico global de 2007. É um estado que vem da sensação de imaginar que tudo é possível, que os apetites são insaciáveis e que todos podem se beneficiar. Há uma aspiração ilimitada, uma ausência de restrições, um declínio da conduta moral e uma sensação de que nunca haverá o suficiente de coisa alguma.

A anomia é evidente na sociedade moderna na forma de ganância financeira, consumismo desenfreado, busca ilimitada pela perfeição física e digital e desprezo irresponsável pelo meio ambiente. É visível nas obsessões por edifícios improvavelmente altos e por sapatos com saltos impossivelmente altos. Anomia é a dependência de drogas, sexo sem sentido, consumo excessivo de álcool e jogos de videogame violentos. É Madonna como a *Material Girl*;[275] é a elite plutocrática e egocêntrica do romance *Jogos vorazes*, de Suzanne Collins.[276] É também o romance de ficção científica de Jeanette Winterson, *Deuses de pedra*, em que as pessoas podem congelar o processo de envelhecimento físico e as mulheres são pressionadas a se operarem cada vez mais cedo, começando aos 12 anos de idade.[277] A maior punição para criminosos e dissidentes dessa sociedade distópica é condená-los à sua idade natural. Distorcendo o lema estatal de New Hampshire, a anomia é *viver livre e morrer*.*

Uma sociedade alienada é aquela em que o trabalho e, portanto, a vida, não têm sentido. Uma sociedade anômica é aquela em que regras, normas e limites foram abolidos ou abandonados, e a vida é, literalmente, sem limites. "Quando não há outro objetivo a não ser superar constantemente o ponto a que se chegou [...]", argumentou Durkheim, "[...] como é doloroso ser jogado de volta!"[278] As sociedades anômicas são caracterizadas por espetáculos de egocentrismo e por corporações engajadas no que o guru de negócios Jim Collins chamou de "busca indisciplinada por mais".[279]

O que é uma vida sem horizontes, limites ou apegos a algum ser ideal ou espiritual maior do que você mesmo? Em uma sociedade anômica, os indivíduos estão presos em uma busca infinita e frenética pela próxima dose imediata de entretenimento, excitação e satisfação fugaz. "Como a imaginação está sedenta por novidade e sem controle, ela tateia ao acaso", escreveu Durkheim.[278]

A expressão final do extremo mais privilegiado do espectro da anomia é o *narcisismo*. O narcisismo vem do mito grego de Narciso, a quem os deuses puniram fazendo-o se apaixonar inevitavelmente pelo próprio reflexo. O narcisismo é designado pela American Psychiatric Association como "[...] um padrão generalizado de grandiosidade [...], necessidade de admiração ou adulação e falta de empatia [...]".[280]

Um dos mais conhecidos dentre os vários livros sobre narcisismo é o de Jean Twenge, professora de psicologia da San Diego State University, e de seu colega W. Keith Campbell. Em *The narcissism epidemic: living in the age of entitlement*, Twenge e Campbell demonstram que o narcisismo

---

*N. de R.T. Os autores modificam o lema de New Hampshire, que seria *Viver livre ou morrer*. Segundo o site https://www.nh.gov/almanac/emblem.htm, a frase *Live free or die* foi escrita pelo general John Stark, em 1809. Em 1945 o emblema e o lema se tornaram oficiais, com a aproximação do final da Segunda Guerra Mundial.

é muito mais que um transtorno psiquiátrico.[281] Ele não varia apenas entre as pessoas; também varia ao longo do tempo e de acordo com a mudança das condições na sociedade. É, portanto, um fenômeno sociológico, bem como psicológico.

Twenge e Campbell analisaram dados comparáveis de estudantes universitários entre 1979 e 2006, juntamente a como eles eram classificados de acordo com o *Narcissistic Personality Inventory*. Ao final de sua coleta de dados, em 2006, dois terços da amostra obtiveram pontuação acima da média anterior – um aumento de 30% no narcisismo em apenas 20 anos.[282] A autoadmiração e a autoexpressão começaram com a autoindulgência e a autoabsorção dos anos 1970, e se tornaram uma forma rasa e materialista de narcisismo nos anos 1980. Posteriormente, as características das duas épocas se combinaram e continuaram a piorar.

Com o que se parece o narcisismo? Ele começa com a celebração e o elogio a uma criança específica de maneira tão excessiva que a criança passa a esperar que esteja sempre no palco, nunca aprendendo que outros indivíduos têm valor e precisam de seus próprios momentos no palco também. Continua, então, com os adultos dando a seus filhos uma injustificada "sensação de realeza", dizendo-lhes que merecem o melhor de tudo, mesmo quando fizeram pouco ou nada para obtê-lo.[283] Os pais que acabam formando crianças narcisistas copiam os estilos e interesses de seus filhos – em vez do contrário –, exageram quando seu primeiro esforço não é seu maior esforço e lhes dão a lição de que vencer é tudo o que importa, mesmo que envolva trapaças. Nas escolas, o narcisismo se manifesta em programas que promovem a autoestima excessiva, na inflação constante das notas e na atribuição de crédito apenas por estar presente ou participar. Os educadores frequentemente o experimentam quando têm que lidar com alunos que exigem atenção extra e consideração especial quando suas notas não são suficientemente altas.

*Os estudantes narcisistas criam um pesadelo exaustivo para os professores, que constantemente têm que tornar todo o aprendizado divertido e excitante, ficar de ponta-cabeça e dar cambalhotas para manter todos felizes.*

Em vez de aspirar a um engajamento significativo, os estudantes narcisistas exigem entretenimento sem fim. É um pesadelo exaustivo para os professores, que constantemente têm que tornar todo o aprendizado divertido e excitante, ficar de ponta-cabeça e dar cambalhotas para manter todos felizes, premiando os alunos com infinitos elogios gratuitos a fim de evitar que essas crianças saiam de sintonia, se desliguem e, em geral, pareçam e estejam desengajadas. Em um mundo de aprendizado sem limites, não é de se admirar que os professores sintam, muitas vezes, que nunca podem fazer realmente o suficiente.

Existem antídotos para a propagação desses comportamentos narcisistas nos jovens. Uma coisa que Twenge e Campbell descobriram é que o narcisismo declina em tempos de guerra, recessão e outros tipos de dificuldades. Talvez um legado positivo da pandemia de covid-19 possa ser uma reafirmação da importância de se ter normas sociais, de fazer sacrifícios por outras pessoas e de colocar os outros à nossa frente. Podemos reaprender o valor de poupar para o futuro em vez de gastar como se não houvesse amanhã. Obviamente, guerras, pandemias e outras dificuldades não são estratégias que recomendamos para lidar com o narcisismo, mas há muito que podemos aprender sobre como esses eventos tornam as pessoas menos autocentradas.

Há respostas mais realistas do que essas para superar o individualismo excessivo e os colapsos anômicos de normas e padrões nas escolas. Os professores podem e devem intervir para impedir comportamentos indesejáveis; podem devolver aos alunos os trabalhos que não forem satisfatórios (embora sempre com um *feedback* relevante); e, além disso, podem incentivar seus alunos a cultivar a autodisciplina e a perseverança.

Às vezes as crianças precisam experimentar a realidade dos limites e dos obstáculos, em vez de sempre tê-los retirados de seu caminho – como os pais superprotetores dinamarqueses e holandeses tendem a fazer. Quando os adultos mostram aos jovens como trabalhar em equipe, como suportar dificuldades e superar juntos os obstáculos desafiadores, esses jovens podem colher a recompensa de uma realização genuína e merecida. Quando experimentam a gratificação adiada e não apenas imediata, eles estão no caminho da maturidade emocional e do desenvolvimento da força de vontade. Portanto, devemos atribuir e esperar que as crianças tenham responsabilidades na escola e em casa. Certamente devemos fazer elogios, mas não gratuitamente e somente quando for adequado.

Nenhuma dessas coisas são fáceis, mas elas cultivam um engajamento duradouro. Isso significa ter engajamento em realizações realistas, em

> *Isso significa ter engajamento em realizações realistas, em vez de artificiais; compromisso com verdadeiros amigos, não apenas com os do Facebook; e fazer sacrifícios pelas necessidades dos outros, em vez de se dedicar apenas a si mesmo.*

vez de artificiais; compromisso com verdadeiros amigos, não apenas com os do Facebook; e fazer sacrifícios pelas necessidades dos outros, em vez de se dedicar apenas a si mesmo.

Durkheim, um ex-professor que se tornou teórico social, denominou isso de *educação moral*. A ideia era tão importante para o teórico que ele dedicou um livro inteiro a ela.[284] A educação moral é um antídoto para a anomia; ela requer o desenvolvimento de um espírito de autodisciplina, um julgamento responsável e autônomo, bem como uma vontade de servir ao interesse coletivo, desenvolvendo a solidariedade social e o sentimento de pertencer a grupos. "A moral começa [...] somente à medida que pertencemos a um grupo humano [...]", argumentou Durkheim. "[...] A moral só é completa à medida que nos sentimos identificados com aqueles diferentes grupos nos quais estamos envolvidos – família, sindicato, empresa, clube, partido político, humanidade", continuou ele.[285] A tarefa da escola – e, talvez, exclusivamente dela –, era "[...] insuflar vida no *espírito de associação*", como Durkheim o chamou.[286] Isso poderia ser alcançado por meio da formação de tipos intencionais de grupos humanos, assim como pelo desenvolvimento de sensações de pertencimento entre seus membros.

Associação e pertencimento são dois dos mais fortes antídotos para a anomia. Pertencer a algum tipo de grupo é uma forma de as pessoas se envolverem umas com as outras, com um propósito ou uma causa além de si mesmas. "O homem não pode apegar-se a objetivos superiores e submeter-se a uma regra se não enxergar nada acima dele ao qual pertença", escreveu Durkheim.[287]

No entanto, não é qualquer tipo de pertencimento que é considerado correto ou apropriado. Grupos internos da elite podem, na verdade, exagerar o narcisismo, aumentando as sensações de superioridade e exclusão. As escolas que constroem seu sentimento de espírito ou sua associação em termos tradicionais por meio de equipes, clubes, troféus, uniformes e afins, podem, involuntariamente, fazer com que os alunos de famílias comuns e de origens não elitizadas sintam que não pertencem e que não podem ser bem-sucedidos na escola. Algumas fraternidades e irmandades universitárias dos EUA perpetuam o pior dessa exclusão.

Temos mais a dizer sobre a construção de sentidos de pertencimento em nosso livro *Well-being and socio-emotional learning: how to build everyone back better.*[288] O ponto a ser defendido aqui é que muitos alunos desengajados não têm nenhuma sensação de pertencimento à sua classe, sua escola ou a qualquer outra coisa que não seja, talvez, seu próprio grupo de amigos e conhecidos. Portanto, construir sentimentos de pertencimento entre os jovens é essencial para envolvê-los em seu aprendizado e para desenvolver seu bem-estar. É parte integrante da prática do aprendizado cooperativo nas aulas, usando a educação com aventura como uma forma de construir solidariedade em grupo, encorajando os alunos a assumirem causas sociais juntos e tornando a escola um espaço a que alunos de diversas origens e identidades tenham orgulho de pertencer.*

## Colapso social e comunitário

No outro extremo do espectro econômico, a anomia se manifesta de maneira bem diferente. Nele são encontrados problemas que se parecem com rupturas de cultura e de coesão em comunidades pobres, da classe trabalhadora. Um dos maiores desafios do século XXI é o declínio do que os cientistas sociais chamaram de *capital social* ou o valor econômico das relações humanas.[289] Especialmente no Ocidente, a produção tradicional desapareceu em grande parte, o setor de serviços com baixos salários cresceu e os trabalhadores tiveram que se esforçar cada vez mais para satisfazer as próprias necessidades de sobrevivência.[290] O custo para as famílias desses trabalhadores, em termos de tempo perdido para as relações humanas, tem sido imenso. Algumas sociedades com fortes sindicatos e estados sociais conseguiram proteger seu tecido social, assegurando que todos tivessem um tempo de recuperação suficiente com suas famílias e

---

*N. de T. A educação com aventura é a promoção do aprendizado por meio de experiências centradas na aventura, incluindo uma ampla variedade de atividades, devido às diferentes maneiras pelas quais as pessoas experimentam a aventura.

amigos. Outras, como os Estados Unidos e o Reino Unido, não o fizeram. O excesso de trabalho mina a coesão social que faz a vida valer a pena. Segundo o ex-secretário do Trabalho dos Estados Unidos, Robert Reich, os americanos agora trabalham:

> [...] 70 horas por ano a mais do que os trabalhadores japoneses, 266 horas (seis semanas e meia de dias úteis) a mais do que os trabalhadores britânicos, 266 horas (seis semanas e meia de dias úteis) a mais do que os trabalhadores franceses e 424 horas (dez semanas e meia de dias úteis) a mais do que os trabalhadores alemães.[291]

O americano que trabalha excessivamente não é um produto da imaginação de todos, e a resposta para muitos problemas como esse não é ter mais determinação. É necessária a reestruturação da sociedade, para que seja um bom lugar para se viver e trabalhar.

O problema oposto do excesso de trabalho é o de não haver trabalho algum. O livro de 2019 do nosso colega do Boston College David Blustein, *The importance of work in an age of uncertainty*, descreve como mesmo o trabalho mais banal e repetitivo pode proporcionar às pessoas um sentimento de realização, que vem de dar uma contribuição social. Retirar a capacidade de trabalho das pessoas faz muito mais do que privá-las de obter renda. Também lhes retira o acesso às redes sociais de apoio, a capacidade de organizar suas vidas em torno de rotinas com propósito e "[...] a importância de uma orientação futura [...]" que promove "[...] a capacidade de planejar com antecedência [...]" para tempos melhores.[292] Para escritores como Reich e Blustein, o colapso da coesão social é principalmente causado não por indivíduos antiéticos, mas por políticas sociais e econômicas. Em última instância, eles defendem soluções políticas para criar sociedades mais justas e solidárias.

Outros colocam a culpa do colapso da coesão social não sobre as *estruturas da sociedade*, mas sobre as profundamente arraigadas *culturas de pobreza*. Considere as opiniões de Sir Keith Joseph, o porta-voz para assuntos internos da primeira-ministra do Reino Unido Margaret Thatcher. Defensor do livre mercado e do governo mínimo, Joseph também se preocupava com os efeitos da pobreza na sociedade. Ele argumentava que os pobres estavam presos em ciclos de privação que transmitiam disfunções e desorganização social de uma geração para a próxima. O problema, alegou ele, poderia ser atribuído às "mães menos preparadas para

Cinco caminhos para o engajamento **139**

trazer crianças ao mundo". Essas mães, argumentou Joseph, são "[...] de baixa inteligência, a maioria de baixo nível educacional". Ele concluiu: "É improvável que elas sejam capazes de dar às crianças uma base emocional estável, a combinação consistente de amor e firmeza [...]" de que elas precisam.[293]

Essa perspectiva deficitária sobre a pobreza, que defende a desorganização como resultante da ruptura cultural, experimentou um renascimento. Um de seus principais expoentes contemporâneos é Charles Murray, W. H. Brady Scholar do American Enterprise Institute, um centro de reflexão conservador. Murray foi também o coautor, nos anos 1990, de um livro controverso chamado *The bell curve*, sobre a natureza e o impacto da distribuição de inteligência na sociedade. No livro, ele e seu colega Richard Herrnstein afirmam que a política e os benefícios da assistência social dos Estados Unidos subsidiam, efetivamente, as mulheres pobres que estão "[...] no extremo inferior da distribuição de inteligência".[294]

Em seu livro de 2012, *Coming apart: the state of white America, 1960-2010*, Murray aborda problemas muito reais de pobreza da classe trabalhadora e rupturas sociais na sua cultura, incluindo uma epidemia de dependência em opioides.[295] No entanto, ele não atribui a causa dos problemas à desigualdade econômica e à redução do suporte da política social; ele atribui as adversidades às próprias pessoas pobres. Mais crianças em comunidades carentes – em uma "nova classe baixa" – nascem fora do casamento, afirma Murray. Os homens são menos propensos a manter seus empregos. As famílias não ficam juntas. A religião tradicional está em declínio. A dependência de drogas se espalhou como um incêndio. Consequentemente, as coisas estão "desmoronando", não por causa da economia ou da política governamental, mas por causa dos maus hábitos e da falta de iniciativa entre as pessoas pobres, que estão "mais desengajadas política e socialmente".[296]

J. D. Vance, em sua autobiografia *best-seller* do *New York Times* chamada *Era uma vez um sonho* – sobre sua infância em Appalachia e Middletown, no estado americano do Ohio –, não é menos severo em seu julgamento das comunidades pobres que deixou para trás.[297] Enquanto algumas pessoas da geração de sua avó ainda ofereciam algum tipo de dignidade e estabilidade, ele refletiu, isso já não existia na geração de seus pais. "Gastamos até não poder mais", escreveu Vance, esbanjando em "TVs e iPads gigantes", "roupas caras" e "[...] casas de que não precisamos [...]".[298] Sua amarga conclusão é que, na cultura apalachiana que o criou, "a parcimônia é inimiga de nosso ser".[298] Ele conclui que as políticas econômicas ajudam, mas, no final, pessoas assim precisam se reestruturar, como ele o fez.

Essa é a interpretação conservadora da ruptura da comunidade como explicação para o aumento da pobreza. Suas soluções são culturais, não estruturais. Trata-se de mudar os hábitos e as mentalidades dos desfavorecidos e de seus filhos, em vez de reestruturar a sociedade que os colocou e os mantêm na pobreza. De acordo com esse ponto de vista, a determinação não é apenas um traço de caráter pessoal – é algo que você pode colar em um boletim e avaliar, do mesmo modo como faz com a leitura, a matemática ou qualquer outra coisa. O engajamento se torna, assim, a resistência estoica de alguns indivíduos raros que superam e se elevam sobre suas famílias e amigos disfuncionais. As crianças são encorajadas e apoiadas a superarem as probabilidades, em vez de os adultos se esforçarem para mudar essas probabilidades, para que sejam mais justas para todos.

O engajamento, nesse caso, envolve resiliência, recuperação, resistência. As escolas são lugares de ordem e de desenvolvimento do caráter. É tarefa dos educadores inculcar virtudes morais nos jovens, para compensar a moralidade que se acredita que as comunidades de seus pais tenham abandonado.

A anomia (dissociação) e a alienação (desconexão) não são explicações necessariamente concorrentes para o desengajamento. Marx, o radical, e Durkheim, o conservador, ambos têm bons argumentos. Você pode ter – e muitas vezes se tem, de fato – deslocamentos sociais *e* desigualdade econômica. Da mesma forma, se puder reduzir a desigualdade, você também poderá reduzir o sentimento de dissociação das pessoas. Isso ajuda a explicar por que os países nórdicos, com fortes estados de bem-estar e compromisso com a equidade, se classificam tão bem em termos de medidas de bem-estar.[299]

No entanto, mesmo quando existe uma estratégia sólida para reduzir a desigualdade, a dissociação de uma comunidade e dos seus valores continua sendo um problema. Usar máscaras e manter o distanciamento físico uns dos outros durante uma pandemia para seguir as normas sociais e cumprir nossas obrigações para com os outros é proteger e construir uma comunidade ordenada e moral. O trabalho da escola é desenvolver sentidos de associação e pertencimento, que transformam comportamentos como o uso de máscaras de uma exigência que vem de cima para baixo, gerada por uma burocracia, em um compromisso compartilhado entre uma comunidade.

As sociedades nórdicas combatem a anomia não apenas minimizando a desigualdade econômica, mas também fazendo intervalos ao ar livre a cada hora ou mais para que adultos e crianças brinquem e conversem. Elas enfatizam a brincadeira livre – em vez de programas estruturados de alfabetização e matemática – na primeira infância. As crianças cantam canções que falam sobre paz e união, e o tempo dos professores é protegido para que eles possam participar de discussões informais durante uma pausa para o café, em vez de apenas em reuniões oficiais durante todo o dia escolar, e assim por diante.[300] Do ponto de vista da *alienação*, o currículo tem que ser inclusivo e responsivo. Contudo, se aprendemos as lições da *anomia*, também precisamos fazer de nossas escolas lugares a que todos os jovens sintam que pertencem, que também fazem parte de algo importante.

> *As sociedades nórdicas combatem a anomia não apenas minimizando a desigualdade econômica, mas também fazendo intervalos ao ar livre a cada hora ou mais para que adultos e crianças brinquem e conversem. Elas enfatizam a brincadeira livre – em vez de programas estruturados de alfabetização e matemática – na primeira infância.*

## DESEMPODERAMENTO

A falta de engajamento às vezes é uma questão política – não apenas comportamental, cognitiva ou emocional. O desengajamento pode, na verdade, significar desempoderamento. O sentimento de impotência e a ausência de voz dos alunos podem ser um resultado de culturas arraigadas de ensino, em que os professores sentem que têm que estar, individualmente, no comando e no controle de suas aulas o tempo todo.

Às vezes, quando as pessoas usam o termo *desengajamento*, trata-se de um eufemismo para desobediência ou para resistência aos professores. Esse tipo de desengajamento pode ser um sintoma de um ambiente com programas de comportamento que beiram à crueldade. Os alunos se rebelam quando estão em escolas que parecem não se preoccupar com seu cuidado. Eles se refugiam internamente quando se deparam com estruturas injustas.

No entanto, em seu clássico de 1932 *The sociology of teaching*, Willard Waller argumenta que as relações de autoridade são o estado natural das relações no ensino. Os escritos de Waller falam de verdades incômodas que persistem em muitas escolas hoje. Ele diz que a escola "[...] é um despotismo em um perigoso estado de equilíbrio",[301] e a relação professor-aluno é, inevitavelmente, "[...] uma forma de domínio e subordinação institucionalizada" na qual professores e alunos têm um "conflito de desejos".[302] Adultos e crianças são lançados uns contra os outros: "O professor representa o grupo dos adultos, sempre inimigo da vida espontânea das crianças [...] os alunos estão muito mais interessados na vida em seu próprio mundo do que nos pedaços desidratados de vida que os professores têm a lhes oferecer", observa ele.[302] Nesse estado de perigo, "A autoridade está do lado do professor; ele sempre vence. Na verdade, ele deve vencer ou não pode continuar sendo professor".[303]

Como os estudantes respondem a isso? "Quaisquer que sejam as regras que o professor estabeleça [...]", observa Waller, "[...] a tendência dos alunos é esvaziá-las de sentido". Eles fazem isso "pela mecanização da conformidade, 'rindo' do professor [...] refugiando-se em atividades autoiniciadas que estão sempre fora do alcance do professor [...]". Contudo, enquanto "o poder de transmitir as regras não lhe é limitado", "o poder do professor para fazer essas regras serem cumpridas o é [...]".[303]

Quando estávamos no ensino médio, éramos mestres nisso. Líamos quadrinhos de super-heróis debaixo da mesa, jogávamos cartas no fundo da sala de aula e fazíamos "pegadinhas" com os professores mais azarados. Em todos esses comportamentos que superficialmente parecem mero desengajamento, "[...] os alunos tentam neutralizar o controle dos professores".[303] Waller parecia resignado com essa situação. A gestão de conflitos era inerente à sala de aula, em sua opinião. Nenhuma escola poderia ficar livre dela. Em última análise, eram autocracias. A única escolha era, simplesmente, quão benévolos ou severos eram seus métodos para lidar com a disciplina em sala de aula.

Muito mais tarde, na década de 1960, John Holt, um futuro líder do movimento de escolarização em casa (*homeschooling*), foi menos pragmático. No livro de 1964, *How children fail*, e em sua sequência de 1967, *Como as crianças aprendem*, ele registra observações de práticas em sala de aula familiares a todos os professores, mas que lhe parecem estranhas e inaceitáveis.[304] Por que os professores continuavam fazendo perguntas para as quais já tinham uma resposta? Por que os alunos não conferiam seus trabalhos adequadamente? Por que eles levantavam parcialmente suas mãos para responder a perguntas que não entendiam completamente? Por que murmuravam suas respostas em vez de enunciá-las diretamente? Por que as crianças mais novas desenhavam suas letras confusamente, de modo que poderiam ser interpretadas de maneiras diferentes?

A razão, diz Holt, é simplesmente o *medo* – medo de errar a resposta, de descobrir o quão horrível estaria o seu trabalho se você o conferisse novamente, de ser chamado a responder caso levantasse a mão de forma muito óbvia ou mesmo caso a mantivesse baixa, ou de simplesmente estar errado. Assim, os estudantes desenvolviam subterfúgios que se pareciam com desengajamento, a fim de evitar que fossem descobertos e cometessem erros. Os estudantes de Holt se sentiam impotentes, e ele acreditava que deveríamos e poderíamos corrigir isso.

Os professores não são os culpados por isso, assinala Holt. A culpa é de um sistema que julga professores e escolas em relação ao trabalho que eles podem realizar para que seus alunos produzam sobre o que hoje chamaríamos de resultados, ou pontuação em testes. É um sistema que está profundamente inserido na gramática de escolarização tradicional de Tyack e Tobin, que as escolas e as lideranças escolares acham tão difícil de mudar.[255]

A questão de quanto poder os estudantes devem ter pode ser polarizadora. Por um lado, concentrar o poder nas mãos dos professores pode parecer opressivo e injusto – existindo, por isso, críticos que defendem que os jovens tenham mais voz e poder de escolha. Por outro lado, muitos professores e pais defendem firmemente a opinião de Waller, de que o poder dos adultos sobre os estudantes é necessário ou inevitável. Na realidade, o poder nas escolas é mais complicado do que isso. Teorias sociológicas clássicas sobre o poder nas organizações e na sociedade nos ajudam a entender o porquê.

Na década de 1950, Robert Dahl, professor de ciência política na Yale University, definiu o poder em termos da capacidade de participar em uma tomada de decisões. Ele estudou isso por meio do "[...] exame cuidadoso de uma série de decisões concretas" que as pessoas tomavam sobre onde comprar, como votar e onde trabalhar.[305] Quem acabou tomando as decisões foram aqueles que tinham poder, ele argumentou.

Dois cientistas políticos do Bryn Mawr College na Pensilvânia, Peter Bachrach e Morton Baratz, criticaram posteriormente o modelo de Dahl. Eles alegam que este "[…] não leva em conta o fato de que o poder pode ser, e muitas vezes é, exercido limitando o escopo da tomada de decisões a questões relativamente 'seguras'".[306] Bachrach e Baratz postulam que o poder não envolve apenas aqueles cuja vontade prevalece. Trata-se, também, de quem decide o que aparece (ou não aparece) em primeiro lugar na agenda da tomada de decisão.

Essas duas *faces do poder*, como Bachrach e Baratz as chamam, aparecem o tempo todo nas interações entre professores e alunos. A primeira face, por exemplo, é evidente quando os professores do ensino médio (junto a muitos pais) sentem que estão em constante batalha de vontades com os adolescentes. Pode parecer que o professor geralmente ganha em termos de cumprimento das tarefas, mas se, ao final da aula, um aluno escreve apenas algumas frases em vez dos vários parágrafos exigidos pelo professor, quem realmente exerceu mais poder? A primeira face do poder destaca se os alunos podem escolher o que querem aprender e como querem aprendê-lo.

A segunda face do poder – aquela que estabelece a ordem dos trabalhos – nos alerta para quais decisões os professores permitem que os alunos tomem. Essa perspectiva chama a atenção para como alguns dos aspectos mais rotineiros de uma escola estão carregados de implicações de poder. Por exemplo, os professores podem dizer aos alunos para levantarem as mãos ou desligarem os telefones, mas os alunos não têm permissão para dizer aos professores que levantem as *suas* mãos ou desliguem os *seus* telefones. Talvez os alunos possam escolher o formato de certas tarefas, mas o professor define os tópicos do currículo – potencialmente excluindo tópicos controversos que preocupam profundamente aos alunos, mas com os quais o professor se sente desconfortável. Isso não está na agenda. Evoluções como a autodefesa do aluno, ou o simples fato de o aluno poder dizer se não estiver confortável com algo que seu professor lhe pede para fazer, são maneiras de se engajar com essa segunda face do poder.

Em 1974, o teórico socialista britânico Steven Lukes publicou *O poder: uma visão radical*.[307] Seu livro revolucionou a pesquisa e o pensamento sobre o poder. O exercício do poder nem sempre é observável, diz Lukes, em competições de vontades ou mesmo em quem decide o que está na agenda ou não. Há uma terceira face do poder que é onipresente, mas invisível. Em consonância com uma série de escritores europeus dos anos 1970 e com as teorias feministas que se seguiram, Lukes aponta que aqueles com maior poder são capazes de moldar a maneira como as pessoas pensam sobre as coisas, determinando linguagem e discurso apropriados aos interesses dos poderosos e eliminando vocabulários de oposição entre os impotentes.[308] "[...] O viés do sistema não é sustentado simplesmente por uma série de atos escolhidos individualmente [...]", ele argumenta, "[...] mas, mais importante ainda, pelo comportamento socialmente estruturado e culturalmente padronizado de grupos e pelas práticas de instituições [...]".[309]

Essa terceira face do poder opera "[...] influenciando, moldando ou determinando [...]" os "próprios desejos" das pessoas, "[...] controlando seus pensamentos e vontades".[310] "[...] Não é este o exercício supremo e mais insidioso do poder [...]", pergunta Lukes, "[...] impedir que as pessoas [...] se queixem, moldando suas percepções, cognições e preferências de tal forma que aceitem seu papel na ordem existente das coisas [...]"?[311]

Quando a fome e a inanição são rebatizadas como *insegurança alimentar*, a terceira face do poder transforma um problema social de desigualdade em uma questão psicológica de vulnerabilidade pessoal. Quando chamamos as crianças em situação de pobreza de *vulneráveis* em vez de *marginalizadas* ou *oprimidas*; quando designamos o aprendizado como *personalizado*, mesmo que na verdade ele seja *customizado* digitalmente; e ainda quando convertemos o desafio de transformar para melhor a *cultura* de uma escola em uma simples tarefa de *gestão comportamental*, estamos sendo coniventes com a linguagem que mobiliza o preconceito em favor dos poderosos. Termos como esses mantêm a oposição fora da cabeça dos estudantes e de outros, de modo que eles não conseguem imaginar um futuro melhor. Estamos, nesses momentos, todos presos à terceira face do poder de Lukes.

Em 2005, em uma edição revisada e ampliada de seu livro, Lukes faz uma autocrítica de seus pontos de vista anteriores. Ele agora reconhece como "[...] o poder sobre os outros [...]", em alguns aspectos, "[...] pode ser produtivo, transformador, autorizado e compatível com a dignidade".[312] Às vezes, quando os adultos exercem poder sobre as crianças, não é porque sejam tiranos, mas porque, como seres humanos adultos, muitas vezes eles sabem o que é melhor. Qualquer pai que já teve que lidar com um mau comportamento sério, castigando seus filhos (sejam crianças ou adolescentes), impondo-lhes um certo tempo sem usar o computador ou retirando seu acesso por completo, sabe exatamente o que Lukes quer dizer. De fato, Lukes identifica pais, professores, regentes de orquestra e treinadores esportivos como pessoas que têm "[...] relações de ordem e obediência que são indispensáveis para atribuir valor às atividades cooperativas [...]".[313]

Essas diferentes perspectivas de poder podem enriquecer a nossa compreensão sobre uma abordagem cada vez mais popular do engajamento estudantil conhecida como *voz dos estudantes*. Em 2001, o professor Michael Fielding da University of Sussex – um dos primeiros acadêmicos a escrever sobre voz dos estudantes – argumentou que os estudantes deveriam ter o poder de atender às suas necessidades e defender os próprios interesses em suas escolas. A voz dos estudantes, diz ele, deveria ser "[...] emancipatória tanto no processo quanto no resultado". Ele exorta os professores a oferecerem oportunidades para que os estudantes abordem partes de suas identidades e aspirações que não se encaixam perfeitamente nas escolas comuns.[314]

Se esse chamado para empoderar os estudantes parece um tanto abstrato, nosso trabalho em Ontário revelou numerosos exemplos de vozes estudantis em ação. Por exemplo, a política provincial foi revisada anualmente por um grupo diversificado de estudantes de Ontário, que deram *feedback* sobre o impacto das novas metas do governo. Os comitês de saúde mental estudantil nas escolas abordaram questões próprias dos estudantes, como ansiedade ou depressão.[315] Foram também os estudantes de toda a província, e não os adultos, que tomaram a iniciativa de estabelecer alianças gay-hétero nas escolas para apoiar suas comunidades LGBTQ.

Enquanto isso, no Noroeste Pacífico dos Estados Unidos, depois que um grupo de professores de artes de língua inglesa colaborou com colegas muito distantes desenvolvendo novas unidades de escrita, eles capacitaram seus alunos para que compartilhassem seus trabalhos e dessem *feedback* a colegas de outras escolas da rede. Como descreveremos mais adiante no Capítulo 6 (página 183), esses estudantes também aprenderam a escrever artigos de opinião e cartas a ocupantes de cargos eletivos, para expressar as próprias preocupações sobre questões de suas comunidades.

De maneira impressionante, no mesmo dia em que escrevemos estes parágrafos, Andy testemunhou o poder da voz dos estudantes no trabalho com os próprios netos. Quando passamos de maio para junho e a novidade da aprendizagem em casa durante a pandemia do coronavírus estava se desgastando, a esposa de Andy – Pauline, uma ex-diretora escolar – sugeriu que seu neto de 7 anos preparasse uma lição para ensinar às irmãs gêmeas de 5 anos. O garoto, que já estava começando a se desinteressar, prontamente se animou. Com cuidadosa preparação, ele apresentou uma lição sobre o dinossauro *Spinosaurus* para suas irmãs, que ficaram encantadas. Sua apresentação veio completa, com fotos devidamente legendadas, um vídeo curto, um discurso oral simples e a leitura de dois parágrafos de um de seus livros. Enquanto as gêmeas desenhavam e escreviam sobre o que estavam aprendendo, ele também lhes dava *feedback* sobre como melhorar.

O empoderamento não deve ser apenas uma recompensa para estudantes mais velhos ou bem-comportados. É algo a ser experimentado e aprendido desde o primeiro momento em que uma criança começa a ir à escola. Podemos ajudar as crianças a vivenciarem uma sensação de empoderamento ao aprender a resolver conflitos, amigavelmente, em reuniões matinais abertas na sala de aula da educação infantil? Podemos oferecer oportunidades para alunos dos anos finais do ensino fundamental perseguirem seus próprios interesses na escola e para conectá-los a outras partes do currículo? Podemos trabalhar com nossos estudantes do ensino médio para elaborar avaliações formativas que os ajudarão a crescer em confiança e competência à medida que progridem, por meio de um currículo desafiador? Podemos permitir que os alunos com desafios de aprendizagem expressem sua autodefesa em prol das coisas que os ajudarão a aprender quando a necessidade surgir, e não apenas após a conclusão de um diagnóstico formal de sua necessidade? Podemos incluir alunos com problemas de saúde mental no comitê de saúde mental ou envolver alguns dos alunos com pior comportamento no comitê de comportamento? As vozes dos estudantes devem ser ouvidas em todos os lugares, e os educadores devem estar constantemente atentos às possibilidades e às necessidades de inclusão.

Ao mesmo tempo, quando os adultos precisam exercer poder sobre os estudantes em prol da comunidade e dos próprios estudantes – lidando com o *bullying*, por exemplo –, eles podem fornecer explicações precisas e tranquilas sobre as consequências que estão sendo impostas. O "porque eu mandei" desempodera os estudantes em vez de ajudá-los a entender e a agir melhor da próxima vez. Os alunos precisam saber que tipos de práticas restaurativas envolverão os que praticaram o *bullying* e as suas vítimas. Eles têm que reconhecer que tanto os agressores quanto os alvos do *bullying* devem ser plenamente ouvidos, em vez de serem sumariamente dispensados.

As escolas são bons lugares para os jovens aprenderem a assumir a responsabilidade por suas escolhas e a encontrar suas vozes. Como qualquer outro aspecto do desenvolvimento humano, o empoderamento não pode ser simplesmente dado aos estudantes. Ele tem que ser deliberadamente estruturado para que possa ser vivenciado e aprendido. É uma questão de confiança, dizem Pasi Sahlberg e Tim Walker em seu livro *In teachers we trust*. Eles citam as observações de um dos professores finlandeses com quem trabalharam sobre a razão "[...] de as crianças frequentemente brincarem".[316] É porque, muitas vezes, "[...] um excesso de responsabilidades é oferecido a um estudante que tem poucas habilidades de autocontrole".[316]

Entretanto, a resposta não é tirar a responsabilidade dessas crianças. Citando o trabalho de outra professora finlandesa de escola de ensino fundamental, Sahlberg e Walker apontam três níveis ascendentes de confiança e responsabilidade que ela proporciona aos alunos, quando estes trabalham em pares ou em grupos. Os alunos do primeiro nível trabalham dentro da sala de aula. No segundo nível, eles podem trabalhar no corredor, onde o professor ainda pode observá-los. No terceiro nível, eles recebem a confiança do professor para trabalhar em qualquer lugar do andar, mesmo fora de sua vista.[316] Sahlberg e Walker explicam que esse tipo de abordagem é típico das escolas finlandesas. Como a confiança, a responsabilidade ou a autoavaliação, o empoderamento não é uma coisa que os professores dão ou tiram em um instante; é algo que os próprios alunos são responsáveis por construir ao longo do tempo.

Se os estudantes vão crescer em confiança e maturidade, eles precisam ser capazes de participar da tomada de decisões, não tendo suas ideias e preocupações excluídas desde o início. É evidente que, às vezes, os esforços de empoderamento retrocedem; as crianças agirão de forma irresponsável, decepcionarão seus professores. Precisamos ampliar os modelos mentais em relação ao empoderamento. Ele tem que ser *aprendido*, não apenas *obtido*. As crianças nem sempre dominam um novo conceito matemático na primeira vez que se deparam com ele, assim como não honram a confiança que

> *O empoderamento tem que ser* **aprendido**, *não apenas* **obtido**.

lhes é dada todas as vezes. Não podemos desistir de nossos alunos sempre que eles nos desapontarem ou decepcionarem.

Esses são os tipos de questões sobre os quais professores e outros educadores precisam refletir e resolver quando se trata de empoderamento. Devemos evitar cair em duas armadilhas: a de defender o direito dos professores à tomada de decisões pelos alunos em qualquer circunstância ou a de assumir, romanticamente, que o empoderamento ilimitado transformará cada aluno em alguém como Greta Thunberg. Em vez disso, os professores devem se perguntar como podem desenvolver deliberadamente o empoderamento e a responsabilidade em seus alunos – mesmo em condições difíceis –, pois, sem um empoderamento genuíno, a verdadeira responsabilidade nunca será aprendida de forma alguma.

## DISTRAÇÃO

A distração ocorre quando a mente se propõe inicialmente a se concentrar em um objeto, mas é desviada dele por algo mais convincente. Distrações agradáveis redirecionam a mente para longe do que é entediante ou irrelevante. Já as distrações inúteis nos impedem de alcançar objetivos essenciais para nossa realização e nosso bem-estar.

Paul Atchley, um neurocientista e professor universitário, fez uma popular palestra TED chamada *Distraction is literally killing us*. Em sua fala, Atchley explica que quando a mente está presa a um estado de *contínua atenção parcial*, a sobrecarga cognitiva se torna grande demais para uma pessoa lidar.[317] No entanto, os atrativos das novas tecnologias são tão poderosos atualmente que, nos Estados Unidos, dois terços dos adultos verificam seus telefones mais de 160 vezes por dia – muitas vezes enquanto realizam outras atividades. Três quartos dos adultos "[...] se consideram viciados".[318] Definitivamente, o estímulo mais atraente é o que captura a nossa atenção e a direciona para ele.

Nenhum de nós está imune a distrações como espiar as mensagens no telefone durante longas reuniões ou rolar por contas no Twitter quando deveríamos estar planejando aulas ou escrevendo trabalhos. Em um mundo recluso pela pandemia de covid-19, agora repleto de infinitas reuniões no Zoom, quantos de nós já trabalharam furtivamente em duas telas e em duas tarefas ao mesmo tempo? Ações como essas apenas ajudam a dividir o dia; talvez não seja muito diferente das pessoas que divagavam nos próprios pensamentos ou que escreviam listas de compras quando as reuniões presenciais se tornavam enfadonhas no passado. Se houver muita distração, porém, as pessoas perdem conhecimentos e informações importantes – e isso é exatamente o que está acontecendo com os estudantes.

Em seus estudos sobre como as lideranças educacionais lidam com a distração digital, nosso colega do Boston College Vincent Cho descreveu como os professores de uma escola reclamavam que seus alunos estavam "jogando videogames constantemente" e achavam impossível "tirar os alunos" de tais distrações, já que eles tinham sido "sugados por elas".[319] Mesmo quando os alunos estudavam a noite toda, se preparando para um "enorme teste de química", sua incapacidade de desligar o "[…] zumbido do telefone" os "afastava de sua capacidade de se concentrar no exame […]".[319] Cho descobriu que embora "[…] a distração digital não destruísse toda a instrução […]" nessa escola, "[…] parecia corroer sua eficácia".[320]

As questões de atração e distração digital surgiram em um dos 10 distritos escolares de Ontário que faziam parte da rede NPDL. Mais de 1.300 escolas em oito países participam dessa rede.[321] Os professores são encorajados, nela, a assumir novos papéis como ativadores do aprendizado dos alunos. Eles se veem como colaboradores que são "[…] intencionais em fomentar […] novos relacionamentos" e parcerias com "[…] estudantes, professores, famílias e comunidades […]".[322] Esse parece ser o ápice do engajamento.

Muitos dos educadores do distrito de Ontário elogiaram a NPDL. Um professor da sexta série a descreveu como "emocionante", não apenas porque "se adequava à minha personalidade", mas, mais profundamente, porque "pude me tornar um guia turístico educacional, facilitando as experiências dos alunos em vez de tentar compartilhar as minhas experiências com eles".[323] Um professor do jardim de infância declarou que "Ela é perfeita para o aprendizado baseado em brincadeiras e em investigação, para que as crianças descubram seu interesse em aprender". Uma professora do quinto ano disse que "Realmente engajou meus alunos" e "também me fez olhar para o currículo de uma maneira totalmente diferente, abordando as habilidades que queremos que os alunos adquiram como aprendizes ao longo da vida". Um professor da educação infantil gostou de como ela "se combina tão bem com o currículo".[323]

Os professores seguiram as exortações de seus diretores para que aproveitassem ao máximo as novas pedagogias, e ensinaram seus alunos a criar *websites*, a publicar *blogs* e a fazer vídeos. Dois professores de níveis superiores do ensino primário criaram:

> [...] um "simpósio virtual" porque estávamos tentando "impulsionar o digital" para os estudantes (sobre) como eles poderiam usá-lo para se comunicar. Os projetos finais tinham que ser em formato digital. Nós tínhamos *websites*; tínhamos salas no Google Classroom; tínhamos *blogs*; tínhamos apresentações de *slides*; tínhamos vídeos. Depois, criamos uma sala no Google Classroom e convidamos todas as outras turmas da escola para participar e lhes dar *feedback*.[323]

Para esses professores, o acesso à internet proporcionou uma oportunidade de aprendizado a todos. As habilidades digitais, eles sentiam, ajudariam os estudantes a representar o que haviam aprendido de forma lúdica e criativa. Eles poderiam, então, "[...] ensinar a seus pais e aos outros alunos da escola as coisas que aprenderam no processo e que outras pessoas não sabiam".[323]

Os gestores escolares também expressaram entusiasmo pelas novas pedagogias. Quando perguntados se tinham algum problema com o entusiasmo pelo uso onipresente de ferramentas digitais, a resposta de um diretor foi esta:

> O modo como estávamos usando a tecnologia não era tão aprofundado quanto poderia ter sido. Olhamos para nossas lousas digitais e percebemos que estávamos usando-as para o propósito pretendido apenas durante 30% do tempo. Quase sempre estávamos usando-as como projetores. Ao descobrirmos isso, e dizendo a nós mesmos que a tecnologia é importante, percebemos que os tipos de ferramentas tecnológicas que escolhemos usar eram tão importantes quanto o modo como nós usávamos essa tecnologia. Com essa definição houve um crescimento no aprendizado mais profundo, porque os professores estão aprendendo a utilizar as tecnologias de forma integrada para aprofundar o aprendizado das crianças.[323]

Para esse diretor, o desenvolvimento profissional dos funcionários na utilização das novas tecnologias foi equiparado a um *aprendizado mais profundo*, em vez de uma aprendizagem voltada a resolver problemas complexos ou dilemas morais, por exemplo. O aprendizado mais profundo, nesse contexto, significou a habilidade no uso de novas tecnologias.

Ironicamente, ao mesmo tempo em que distritos como este e redes como a NPDL estão pressionando pelo uso digital *de forma onipresente*, as principais empresas de tecnologia se moveram na direção oposta. Sherry Turkle é professora Abby Rockefeller Mauzé de Estudos Sociais de Ciência e Tecnologia do Massachusetts Institute of Technology. Em seu livro *Reclaiming conversation*, ela relata que um número crescente de corporações "[...] elaboram estratégias para equipes de trabalho construídas em reuniões presenciais" nas quais "[...] não há telefones [...]" ou outras distrações.[324] "Outras começam o dia com 'reuniões em pé' sem tecnologia", ela diz.[324] Outras, ainda, "[...] pedem aos funcionários que façam uma pausa [...]" no uso da tecnologia e os encorajam "[...] a não verificar seus e-mails após o horário de trabalho".[324]

O que está acontecendo quando as grandes empresas de tecnologia estão atentas aos perigos da distração digital enquanto as redes de inovação escolar não estão? Foi em um grupo focal de consultores de saúde mental do distrito (normalmente chamados de conselheiros escolares nos Estados Unidos) que tivemos uma percepção alarmante em relação aos impactos negativos da tecnologia sobre os estudantes. Uma consultora afirmou ter observado "aumentos astronômicos de comportamentos explosivos em sala de aula, as crianças simplesmente não se sentam e não conseguem lidar bem com a situação. Estamos vivendo um período de muita transformação como resultado da tecnologia". Outra consultora disse que as novas tecnologias estavam tendo "enormes impactos que percebemos na saúde mental e no bem-estar". Um terceiro observou que "esse é um daqueles estressores ocultos de que falamos, em um nível muito fisiológico, que por estarmos olhando demais para as telas e em certos momentos, isso está mudando a forma como a nossa biologia funciona". Por essa razão, um quarto consultor argumentou que precisavam existir "parâmetros [mais rígidos] em torno desse uso".

Para os consultores de saúde mental desse distrito, as desvantagens da distração causada pelo uso excessivo de novas tecnologias eram óbvias. Porém "nós nos deparamos, então, com o endosso da nova pedagogia às novas tecnologias", reclamou um deles. Os consultores lamentaram que muitos educadores em seu sistema estivessem tão apaixonados pela tecnologia, a ponto de não conseguirem ver como ela também pode estar criando uma geração inteira com dificuldade de se concentrar em apenas uma coisa por qualquer período de tempo. Os consultores ficaram profundamente irritados quando a liderança do distrito escolar comunicou seguidamente que "Precisamos de mais! As crianças adoraram".

Os consultores de saúde mental foram, então, estimulados a abordar os sintomas com os estudantes que sofriam de privação de sono, *cyberbullying* e verificação compulsiva de seus telefones (para checar possíveis novas mensagens) mais de 80 vezes ao dia, segundo alguns relatos. O enorme volume de distrações digitais levou um consultor a comentar: "Eu não sou antitecnologia, mas também reconheço os enormes impactos que estamos vendo na saúde mental e no bem-estar". Como vimos no Capítulo 1 (página 13), apesar dos esforços coletivos para tirar o melhor proveito de uma situação quase impossível, a pandemia de covid-19 só exacerbou, de muitas maneiras, os problemas de distração em relação a um engajamento mais profundo, que a tecnologia digital coloca em ambientes domésticos de aprendizado.

Existe alguma maneira de conciliar o impulso que é conduzido por movimentos como a NPDL para o uso das novas ferramentas digitais de forma ubíqua com a garantia de que os estudantes não sejam vítimas de distúrbios digitais endêmicos? Para sermos honestos, crianças e adolescentes já são um pacote de distrações biológicas! Distrações adicionais e desnecessárias podem, portanto, representar sérios problemas para o aprendizado aprofundado, que deveria estar na essência das escolas. Elas podem prejudicar a capacidade dos alunos na leitura de textos longos, e não apenas de textos curtos. É preciso mais tempo para se dedicar a trabalhos extensos de ficção imaginativa do que para fazer um rápido "copiar e colar" de informações *on-line*. Os estudantes devem ser capazes de exercer um bom julgamento para saber quando fazer um ou outro, sob as circunstâncias adequadas. Da mesma forma, devemos buscar que nossos alunos pratiquem esportes de contato, tanto presencialmente para que desenvolvam força e agilidade, como virtualmente, em ambientes de jogos sofisticados – que muitos locais de trabalho também usam para simular desafios da vida real, no combate a incêndios ou em salas de cirurgia hospitalares, por exemplo.

Há maneiras práticas de abordar esses assuntos. Na Carta CHENINE, que apresentamos no Capítulo 3 (página 102), elas começam com o reconhecimento sincero dos riscos que acompanham a introdução de novas tecnologias nas escolas, bem como uma apreciação de seus benefícios.

Na França, que, segundo dados da OCDE de 50 países, já possui uma das duas menores taxas de uso de tecnologia nas escolas,[325] os *smartphones* foram proibidos no ambiente escolar.[326] Contudo, tais regimes draconianos que equivalem à proibição digital ou à abstinência total podem ser contraproducentes. Não faz sentido remover as distrações digitais se as aulas regulares continuarem a ser preenchidas com trabalhos que não geram engajamento ou com apresentações didáticas feitas por professores. As crianças apenas voltarão às outras distrações antiquadas, como fazer aviões de papel, rabiscar ou entrar em devaneios.

Em vez disso, a distração digital pode ser tomada como uma oportunidade privilegiada para entender por que estudantes facilmente distraídos se tornaram desengajados em um primeiro momento. Será que eles acham o currículo alienante? Ou o currículo é desprovido de qualquer mistério ou magia? Eles compreendem o que lhes é pedido para aprender e por quê? O que poderia motivá-los a tal ponto que até se esquecessem de olhar para seus telefones? Se conseguirmos engajar tanto os alunos quanto os professores com conteúdos e práticas motivadoras em sala de aula, poderemos reconquistar sua atenção. Juntos, podemos aprender a ficar longe dos terrenos perigosos da distração digital em favor dos caminhos mais paradisíacos do engajamento pleno.

## DERROTANDO A FALTA DE ENGAJAMENTO

Os inimigos do engajamento que temos discutido estão fora e dentro de nós – de *todos* nós. Eles estão fora de nós na forma da pressão dos exames ultrapassados, que sacrificam o engajamento intrínseco em nome da memorização ansiosa. Eles estão em currículos desordenados, com conteúdo desinteressante e desprovido de controvérsias. Eles estão em culturas de competição de mercado que colocam estudantes e escolas uns contra os outros, em vez de construir um senso de comunidade e pertencimento entre eles. Eles estão em sistemas de gerenciamento comportamental excessivamente rigorosos, que garantem a colaboração a curto prazo à custa de capacitar os estudantes a desenvolverem sua competência de autodeterminação. Além disso, eles também estão na adoção de tecnologias digitais exuberantes, em vez de tecnologias baseadas em evidências.

Os sistemas de política e liderança têm muitas razões para serem responsabilizados como inimigos do engajamento estudantil. Entretanto, professores e outros educadores não podem simplesmente acomodar-se e culpar "o sistema" por tudo, por mais tentador que isso seja. Como dissemos anteriormente, os professores são parte do grande quadro de engajamento e desengajamento. Quando procuramos o inimigo, a constatação mais importante é a de que, em aspectos importantes, o inimigo não está apenas lá fora – ele também está dentro de nós.

O que queremos dizer com isso? Bem, nossas escolas e universidades não apenas deixam de engajar os estudantes. Muitas vezes elas também desengajam ativamente esses alunos. A não ser que nós mesmos lutemos contra esses inimigos, todos nós, de certa forma, nos tornaremos responsáveis. A boa notícia, no entanto, é que, se *somos* o inimigo – no ensino, na liderança, na política educacional ou nas universidades – e gastamos tempo demais vagueando pelo currículo, ensinando para os testes ou impondo políticas de comportamento despropositadas, também podemos mudar de lado. Podemos nos juntar a nossos alunos para criarmos, juntos, uma experiência mais engajadora de educação.

Então, que pistas este capítulo sociologicamente embasado nos deu sobre como podemos transformar as escolas de produtoras de desengajamento para estimuladoras de engajamento?

Se o desengajamento resulta do *desencantamento* com um sistema que se tornou obcecado por exames de conteúdos rapidamente esquecíveis, a solução exigirá nada menos do que uma reforma total das avaliações. Usando o melhor da tecnologia moderna, essa reforma pode combinar *feedback* digital compartilhado e sistemas mais flexíveis de certificação, com julgamento profissional e coletivo sobre o aprendizado e o desempenho dos estudantes. Essa aliança transformadora entre sofisticação digital e profissionalismo colaborativo protegerá a certificação de padrões enquanto sustenta a alegria de aprender. Tais mudanças permitirão que a *criatividade* e a *magia* retornem às escolas para despertar a motivação intrínseca do aprendizado em todos os estudantes.

Se o desengajamento é consequência de um ensino alienado e *desconectado* que faz com que os alunos se sintam afastados de seus trabalhos escolares e de sua relação com as próprias vidas, esforços sistêmicos e contínuos devem ser empregados para conectar o currículo e as tarefas dos alunos – de modo mais estreito – aos seus interesses, identidades e culturas. Acima de tudo, os alunos precisam encontrar um profundo senso pessoal de *significado* e *propósito* no que estão aprendendo e no porquê desse aprendizado.

Se o desengajamento é uma consequência da *dissociação* de comunidades que se enfraqueceram por causa do individualismo narcisista ou da desorganização social, as escolas e os sistemas escolares devem recriar os sensos de *conexão* e *pertencimento* entre todos os alunos – sejam quais forem suas circunstâncias –, em seu aprendizado, em suas salas de aula, suas escolas e suas comunidades.

Se o desengajamento é, na verdade, o desempoderamento dos alunos como resultado do apego dos professores a um controle autônomo sobre as próprias classes, ou mesmo a sistemas de gerenciamento comportamental que impõem o cumprimento hierárquico, então devemos expandir os direitos dos alunos e, ao mesmo tempo, desenvolver sua capacidade e responsabilidade para expressar sua *voz* e seu *envolvimento* na sala de aula, na escola e nos processos de elaboração de políticas do sistema.

Finalmente, se a *distração* digital destrutiva se torna endêmica pela combinação dos interesses comerciais nos lucros da tecnologia com os interesses políticos nas reparações rápidas, tudo em prol de impulsionar a reforma educacional, então precisamos desenvolver estratégias para usos educacionais mais éticos e direcionados das tecnologias digitais. Estas fortalecerão a *concentração* dos estudantes e o *foco* em seu aprendizado; com paciência e persistência implacável, também construirão a capacidade dos estudantes para uma *maestria* verdadeira do conhecimento, das experiências e de si mesmos.

> *O desengajamento é frequentemente tratado como um **muro** que os estudantes erguem para se proteger de seus professores e do aprendizado. Em vez disso, devemos pensar no desengajamento como uma **janela** para o que os jovens estão realmente sentindo sobre seu aprendizado e suas vidas.*

O desengajamento apresenta muitas formas e ocorre por uma série de razões. Neste capítulo, analisamos cinco fortes inimigos do engajamento que, geralmente, se mascaram como manifestações menos controversas do desengajamento. Uma vez tendo reconhecido esses inimigos pelo que eles são, podemos derrotá-los com estratégias que revertam seus efeitos, como mostra a Tabela 4.1.

O desengajamento é frequentemente tratado como um *muro* que os estudantes erguem para se proteger de seus professores e do aprendizado. Em vez disso, devemos pensar no desengajamento como

| TABELA 4.1 | Tipos de desengajamento e seus antídotos | |
|---|---|---|
| Desencantamento | Criatividade e mágica | |
| Desconexão | Significado e propósito | |
| Dissociação | Conexão e pertencimento | |
| Desempoderamento | Voz e envolvimento | |
| Distração | Foco e maestria | |

uma *janela* para o que os jovens estão realmente sentindo sobre seu aprendizado e suas vidas.

Pense em quando você começou a ler este capítulo e foi solicitado a refletir sobre um estudante que era desengajado e sobre as suas próprias experiências de desengajamento. Agora que você considerou os cinco inimigos do engajamento, será que a sua visão mudou a respeito do que tem causado desengajamento em você e em seus alunos? Você tem ideias novas que indiquem abordagens diferentes e melhores do que as já praticadas até agora?

Se confrontarmos os cinco inimigos do engajamento e tomarmos a iniciativa de compreender as forças mais profundas que estão em ação por trás da falta de engajamento estudantil, respondendo de acordo logo em seguida, faremos progressos consideráveis. Imagine o quanto nossas aulas e escolas poderiam ser mais envolventes se agregássemos mais criatividade, magia, sentido e propósito ao processo de aprendizagem. Imagine o quanto as crianças e os adolescentes poderiam ser mais engajados se tivessem voz em relação ao aprendizado e às escolas, se todos realmente sentissem que pertencem a elas. Imagine se utilizássemos a tecnologia digital de forma mais ponderada e crítica, para que ela *melhorasse* o processo de ensino e aprendizagem, em vez de ser adotada com excesso de zelo e distrair a todos da qualidade de sua experiência educacional. O quão mais atraentes as nossas escolas se tornariam, então, para todos os nossos alunos! Como Freddie Mercury costumava cantar, seria, de fato, "uma espécie de magia".[327]

# 5

# Testes padronizados: os arqui-inimigos do engajamento

Não há quase nada que gere menos engajamento nos estudantes do que os testes padronizados de alto desempenho. É evidente que, como qualquer evento estressante, um teste ou exame pode realmente provocar um engajamento intenso – por algum tempo. Preparação, revisão, exames simulados, exemplos de questões, pedir aos amigos para lhe fazer perguntas – tudo isso pode atrair a atenção dos jovens a curto prazo, com certeza. O medo é engajador. A preocupação intensa também o é. Saber que todo o seu futuro pode depender do resultado de um único teste ou que a reputação de uma escola pode depender de quantos alunos alcancem e ultrapassem a proficiência – essa mentalidade de "sucesso ou fracasso", "vida e morte" é certamente envolvente, de alguma forma. Assim, também, é o fervor nacional que se instala entre os estudantes de muitas nações do leste e do sudeste asiático quando eles fazem os testes internacionais PISA, dos quais dependerá a classificação e a reputação de seus países. No entanto, em qualquer sentido profundo e duradouro, os testes de alto desempenho para fins de prestação de contas (*accountability*) ou comparação sistêmica são a antítese do aprendizado engajado. Assim que os testes terminam, a maioria das pessoas nunca mais terá que se lembrar ou usar a maior parte dos conhecimentos sobre os quais foram testadas.

> *Os testes padronizados de alto desempenho constituem-se em um arqui-inimigo do engajamento – uma espécie de Darth Vader ou Lord Voldemort da educação, que deve ser enfrentado e derrotado.*

Os testes padronizados de alto desempenho – especialmente quando não envolvem o tipo de certificação que pode beneficiar o estudante – são desengajadores para quase todos os envolvidos no processo. Constituem-se em um arqui-inimigo do engajamento que incorpora todas as cinco formas de desengajamento em um único fenômeno – uma espécie de Darth Vader ou Lord Voldemort da educação, que deve ser enfrentado e derrotado.

- Com sua ênfase em habilidades básicas, respostas baseadas em fórmulas e rememoração de fatos, os exames de alto desempenho retiram a criatividade e a magia do aprendizado, *desencantando* os alunos com sua educação.

- Os exames de alto desempenho *desconectam* ou alienam os estudantes de qualquer sentido ou propósito, uma vez que seu único valor é o de trocar o que é aprendido pela conquista de uma meta, a obtenção de uma nota ou a aprovação em um curso – e frequentemente os testes não fornecem nem isso.

- Os exames de alto desempenho lançam os alunos – e as escolas – uns contra os outros, em um processo de tudo ou nada em que o desempenho competitivo acaba por gerar *dissociação* e falta de pertencimento entre os diferentes estudantes, assim como entre escolas e sistemas educacionais. Isso compromete a colaboração, o trabalho em equipe e o bem comum.

- Os testes de alto desempenho *desempoderam* quase todo mundo. Eles destroem a dignidade de muitos estudantes com necessidades especiais ou que têm o inglês como sua segunda língua. Esses alunos não conseguem expressar o que sabem nem têm qualquer voz sobre o próprio aprendizado e as formas de sua avaliação.

- Exames demorados e de alto nível de estresse *distraem* os estudantes de outros tipos de engajamento no aprendizado e produzem resultados sem valor real para alunos e professores, que normalmente só recebem seus resultados meses depois da realização dos testes.

Não é de se admirar que em meio à covid-19, embora professores, alunos e famílias desejassem voltar a ensinar, aprender e cuidar dos alunos nas escolas físicas, os defensores da política e das burocracias governamentais tenham pressionado pela reintrodução dos testes padronizados, que haviam sido suspensos por causa da pandemia. Estão sendo traçadas linhas de batalha entre os defensores insistentes dos testes padronizados e uma onda de opinião pública e oposição profissional, que está pressionando para a abolição permanente dos testes e pela promoção de alternativas mais construtivas no seu lugar.

## O IMPACTO DOS TESTES

Daniel Koretz é professor de educação na cátedra Henry Lee Shattuck da Harvard Graduate School of Education, e também é amigo e vizinho de Dennis. Ao longo dos anos, os dois se encontraram na mercearia local e trocaram histórias sobre suas últimas experiências com mudanças educacionais. Embora as trocas tenham sido sempre amigáveis, elas nem sempre são otimistas. Isso porque a pesquisa de Koretz, como resumida em seu livro *The testing charade: pretending to make schools better*, fornece uma descrição convincente das reformas educacionais que têm apresentado resultados ruins há décadas.[328]

Koretz tem estudado o impacto dos testes de alto desempenho nos resultados dos estudantes em leitura e matemática desde 1990. Ele diz que, "no caso da leitura", os "[...] dados de tendências mostram que o aprendizado dos estudantes não melhorou muito, apesar das décadas de pressão incessante para elevar as notas nos testes de leitura".[329] Já no caso da matemática, enquanto as notas dos alunos do quarto ano melhoraram, há um forte "apagão" nos resultados quando os alunos chegam ao ensino médio, a tal ponto que "[...] desde sua primeira implementação, em 2003, o PISA não mostrou nenhuma melhoria consistente de nossos alunos em matemática".[330] Koretz conclui que, "Desse modo, no geral, as reformas foram um fracasso".[331]

Os testes de alto desempenho têm sido a encarnação, a síntese e o apogeu da Era do Desempenho e do Esforço. Eles foram denunciados pelas sociedades estatísticas dos Estados Unidos e do Reino Unido, desacreditados por acadêmicos respeitados de ambos os lados do Atlântico, abandonados pelo País de Gales e pela Escócia e alvo de crescente oposição durante a pandemia. Os testes de alto desempenho podem finalmente estar em extinção; seus resultados pouco convincentes e seus – amplamente reconhecidos – efeitos colaterais negativos sobre o engajamento de estudantes e professores os deixaram mal das pernas.[332] No entanto, os defensores desses testes não estão sendo derrotados sem lutar. Os argumentos a favor da manutenção da aplicação de testes para fins de prestação de contas, equidade e intervenção após a covid-19 continuam a se fazer presentes.[333]

No entanto, nem todas as avaliações em grande escala precisam ser de alto desempenho. Entre as tentativas de abordar interesses como a prestação de contas e a melhoria mensurável e abrangente do sistema evitando efeitos colaterais negativos, uma resposta tem sido manter os testes em larga escala, baixando um pouco o seu nível de exigência, a fim de reduzir o incentivo para que se aposte nesse sistema. Nesse espírito, Ontário tentou aprender com os erros cometidos pelos sistemas de alto desempenho nos Estados Unidos, no Reino Unido e em outros lugares. Esses erros incluem a imposição de medidas punitivas às escolas que não atingirem metas de pontuação nos testes, tais como fechamento, controle ou demissão de lideranças e de outros funcionários.

O governo de Ontário utilizou testes de coorte completo para avaliar todos os alunos do 3º, 6º, 9º e 10º anos, a fim de cumprir as metas de prestação de contas e de orientar as intervenções. No entanto, também procurou evitar os "incentivos perversos" do que ficou conhecido como a *Lei Campbell*, de 1976. Nomeada em homenagem ao professor Donald T. Campbell, do Dartmouth College, essa lei afirma que "quanto mais se utilizar qualquer indicador social quantitativo para a tomada de decisões sociais, mais sujeito [esse indicador] estará às pressões de corrupção e mais apto [ele] será a distorcer e corromper os processos sociais que pretende monitorar".[334] Em outras palavras, as pessoas farão praticamente qualquer coisa, em um ambiente que demande alto desempenho, para atingir as metas e evitar um mau desempenho no teste.

A partir do início da década de 2000, portanto, Ontário reestruturou seu teste – conhecido como EQAO (do inglês Education Quality and Accountability Office) – para fins de monitoramento e intervenção, bem como para os tradicionais objetivos de prestação de contas, tendo reduzido também os níveis de desempenho. As escolas não eram classificadas publicamente, os diretores não eram demitidos e as instituições não eram fechadas se apresentassem dificuldades. Entretanto, os resultados ainda eram informados ao governo, e as metas provinciais de 75% de proficiência (que os professores chamaram de *drive to 75*) até as próximas eleições foram baseadas neles. As escolas ainda tinham que realizar revisões de desempenho orientadas por dados, com ciclos repetidos de seis semanas de ensino-aprendizado.[58]

Tudo isso coloca muita pressão sobre os distritos escolares, as escolas e muitos de seus professores, particularmente no nível dos primeiros anos do ensino fundamental. Os testes não eram de alto desempenho, mas também não eram de baixo desempenho ou desprovidos de quaisquer exigências. Nesse sentido, eles são mais bem definidos como o que Jaekyung Lee e Chungseo Kang chamam de *médio desempenho* por natureza.[335]

Como explicamos nos capítulos anteriores, lideramos uma equipe de pesquisa do Boston College, em 2014, para estudar e trabalhar com dez distritos escolares que se juntaram a um inovador consórcio patrocinado pelo Council of Ontario Directors of Education (CODE). Nosso objetivo era investigar como os distritos estavam respondendo à nova agenda de reformas do programa de governo *Achieving excellence*, com seu foco em ampla excelência, equidade entendida como inclusão, bem-estar e manutenção da confiança pública.[59] Ao entrevistar 222 professores, lideranças escolares, líderes distritais e legisladores, também aprendemos muitos aspectos positivos de como a nova política estava sendo implantada – o que descrevemos mais tarde. No decorrer do nosso trabalho, também aprendemos sobre o impacto dos testes EQAO de médio desempenho, inclusive se eles conseguiam superar ou compensar as "pressões de corrupção" que a Lei Campbell descreve.[1]

Alguns administradores sêniores ainda pensavam que o EQAO "ajudava na prestação de contas" e "ajudava a conduzir padrões", conforme as palavras de um diretor. Um superintendente acrescentou que o teste tinha "[...] uma importância em termos de prestação de contas". Alguns diretores ficaram orgulhosos quando estudantes com dificuldades de aprendizado apresentaram ganhos nos resultados de alfabetização do EQAO e disseram que o teste os ajudou a conhecer seus alunos.[1] O EQAO "orienta as conversas", observou um diretor; outro comentou: "Você consegue mesmo ver esses estudantes e em que pontos eles estão enfrentando dificuldades. Às vezes você nem sabia que eles estavam tendo dificuldades até ter esses dados".[1]

Mais uma vez, porém, ninguém justificou os testes de médio desempenho com o argumento de que estes tornavam o aprendizado cativante para os estudantes. O silêncio era ensurdecedor. Entretanto, agora que os objetivos de aprendizado de Ontário haviam se ampliado para além da leitura e da matemática, outros administradores estavam se tornando mais ambivalentes sobre os testes. Um administrador de sistema educacional se manifestou em voz alta sobre os prós e os contras do teste:

> Essa é a maneira ideal de mensurá-lo [o aprendizado]? Não. Mas será que uma padronização como essa pode melhorar o modo como eu ensino e ajudar as crianças a serem francas ao expressar seus pensamentos? Eu não sei. Eu não acho que seja uma coisa ruim. O fato de nossas crianças com dificuldades de aprendizagem serem desafiadas por isso me incomoda imensamente. Mas eu não conheço um caminho melhor.[1]

Nesse momento, os exames de médio desempenho não mais pareciam ser uma estratégia desejável como na primeira década do século XXI. Tendo assegurado algumas melhoras de desempenho e reduzido algumas lacunas de anos anteriores, a lei dos rendimentos decrescentes parecia estar se revelando. O teste era, agora, apenas a opção menos ruim, que tinha que ser empregada na ausência de algo melhor. Como resultado do fato de estarem em contato diário e direto com estudantes na emergente Era do Engajamento, do Bem-Estar e da Identidade, os professores foram ainda mais críticos do que antes em relação aos testes de médio desempenho realizados em Ontário. Eles apontaram cinco efeitos colaterais negativos que estes exerceram sobre o aprendizado e o engajamento dos estudantes.

1. preconceito cultural;
2. exclusão dos mais vulneráveis;
3. eclipse do aprendizado;
4. inibição da inovação;
5. ciclos rotativos de melhoria.

## Preconceito cultural

Os professores forneceram exemplos de perguntas do teste que tinham um preconceito cultural. Questões sobre a famosa estrela do hóquei no gelo do Canadá, Wayne Gretzky, seriam desconhecidas pela maioria dos recém-chegados do Hemisfério Sul. Outras questões que se referiam às férias de inverno em lugares quentes faziam, provavelmente, pouco sentido para crianças de famílias de baixa renda. Uma pergunta sobre a escolha de aperitivos em um cardápio era simplesmente insultuosa para crianças em situação de pobreza, para as quais os restaurantes chiques eram desconhecidos. Mesmo os esforços para representar uma maior diversidade cultural, como a inclusão de uma questão sobre tae kwon do, tinham pouco significado para os estudantes indígenas que vimos respondendo a elas. É difícil se sentir engajado se o currículo ou o sistema de avaliação apresenta um preconceito em relação a sua cultura.[58]

## Exclusão dos mais vulneráveis

Também é difícil sentir-se engajado se os procedimentos de teste e de avaliação não forem inclusivos. Os educadores ficavam preocupados com os alunos que não tinham nenhuma chance de sucesso no teste, mas cujas notas seriam contadas no perfil final da escola. Um coordenador explicou:

Eles não informam os resultados dos alunos participantes. Eles informam os resultados de *todos* os alunos. As crianças com deficiência de desenvolvimento que não escrevem ainda são contabilizadas. Os alunos que não realizam o teste e que estão dispensados recebem, então, um zero.[58]

Um professor resumiu o que o teste significava para esses estudantes mais vulneráveis:

Tenho alunos [...] não verbais e autistas e não há possibilidade alguma de eles realizarem esse teste. É ridículo até mesmo que eles constem na lista. [O teste] não leva em consideração a pobreza em minha escola; não leva em consideração o envolvimento da assistência social ou as famílias que estão vivendo de aluguel. Todas aquelas coisas que atrasam as famílias não são sequer consideradas. É extremamente prejudicial para meus alunos quando entramos nesses cenários. É muito estressante para eles. É muito estressante para os professores. E, muito francamente, parece injusto.[58]

Os testes de médio desempenho não eram inclusivos, mas excludentes. Eram incapazes de engajar muitos tipos de estudantes na própria aprendizagem ou na demonstração e expressão do que sabiam e podiam fazer

## Eclipse do aprendizado

Os testes padronizados levaram os professores a dedicar tempo excessivo de instrução à preparação para as provas, em detrimento de novos tipos de aprendizado.[58] Já no jardim de infância e no primeiro ano, os professores introduziam vocabulário incluído no teste e pediam às crianças que marcassem as opções de resposta preenchendo o interior dos círculos, como nas respostas do exame. Embora um diretor distrital tenha declarado publicamente que não "dava a mínima para o teste", porque o mais importante era aprender e não os resultados dos testes, suas escolas ainda posicionaram as carteiras em filas para que os alunos pudessem se acostumar com o ambiente do exame. Em uma escola onde a prática do teste fazia parte da rotina semanal desde o início do ano letivo, observamos alunos refazerem, relutantes, um teste simulado de compreensão de leitura, porque muitos deles tinham tido um mau desempenho no dia anterior.[1] O diretor admitiu francamente que o objetivo era familiarizar os alunos com os testes.

Alguns educadores estavam muito contentes em se concentrar na preparação de testes. Nas palavras de uma liderança do distrito:

> O EQAO realmente estabelece uma meta. Eu acho que, quando você coloca perguntas para a 3ª série na mesa, na frente de um grupo de professores primários da pré-escola ao terceiro ano [...] – "Vamos falar aqui, como uma comunidade, como podemos apoiar os professores do 3º ano na escola? Não se trata de um ano registrado em um teste. Isso é um acúmulo de anos". Começamos a falar sobre quais são as coisas que você pode fazer no 4º ano para apoiar o seu professor do 6º ano? Conversamos sobre fazer experiências diárias, se não semanais, de múltipla escolha em sua sala para que as crianças aprendam as estratégias e dominem com facilidade esse tipo de perguntas.[58]

Uma professora de ensino médio também se concentrou em preparar seus alunos para o teste no 3º ano:

> Eu lhes fiz uma pergunta do EQAO porque tenho um grupo de alunos do segundo ano, só para ver como eles se saíam. Depois sentei-me com eles

e olhei para quais eram os obstáculos. Era o idioma? Era o vocabulário? Era por ser escrito? Será que era o fato de eles terem que se comunicar? Ou por que eles tinham que escrever naquela caixa? Talvez aquilo tenha me ajudado a entender o que eu preciso fazer no próximo ano para que eles tenham sucesso.[1]

No entanto, quer concordassem ou não com a preparação para o teste, o foco, os objetivos e as prioridades desses professores e lideranças ainda eram direcionados para ajudar os alunos a serem bem-sucedidos no exame, em vez de se envolverem mais com seu aprendizado.

## Inibição da inovação

Nos capítulos anteriores, mencionamos que um de nossos dez distritos participou da rede New Pedagogies for Deep Learning (NPDL).[336] Em alguns dos anos escolares, a promoção da inovação e do aprendizado autodirigido pela NPDL parecia estar em desacordo com as exigências e restrições da EQAO. "Eu sinto que a EQAO está preparando os alunos para uma versão muito antiquada da educação", disse um professor do 3º ano. Um professor do 5º ano concordou: "Os testes padronizados estão muito distantes do que fazemos. Não há nada de padrão sobre o que estamos fazendo; estamos considerando de onde cada criança veio", disseram eles. "Todas as coisas que criamos em nossas salas de aula – as instalações, as ferramentas que damos aos nossos alunos – não podem ser usadas no EQAO", observou outro professor do 5º ano. "Eu tenho [o teste] EQAO pendente como professor do 3º ano", acrescentou outro professor do mesmo grupo focal. "Tenho conteúdos que devo ensinar e avaliar. Esperamos que algumas das habilidades de pensamento crítico se manifestem quando os alunos receberem papel e lápis para um teste por três dias seguidos. Existe uma completa desconexão".[58]

Professores que não dão aula onde o EQAO foi administrado não experimentaram as pressões e as restrições da testagem com a mesma intensidade. Entre os professores dos primeiros anos, o EQAO não era levantado como um problema, e quando os professores saíam das séries testadas, eles podiam se sentir repentinamente liberados das restrições do EQAO. "No ano passado, eu estava no 6º ano quando fiz meu projeto de *nova pedagogia* e fiquei, tipo: 'Vamos lá, tenho que fazer este trabalho. O EQAO está chegando", comentou um professor. Porém "este ano", em uma série diferente, "foi como: 'Vamos viajar nesse assunto!' É uma grande diferença. Se não estudarmos matemática hoje, não importa; nós abordaremos esse assunto mais tarde. As crianças estão engajadas".[58]

## Ciclos rotativos de melhoria

Com base na pesquisa e no trabalho de Peter Hill e Carmel Crévola na Austrália, Ontário desenvolveu um ciclo de seis semanas de ensino-aprendizado em suas escolas do primeiro segmento do ensino fundamental.[337] O progresso de cada estudante foi monitorado individualmente e compartilhado a cada seis semanas – inicialmente, em murais exibidos publicamente –, e os estudantes foram marcados em verde ("alcançando ou excedendo a proficiência"), amarelo ("em risco de não apresentar proficiência") ou vermelho ("com ausência de proficiência"). Uma série de dados, inclusive de avaliações semelhantes ao EQAO, foram usados para fazer essas constatações. Após discussões colaborativas sobre cada aluno avaliado como abaixo da proficiência, os professores projetaram e implantaram intervenções; depois, mais uma vez, revisaram o progresso no final do ciclo seguinte.

Esses ciclos de ensino-aprendizado foram, originalmente, parte do esforço de Ontário para elevar os resultados de desempenho e reduzir rapidamente as lacunas de desempenho em letramento e matemática durante a Era do Desempenho e do Esforço. Eles foram projetados para capturar os estudantes cedo, em tempo real, antes que eles caíssem nessas lacunas. Entretanto, depois de 2014, quando as reformas da província começaram a abranger aspectos mais amplos do aprendizado e do desenvolvimento dos estudantes, esses ciclos de seis semanas de intervenções orientadas por dados ficaram sob pressão. Em um distrito, um professor expressou incerteza sobre a administração desse grande volume de dados:

> Todos estão reunindo dados, o que é bom, mas o que nós faremos com eles? E quais serão os melhores dados? Agora você vê os professores tirando fotos, observando, fazendo listas a serem cumpridas; eles também estão reunindo dados, mas o que fazer com eles?[58]

Os professores desse distrito sentiram que seis semanas não eram suficientes para coletar grandes quantidades de dados, identificar problemas, estabelecer objetivos e reunir-se periodicamente para avaliar o progresso – enquanto ainda tentavam administrar salas de aula cheias de alunos diversos.[338] O ciclo de ensino-aprendizado parecia estar se transformando em um ciclo rotativo rapidamente acelerado, como o de uma máquina de lavar roupas ou de um circuito de exercícios em uma academia. "A sala de aula é um lugar movimentado. Há sempre problemas que precisam ser resolvidos imediatamente, portanto é apenas uma questão de tempo", observou um professor.[58] Outro comentou:

> Dentro do espaço de três semanas, precisamos determinar qual é o nosso objetivo, tê-lo construído com nossos alunos, estabelecer manifestamente quais são os critérios com eles, coletar os dados e trabalhar neles antes da reunião da metade do processo. Depois, temos mais três semanas para continuar o projeto e continuar coletando dados a fim de – esperançosamente – chegar a uma conclusão bem-sucedida dele, para termos, então, nossos dados para a reunião final. Acho que eu e todos os meus colegas estamos de acordo que seis semanas é muito pouco tempo.[1]

Um diretor acrescentou que:

> O tempo entre as reuniões às vezes é muito curto porque estabelecemos os resultados do aprendizado, digamos, na primeira reunião do PLC, então três semanas depois temos o PLC médio, e, às vezes, com todas as atividades escolares e as outras oficinas, os professores acham muito difícil estabelecer as estratégias para alcançar os resultados do aprendizado que estabelecemos.[1]

Os objetivos mais amplos da Era do Engajamento, do Bem-estar e da Identidade incorporam explorações aprofundadas sobre a natureza e a origem dos problemas, bem como sobre os pontos fortes do aprendizado dos estudantes.[58] Portanto, eles exigem uma maior abrangência de dados (do que apenas medidas de letramento e matemática) para embasar os julgamentos profissionais. Isso significa que o projeto original, de ritmo acelerado e projetos em equipe, não se enquadra mais na agenda de aprendizado aprofundada e ampla do *Achieving excellence*. O EQAO e o ciclo de ensino-aprendizado de seis semanas são resquícios ultrapassados de uma estratégia de mudança anterior, que impediu a busca por objetivos mais ambiciosos.

## A BATALHA SOBRE OS TESTES DE MÉDIO DESEMPENHO

Como uma série de outros sistemas, Ontário estava se esforçando para abraçar as metas inovadoras e inclusivas da Era do Engajamento, do Bem-estar e da Identidade enquanto continuava a operar em um ambiente de aplicação de testes padronizados herdado da Era do Desempenho e do Esforço. Nossa pesquisa sobre como os dez distritos do Consórcio estavam tentando implantar a agenda política mais ampla e inclusiva da província trouxe o choque entre as novas metas e o antigo sistema de testes para o centro das atenções. Dentre os muitos efeitos colaterais dos testes de médio desempenho, incluem-se cinco pontos que tiveram consequências diretas para o engajamento dos estudantes.

1. Como os estudantes indígenas, os que falam idiomas minoritários e os recém-chegados ao país podem experimentar o aprendizado e o sucesso quando não apenas o conteúdo, mas também as estruturas linguísticas das questões são estranhas às suas próprias culturas?

2. Como os estudantes vulneráveis podem se engajar em sua aprendizagem se os testes – e todo o tempo necessário para se preparar para eles – não consideram e incluem seus dons e talentos?

3. O que estamos fazendo, realmente, quando ensinamos aos alunos do jardim de infância a preencherem grades de testes quando poderíamos, em vez disso, estar ajudando-os a começarem no aprendizado em profundidade?

4. Que sentido há em promover formas de inovação engajadoras em algumas séries apenas para abandonar ou reverter esses processos nas etapas seguintes e proporcionar, em vez disso, um aprendizado padronizado para testes futuros?

5. Qual é o sentido dos ciclos repetitivos de seis semanas com perguntas e intervenções que devem se parecer com uma aula frenética de ginástica, quando deveríamos estar dando tempo aos professores para que reflitam juntos sobre os processos de aprendizado mais profundos de seus alunos?

É bom ir além dos testes de alto desempenho, mas os testes de médio desempenho não erradicam os indesejados efeitos colaterais simplesmente baixando o nível de desempenho. É hora de repensarmos completamente as nossas práticas de avaliação.

O objetivo original da EQAO era a responsabilidade educacional. Com o *drive to 75*, o teste também se tornou uma ferramenta para acompanhamento, monitoramento e intervenção.[58] Este tentou manter o que foi considerado como o melhor caminho para garantir a prestação de contas e fornecer evidências de progresso em todo o sistema educacional; tentou, também, baixar o nível de exigência e as suas consequências de alto para médio, para que não houvesse consequências diretas e punitivas.

> *Os testes de médio desempenho não erradicam os indesejados efeitos colaterais simplesmente baixando o nível de desempenho.*

Embora muitas lideranças distritais, diretores e funcionários tenham visto valor nessa avaliação em larga escala, e apesar de ela ter definitivamente reduzido, por um tempo, algumas lacunas de desempenho, os professores se tornaram cada vez mais críticos em relação a ela, principalmente em termos de suas consequências negativas para o engajamento dos estudantes.

Diante dos objetivos da província de Ontário na direção de um aprendizado mais profundo para o século XXI, a estratégia de aplicação de testes – desencantadora, desempoderadora e incômoda – da província criou uma cultura de ensino centrada em exames, culturalmente tendenciosa, não criativa e precipitada, que comprometeu as oportunidades de os professores desenvolverem um aprendizado mais envolvente para seus alunos. O movimento do século XXI em direção a um aprendizado mais profundo e envolvente estava sendo constantemente prejudicado e sobrecarregado pelo sistema de avaliação em larga escala de Ontário, datado de meados do século XX. Quer se trate de avaliações de médio ou alto desempenho, os testes padronizados aplicados em larga escala a grupos inteiros de estudantes é, atualmente, um grande campo de batalha no qual o futuro do engajamento e o sucesso de todos os estudantes será disputado.

Em 2017, motivado pelos resultados de nossa pesquisa, o premiê de Ontário anunciou que seis assessores da província (incluindo Andy) realizariam uma revisão independente das práticas de avaliação e apresentação de relatórios, incluindo o EQAO. A revisão concluiu que "o uso de avaliações provinciais em larga escala para fins de diagnóstico dos estudantes, para inferir a avaliação dos educadores e para classificar escolas e conselhos escolares" era "inapropriado".[339] Recomendou, ainda, a eliminação gradual e o fim dos testes EQAO antes do 6º ano, prestando "[...] uma atenção vigilante para garantir que o currículo e os materiais de avaliação forneçam tópicos e materiais linguística, cultural e geograficamente relevantes [...]"[340] e extinguindo o uso de testes para classificar escolas ou para dirigir intervenções em instituições e distritos específicos.

O premiê aceitou, a princípio, todas as recomendações. Um mês depois, porém, em maio de 2018, o recém-eleito governo conservador progressista dissolveu a equipe de assessores e retirou o relatório da página do Ministério na internet. Em meio à pandemia de covid-19, em setembro de 2020, ele deu um passo adiante e abriu licitação para criar uma forma de passar os testes EQAO para o formato *on-line*.

A batalha sobre os testes educacionais e suas consequências para o engajamento estudantil também tem sido muito intensa na Austrália. Em 2008, o governo australiano introduziu um teste federal conhecido como NAPLAN (National Assessment Program: Literacy and Numeracy). Com uma forte semelhança ao EQAO de Ontário, os testes de alfabetização e matemática do NAPLAN foram administrados aos alunos do 3º, 5º, 7º e 10º ano. Três importantes pesquisadores publicaram uma revisão dos testes em 2020 e propuseram apenas pequenas alterações. A revisão recomendou mudar a época do ano para administrar o teste, revisar o conteúdo das avaliações escritas, estender o número de estudantes a serem testados e dar ao NAPLAN um novo nome, por exemplo.[341] O Ministro da Educação respondeu rapidamente que mesmo essas pequenas mudanças eram desnecessárias.[342]

Comentando sobre a revisão e sobre o teste em si, o especialista canadense em mudanças Michael Fullan – que já foi um forte apoiador dos testes de médio desempenho de Ontário, mas foi convencido do contrário pela crescente evidência de seus efeitos colaterais – reconheceu que as escolas australianas haviam "mostrado pouca ou nenhuma melhora" durante a existência do NAPLAN. A mera "mexida no sistema" provocada pela revisão, disse ele, continuará a "[...] limitar o currículo, sem abordar a motivação dos estudantes ou daqueles que os ensinam".[343]

Há muitos interesses políticos e econômicos investidos na perpetuação de testes em larga escala. Líderes políticos podem implantar os resultados dos testes para demonstrar melhorias numéricas na educação dentro de seus mandatos. Escolas podem usar as notas altas como chamariz para atrair pais abastados e seus filhos de outras escolas. Líderes de sistemas podem usar os maus resultados como um pretexto para fechar escolas e manter os diretores na linha. E não esqueçamos que, para as empresas de tecnologia e testagem, exames e dados são negócios de bilhões de dólares. Esses interesses têm pouco a ver com o aprendizado e o sucesso dos alunos.

À medida que as evidências sobre os impactos negativos dos testes se acumulam, cada vez mais pessoas se voltam contra os sistemas excessivos de prestação de contas e intervenção hierárquica que têm sido postos em prática nas últimas décadas. A recuperação pós-pandemia de covid-19 certamente acelerará essas tendências. Os primeiros anos da década de 2020 serão testemunha de uma monumental batalha global sobre o futuro dos testes padronizados entre os interesses educacionais – no aprendizado, no engajamento e no bem-estar dos estudantes –, por um lado, e os interesses políticos e comerciais – na prestação de contas de cima para baixo –, por outro. O resultado dessa batalha será um fator decisivo para determinar se a Era do Engajamento, do Bem-estar e da Identidade verdadeiramente transformará ou não o futuro das crianças.

> *Os primeiros anos da década de 2020 serão testemunha de uma monumental batalha global sobre o futuro dos testes padronizados entre os interesses educacionais – no aprendizado, no engajamento e no bem-estar dos estudantes –, por um lado, e os interesses políticos e comerciais – na prestação de contas de cima para baixo –, por outro.*

Como nossa contribuição para essa luta, fazemos aqui 10 recomendações políticas para uma reforma da avaliação em grande escala. Estas conciliam duas preocupações legítimas. Uma é a necessidade de pelo menos alguma prestação de contas, juntamente com a necessidade de os gestores terem dados de todo o sistema que possam orientar os esforços de melhoria. A outra é eliminar, ou, pelo menos, mitigar os efeitos colaterais negativos que prejudicam o engajamento e o sucesso dos estudantes.

1. *Aplicar o Princípio de Adequação e Limitação da Finalidade da União Europeia*, segundo o qual os dados coletados para uma finalidade não devem ser utilizados para outra. A avaliação em larga escala pode desempenhar um valioso papel na prestação de contas e no monitoramento.[344] Também não deve ser usada para conduzir

microintervenções – como se fosse uma avaliação formativa ou de diagnóstico – com estudantes, professores e escolas individuais.

2. *Impedir o uso de dados de avaliação em larga escala para classificação explícita ou implícita* de escolas ou sistemas, inibindo ou proibindo a publicação de pontuações escolares.

3. *Criar uma cultura profissional de avaliação em larga escala* na qual lideranças escolares e sistemas educacionais assumam a responsabilidade coletiva de pôr um fim às práticas antiéticas dos testes, tais como limitar o currículo, ensinar para os testes, usar os resultados dos testes para atrair alunos de escolas concorrentes e concentrar uma atenção indevida nos estudantes que podem reprovar por pouco, ou seja, naqueles que se classificam um pouco abaixo do ponto de proficiência, a fim de elevar artificialmente a pontuação de suas escolas. Essa cultura pode ser consagrada em uma carta de avaliação de liderança ética e em estruturas de padrões profissionais para líderes educacionais.

4. *Desvincular os testes de metas impostas e com prazo determinado,* voltadas à melhoria numérica da escola e do sistema educacional.

5. *Abandonar os ciclos rotativos* de melhorias de curto prazo, intensivas e orientadas por dados, com base em instrumentos de avaliação em larga escala ou semelhantes a eles.

6. *Utilizar avaliações em larga escala para informar os julgamentos profissionais coletivos dos professores* como base para melhorias no nível escolar, enquanto ainda monitoram o desempenho geral no nível do sistema, como é feito na Escócia.[345]

7. *Não causar dano.* Suspender todos os testes padronizados em larga escala antes do 6º ano a fim de evitar os efeitos negativos substanciais no aprendizado, no engajamento e no bem-estar das crianças mais jovens.

8. *Estabelecer um controle independente* para realizar revisões trienais das consequências positivas e negativas dos testes governamentais em larga escala sobre preconceitos culturais, inovação, engajamento e bem-estar dos estudantes, assim como da sua distração dos propósitos centrais. Tornar públicas as conclusões das

revisões e publicar planos de ação para responder aos problemas que as revisões identificarem.

9. *Sempre que possível, usar amostras para medir e monitorar o desempenho do sistema* – como na Finlândia[346] ou na National Assessment of Educational Progress dos EUA –, em vez de avaliações de coorte completo, que são mais propensas a incentivos perversos.

10. *Explorar o poder da tecnologia para transformar a avaliação dos estudantes*, não por meio da promoção de testes de alto desempenho *on-line*, mas desenvolvendo, expandindo e compartilhando avaliações contínuas e autoavaliações. Processos de avaliação transformacional desse tipo aumentarão o conhecimento de todos os pais sobre o aprendizado e a compreensão de seus filhos e sobre as respostas dos professores a esse aprendizado. Isso pode evitar a atual dependência às pontuações dos testes de alto desempenho, utilizadas como último recurso na ausência de outras informações.

Muitas vezes temos medo de nos desprender daquilo que já conhecemos e utilizamos há muito tempo, mesmo que não seja perfeito. Tememos que a alternativa seja pior ou que não saibamos o que fazer com ela. Mudança implica perda,[347] e temos medo de perder o controle das coisas. É por isso que as pessoas permanecem em maus relacionamentos, se agarram a investimentos em queda, resistem a novas tecnologias e continuam com formas familiares de ensino, mesmo quando estas parecem não funcionar mais. Durante anos, os administradores têm tentado fazer com que os professores deixem de lado os hábitos familiares e mudem suas práticas. Agora é hora de virar a mesa. Os líderes administrativos e políticos devem deixar de lado as velhas políticas de avaliação ineficazes e abraçar políticas melhores.

> *Mudança implica perda, e temos medo de perder o controle das coisas. É por isso que as pessoas permanecem em maus relacionamentos, se agarram a investimentos em queda, resistem a novas tecnologias e continuam com formas fumiliares de ensino, mesmo quando estas parecem não funcionar mais.*

Em nossa própria infância, os professores consideravam a caneta esferográfica como um instrumento diabólico que destruiria a beleza da escrita cursiva. Houve indignação em 1972, quando uma nova revista feminina legitimou o título de *Ms.* em vez de *Mrs.* ou *Miss.* \* O castigo físico ainda era praticado em 1986 nas escolas do Reino Unido, porque professores e líderes escolares temiam que o caos se instalasse se esse dissuasor fosse abolido. Na terceira década do século XXI, algumas pessoas ainda ficam indignadas quando o tema dos banheiros neutros em relação a questões de gênero aparece nas pautas das reuniões escolares.

No entanto, a escrita cursiva sobreviveu ao advento da caneta esferográfica; a progressão da esferográfica – e, depois, da tecnologia de ponta de fibra – preservou e até mesmo melhorou o fluxo da escrita tradicional, com caneta e tinta, eliminando suas manchas e borrões. *Ms.* se tornou um título aceito por milhões de mulheres. A abolição do castigo físico forçou as escolas a desenvolverem estratégias disciplinares mais humanas e ambientes de aprendizado mais motivadores para seus alunos. E os banheiros neutros em termos de gênero são comuns em aviões comerciais desde que eles começaram a voar.

Estimamos que até o ano de 2030 todos nós olharemos para trás, para as batalhas a respeito das avaliações padronizadas em larga escala, e nos perguntaremos o porquê de todo esse alvoroço. A contragosto, os líderes tradicionalistas terão sido forçados a retirar suas obsessões analógicas pelo controle burocrático dos governos e dos sistemas escolares. Novas gerações de professores e líderes usarão as tecnologias digitais para compartilhar, sem esforço, informações e ideias sobre o trabalho dos alunos, assim como para dar mais voz aos estudantes nesse processo. Após a pandemia, quando as escolas virtuais abrirem suas salas de aula para os pais em todo o mundo, as entradas vigiadas nas escolas e as incômodas reuniões de pais e mestres darão lugar a contínuos fluxos de notícias e atualizações sobre o que os alunos estão aprendendo e fazendo em tempo real.

Podemos e devemos realizar transformações em larga escala nos testes e exames de nossos sistemas. Enquanto isso, há muitas coisas que todos nós, professores escolares e acadêmicos, já podemos praticar em nossas próprias aulas para fazer da avaliação uma experiência mais engajadora para todos.

---

\*N. de R.T. Os autores se referem à revista *Ms.* (https://msmagazine.com/about/), lançada em 1972, quando se utilizava *Mrs.* para mulheres casadas e *Miss* para mulheres solteiras.

## AVALIAÇÃO PARA O ENGAJAMENTO

As pessoas sempre perguntam: se os testes de alto e médio desempenho forem abolidos, ou seus papéis, reduzidos, quais serão as outras opções práticas? Nem todos os testes e avaliações são vilões. A avaliação também *pode* ser uma de nossas ferramentas de engajamento.

É aqui que as estratégias em pequena escala e baseadas na psicologia são muito úteis. Como a maioria dos professores e outros educadores sabem, as notas de testes padronizados e de tarefas concluídas representam uma *avaliação somativa*, que acontece após o término do aprendizado. Uma alternativa amplamente utilizada é a *avaliação formativa*, que fornece *feedback* sobre o aprendizado enquanto ele está em processo. Essa prática pode melhorar e avançar a qualidade do aprendizado, sendo uma contribuição importante para o que é conhecido como *avaliação para o aprendizado*. Há uma série de livros sobre avaliação para o aprendizado – que utilizam estratégias de avaliação formativa como avaliação por pares, autoavaliação e *feedback* em tempo real, que, na verdade, melhoram o aprendizado dos alunos. Um número muito menor de livros aborda como a avaliação pode melhorar o engajamento estudantil. Há cada vez mais instrumentos para avaliar os níveis de engajamento *dos* estudantes, mas há muito menos informações sobre como avaliar *para o* desenvolvimento desse engajamento nos alunos. Entretanto, há exceções importantes.

Um dos gurus da avaliação para o aprendizado é o professor Dylan Wiliam, da University College London. Ele argumenta que a avaliação formativa pode aumentar o desempenho dos alunos por meio de *pedagogias de engajamento*, uma ideia introduzida inicialmente pelo professor da Stanford University Lee Shulman, embora em um contexto diferente do de Wiliam.[348] Promover pedagogias de engajamento por meio de avaliações formativas não é apenas uma filosofia ou teoria inspiradora; isso inclui estratégias bastante simples e práticas. Em seus livros e vídeos, Wiliam expõe uma série dessas estratégias, muitas das quais já utilizamos, incluindo as listadas a seguir.[349]

- Chamar qualquer estudante a qualquer momento e utilizar mecanismos simples para fazê-lo. Em nossas oficinas em grandes salões ou ginásios, às vezes alocamos números e letras às filas e colunas de mesas e depois chamamos, aleatoriamente, pessoas das mesas G5, F2 e A7 para dar as respostas, por exemplo.

- Usar pequenos quadros brancos ou quadros-negros para que os alunos possam exibir suas respostas às aulas. Andy viu isso pela primeira vez em uma escola de ensino médio de Hong Kong, como parte de sua abordagem para desenvolver o aprendizado autorregulado. Os alunos trocaram e editaram os miniquadros uns dos outros como parte de sua aprendizagem colaborativa. Os miniquadros também se tornaram, naturalmente, uma ferramenta vital do aprendizado em casa durante a pandemia, para que as crianças pudessem escrever ou desenhar suas ideias ou respostas e enviá-las por captura de tela para seus professores.[350]

- Empregar sinais vermelhos, amarelos e verdes que os alunos possam exibir para demonstrar seus níveis de compreensão – dando ao professor rápidos indicadores tais como se o grau de compreensão é forte, se os alunos precisam de mais ajuda ou se os estudantes com sinal verde podem ser associados àqueles com sinais em vermelho e amarelo para atuarem um pouco como tutores de seus colegas. Em nosso trabalho no Noroeste Pacífico dos EUA, usamos placas vermelhas, laranjas e verdes em reuniões com grupos de lideranças das redes para determinar não apenas a sua compreensão, mas também o seu acordo ou desacordo com questões sobre como a rede deveria ser expandida ou como o projeto poderia se tornar sustentável.

- Fornecer ferramentas – não apenas encorajamento – para autoavaliação. Um exemplo utilizado por Wiliam é o uso de monitores cardíacos nas aulas de educação física, para que os alunos possam verificar seus batimentos cardíacos antes, durante e depois da aula.[351]

- Eliminar o medo de cometer erros, empregando a linguagem e a estratégia de ampliação dos modelos mentais. Esse medo indica que algo *ainda* não foi aprendido. Andy ensinou a seu próprio neto que, para todos nós, há um momento pouco antes de podermos fazer algo em que não podemos fazê-lo. Mais tarde ele descobriu que seu neto passou a dizer a mesma coisa a um de seus amigos.

- Usar a tecnologia para compartilhar o aprendizado em sala de aula. A tecnologia, juntamente com sua capacidade de fornecer *feedback* em tempo real, está nos levando a um ponto em que podemos transformar totalmente a forma como entendemos e apresentamos a avaliação dos alunos. Em um de nossos distritos de Ontário, professores fotografaram ou fizeram gravações curtas – com *tablets* ou *smartphones* – de alunos trabalhando com objetos matemáticos manipuláveis, formando palavras e frases em placas magnéticas ou construindo com blocos. Essas fotos e vídeos foram compartilhados com colegas e pais pelo Google Docs e se tornaram objetos de discussão com os próprios alunos. Essas avaliações foram consultadas ao longo do ano para comparar o desempenho presente com o passado. Um diretor observou que eles agora "tinham coisas que podiam compartilhar com os pais, que podiam compartilhar com as crianças e que as crianças podiam compartilhar umas com as outras".

Outro educador que oferece uma visão sobre como a avaliação pode aumentar o engajamento dos estudantes é Ross Morrison McGill, um aclamado especialista em ensino, desenvolvimento de professores e avaliação do Reino Unido. Sua conta no Twitter, intitulada *TeacherToolkit*, tem quase 250 mil seguidores, sendo a maior entre todos os educadores do Reino Unido.[352] Como um vice-diretor que se tornou consultor, ele é estimado por legiões de professores por ser uma pedra no sapato do serviço de inspeção nacional da Inglaterra, o Ofsted, que ele chama de "*o Ceifador*". McGill está familiarizado com as principais pesquisas e os grandes avanços na avaliação estudantil, mas, como todos os bons profissionais, ele também usa a experiência prática e o conhecimento próprios como fonte de estratégias positivas que também podem ajudar a engajar os estudantes.

McGill é um educador verdadeiramente inspirador e, no entanto, seu livro mais vendido, *Mark. Plan. Teach.*, começa com o aspecto provavelmente menos inspirador de todos para ensinar e aprender: a atribuição de notas.[353] Dar notas é geralmente a última coisa em que os professores pensam. O ensino, por si só, é aquilo pelo que os professores vivem – para vivenciar aquele momento, manter a classe enfeitiçada, lidar com o inesperado, ver as lâmpadas acenderem. A atribuição de notas vem por último. Como a morte e os impostos, aquela grande pilha de papéis ou livros no final da semana ou do semestre é algo horrível que não pode ser evitado.

McGill inverte o processo, fazendo com que a atribuição da nota seja uma das *primeiras* coisas a serem pensadas e transformando esse processo em uma fonte de maior engajamento para crianças e professores, em vez do contrário. Aqui estão cinco de suas estratégias para dar notas de maneira mais engajadora, como forma de avaliação.

1. Fornecer *feedback* por escrito ou "dar notas ao vivo" durante a aula. Desenhe um retângulo em torno de uma parte do trabalho de um aluno para comentar um único aspecto do aprendizado de maneira pontual. Isso deve criar uma oportunidade de diálogo com o aluno e deixar tempo, dentro da aula, para que o aluno responda na própria tarefa.

2. Desenvolver rubricas de avaliação com os alunos, fornecendo vários exemplos de trabalhos que não receberam nota para que eles possam avaliar ao realizar essa atividade.

3. Apresentar *feedback* oral em tempo real, especialmente se ele for específico, e oferecer apenas a quantidade certa de desafios. Nem todas as avaliações têm que ser escritas.

4. Usar a autoavaliação para que os estudantes encontrem e corrijam coisas específicas que possam ser melhoradas relativamente rápido, fazendo que as melhorias necessárias pareçam menos desafiadoras.

5. Adotar a autoavaliação e rotinas de avaliação por pares como fundamentos para o aprendizado, não como complementos para outras avaliações ou como quebras destas. Isso pode ajudar a garantir que o processo de aprendizado contínuo por meio da avaliação formativa impulsione o aprendizado na classe, em vez de ficar preso às respostas corretas para as avaliações somativas.

Você pode prosperar em um ambiente de aprendizado em que tenha tornado a avaliação, e até mesmo a classificação ou a atribuição de notas aos alunos, uma experiência engajadora e edificante para todos. Além disso, você também pode lutar contra os "Ceifadores" que são a burocracia e os testes de larga escala; pode fazer parte do grande cenário e do pequeno cenário juntos. Esse é o segredo para enfrentar o arqui-inimigo do engajamento tanto do lado de fora – no mundo – quanto de dentro – na sua própria sala de aula –, desenvolvendo práticas de avaliação positivas, bem como combatendo as más práticas.

## ELIMINANDO O ARQUI-INIMIGO

Wiliam e McGill são apenas dois dos muitos especialistas em avaliação que nos lembram o poder das avaliações formativas e da avaliação para o aprendizado, de forma oposta à confiança excessiva nas avaliações somativas ou nos testes de alto desempenho como forma de medir o desempenho ou de promover melhorias. No entanto, do mesmo modo que trabalhos como os deles são amplamente admirados por educadores, os sistemas escolares e os líderes políticos normalmente tratam suas estratégias como complementos, e não como substitutos, de avaliações em larga escala e de aplicações de testes padronizados. Para mudar essa situação, devemos adotar a dupla abordagem de tornar a avaliação mais engajadora – não apenas apoiando e promovendo avaliações alternativas de natureza mais formativa, mas também tornando, deliberadamente, as avaliações de larga escala e os testes padronizados em fatores menos desengajadores para os alunos. É o que tentamos fazer neste capítulo.

Como aprendemos em nosso trabalho em Ontário, se persistirmos, mesmo com versões moderadas das abordagens existentes para a testagem de coortes completos de estudantes como uma maneira de promover melhorias, isso prejudicará os esforços para incentivar as mudanças no aprendizado e na inovação que muitos agora desejam. Estimular uns aos outros ou se empolgar ao longo dos caminhos do engajamento é uma coisa admirável para nossos alunos. Entretanto, se o dragão do desengajamento permanece firmemente em nossa rota, não podemos evitar lidar com ele. Quer o arqui-inimigo do engajamento assuma a forma do Ceifador de Ross McGill, do Golias bíblico de Diane Ravitch[40] ou do fictício Voldemort de J. K. Rowling, nunca alcançaremos nosso objetivo de aprendizagem para todos até que ele seja vencido, de uma vez por todas.

> *Estimular uns aos outros ou se empolgar ao longo dos caminhos do engajamento é uma coisa admirável para nossos alunos. Entretanto, se o dragão do desengajamento permanece firmemente em nossa rota, não podemos evitar lidar com ele.*

# 6

## Os cinco caminhos para o engajamento do estudante: na teoria e na prática

A busca por desenvolver e seguir diferentes caminhos de engajamento a fim de alcançar sucesso e realização para todos os estudantes não é, de forma alguma, fácil ou simples. Precisamos de uma noção precisa de para onde estamos indo e por quê. Buscamos mais engajamento não pelo seu valor em si, mas para quando – e somente quando – ele possa ajudar nossos alunos a se desenvolverem e a terem sucesso. Às vezes o engajamento nada mais é do que mero entretenimento, e nossos alunos merecem mais do que isso.

Tivemos o cuidado de reunir o equipamento e as provisões corretas para nos sustentar ao longo dessa jornada. Estes assumiram a forma de conhecimentos, teorias e evidências fornecidas por especialistas que já passaram por esse caminho antes. Teorias de autoatualização e de motivação intrínseca, da maestria e do *flow* (fluxo), para mencionar apenas algumas, podem nos equipar em nossa busca por aprendizado e realização para todos.

Quando escutamos os cantos de sereia sobre a importância de aspectos como relevância, tecnologia e diversão, nos permitimos desfrutar de alguns dos pontos positivos de cada um deles sem deixar que fôssemos arrastados por seus redemoinhos de excesso.

Em seguida, tivemos que enfrentar cinco grandes inimigos do engajamento e derrotar cada um desses dragões políticos, burocráticos e comerciais – incluindo o maior arqui-inimigo dentre todos eles: os testes padronizados em larga escala.

Agora, finalmente, os caminhos para o engajamento estudantil estão se abrindo; nosso caminho está se tornando mais evidente. Chegou a hora de avançar. Nesse espírito, este capítulo nos permite respirar um pouco, inicialmente, para recapitular as teorias e os conhecimentos psicológicos e sociológicos que nos trouxeram até onde estamos agora. O capítulo descreve, em seguida, nossos cinco caminhos para o engajamento em ação – nas turmas dos professores com os quais colaboramos em nosso trabalho nas escolas rurais do Noroeste Pacífico dos EUA.

## UMA NOVA BASE TEÓRICA PARA O ENGAJAMENTO DOS ESTUDANTES

Como os professores devem engajar seus alunos? Hoje compreendemos que os alunos devem ser engajados psicologicamente em termos de suas emoções, cognição e comportamentos. O engajamento pode envolver uma transcendência no compromisso com algo maior do que si mesmo; ele pode e deve aproveitar o poder motivacional do estado de *flow*. O interesse intrínseco pode maximizar o engajamento do estudante, mas a luta e o sofrimento – que às vezes devem ser exigidos se os estudantes realmente querem alcançar a excelência e a maestria – também podem cumprir esse papel. O engajamento é intenso, pode ser sério e nem sempre é agradável em curto prazo. Hoje é evidente que abordagens simplistas e singulares, como as que envolvem relevância, tecnologia e diversão, são insuficientes para que os estudantes se engajem plenamente em seu aprendizado.

O engajamento, argumentamos, tem dimensões tanto sociológicas quanto psicológicas. Por essa razão, os pesquisadores não deveriam apenas analisá-lo em um laboratório ou isolá-lo nos neurônios cerebrais das pessoas. É evidente que devemos melhorar o engajamento sempre que pudermos, mudando nossas práticas em sala de aula. Entretanto, o engajamento dos estudantes também é moldado pelo que envolve essas práticas – como políticas de avaliação e testes, conteúdo curricular, cultura escolar e tecnologia. Se todos os nossos esforços para melhorar o engajamento forem simplesmente abordados pelas práticas convencionais de ensino e aprendizagem, perderemos a oportunidade de transformar níveis e padrões de engajamento em uma escala substancial que possa colher benefícios para todos.

No Capítulo 2 (página 43), juntamente com as teorias psicológicas que dominaram o campo do engajamento estudantil, propusemos uma abordagem sociológica que foi relevante não apenas para as interações individuais em salas de aula, mas também para a natureza, a direção de todo o currículo e a cultura escolar. No Capítulo 4 (página 117), essa abordagem examinou o engajamento nos contextos da dinâmica de poder da relação professor-aluno, da natureza das escolas como comunidades e burocracias, da relevância cultural (ou não) do conteúdo curricular e do impacto da tecnologia digital. Com base em teorias e *insights* sociológicos, identificamos cinco inimigos do engajamento que expressamos como formas de *desengajamento*, com opostos que também sugeriam as melhores maneiras de derrotá-los.

Apesar da existência de alguns pontos de semelhança, essas duas estruturas – da psicologia e da sociologia – raramente foram reunidas. Quando combinamos e integramos as teorias psicológicas e sociológicas do engajamento, podemos começar a ver nosso caminho em direção ao aprendizado e à realização para todos os jovens. A integração das duas perspectivas amplia e aguça a nossa visão, revelando cinco caminhos distintos para o futuro. Juntos, eles definem uma nova maneira de pensar teoricamente sobre o engajamento dos estudantes e de torná-lo vivo na prática.

1. O *valor intrínseco* está intimamente relacionado ao encantamento, à criatividade e à magia de um desafio ou atividade. Vai contra o desencantamento que é comum em currículos padronizados e procedimentos burocráticos de testagem.

2. A *importância* ou *valor de realização* tem afinidade com o significado social e pessoal e com o propósito das atividades. É o oposto do aprendizado alienado ou desconectado descrito no Capítulo 4 (página 117).

3. A *associação* envolve o aprendizado cooperativo com outros em um grupo, rede ou equipe, que confira sentidos de apego, pertencimento e solidariedade. Ela cultiva obrigações mútuas em uma comunidade compartilhada.

4. O *empoderamento* diz respeito ao desenvolvimento da confiança dos estudantes, de sua capacidade de adquirir as habilidades e as disposições necessárias para moldar seu próprio futuro e participar

da sociedade em geral. A autonomia dos estudantes sobre as próprias escolhas e decisões é uma parte integrante do empoderamento.

5. A *maestria*, ou o *domínio* do tema, envolve a busca por excelência e alto desempenho em um nível que se constrói com foco intenso, concentração, disciplina, persistência, flexibilidade, luta, e, às vezes, até sofrimento para se tornar altamente competente em uma nova área de conhecimento ou habilidade. É o inverso da distração transitória e parte da busca por dedicar-se a produzir trabalhos ou desempenhos da mais alta qualidade.

Esses cinco caminhos para o engajamento dos estudantes, que resultam da integração de perspectivas psicológicas e sociológicas, estão representados na Figura 6.1.

Não há uma ordem de prioridade entre esses cinco caminhos. Eles estão frequentemente interligados, mas nem sempre. Por exemplo, é possível encontrar artes, poesias e músicas intrinsecamente gratificantes em função de seus próprios valores e talvez até como fontes de prazer e maestria

**Figura 6.1** Os cinco caminhos para o engajamento dos estudantes.

para toda a vida, mesmo quando não estão especialmente relacionadas a importantes questões políticas e sociais da atualidade. Alternativamente, os estudantes podem se envolver plenamente em uma tarefa por pensarem que ela é importante para seu futuro, mesmo que a tarefa em si não seja tão intrinsecamente interessante.

Assim, os cinco caminhos para o engajamento nem sempre se alinham ou convergem. Concentre-se em apenas um dos cinco caminhos para engajar seus alunos e você terá, em algum momento, uma chance de sucesso com alguns deles.

*Concentre-se em apenas um dos cinco caminhos para engajar seus alunos e você terá, em algum momento, uma chance de sucesso com alguns deles. Por outro lado, se você abordar cada um dos caminhos em algum momento, é provável que todos os seus alunos se engajem.*

Por outro lado, se você abordar cada um dos caminhos em algum momento, é provável que todos os seus alunos se engajem. Eles também virão a se destacar em seus estudos e experimentarão um maior bem-estar!

## OS CINCO CAMINHOS PARA O ENGAJAMENTO NA PRÁTICA

Nossa proposta de cinco caminhos para o engajamento dos estudantes é derivada da literatura que revisamos em diferentes disciplinas e do nosso trabalho de pesquisa e desenvolvimento, na prática, nos distritos escolares. Esta seção descreve nosso trabalho com a rede Northwest Rural Innovation and Student Engagement (NW RISE), que nos levou pela primeira vez ao campo do engajamento estudantil, e onde os cinco caminhos para o engajamento surgiram a partir da própria prática dos educadores.

Em 2012, Danette Parsley, do Northwest Comprehensive Center (em Portland, no Oregon), nos convidou a atuar como consultores técnicos na criação de uma rede de escolas rurais remotas no Noroeste Pacífico dos Estados Unidos. Sabíamos que esse seria um empreendimento desafiador. As escolas estavam espalhadas por uma vasta região, e muitas das comunidades rurais da região haviam sido devastadas economicamente. Buscamos pesquisas sobre escolas e comunidades rurais e nos deparamos com livros com títulos como *Hollowing out the middle: the rural brain drain and what it means for America* e *Survival of rural America: small victories and bitter harvests.*[354] A educação rural americana havia sofrido com anos de negligência. Embora muitas escolas e comunidades tivessem passado por tempos difíceis, também nos deparamos com bolsões de comunidades rurais e escolas que estavam florescendo.

Com os educadores dos estados participantes, conectamos professores uns aos outros, presencialmente e *on-line*, e os ajudamos a construírem juntos um *capital profissional*.[355] Insistimos para que os participantes escolhessem sua própria orientação; de fato, pedimos que eles mesmos criassem um nome para sua rede. Com um pouco de ironia, advertimos que se não conseguissem encontrar um nome dentro de um período de tempo razoável, teriam que aceitar a nossa opção padrão – Redes de Melhoramento Rural na Educação, em inglês Understanding Rural Improvement Networks in Education, abreviando como URINE (URINA em português). "Se vocês não encontrarem seu próprio nome e orientação", advertimos, "vocês terão que dizer a outras pessoas que estão trabalhando na URINA"!

No final, depois de lhes apresentarmos alguns exemplos de outras redes, eles decidiram concentrar sua própria rede na construção de equipes de professores com empregos semelhantes, na mesma série, ou sujeitos a planejar um currículo de forma colaborativa. O foco da rede, decidiram eles, deveria ser o engajamento dos estudantes. Em 18 de junho de 2013, quando a rede estava apenas começando, registramos o seguinte:

> Houve concordância significativa de que o engajamento estudantil é um objetivo importante da rede. A equipe discutiu as ligações entre o aumento do engajamento e o desempenho dos estudantes, e que existem ferramentas e instrumentos para medir esse engajamento. Os membros da equipe concordaram que a construção do capital profissional dos adultos está ligada ao engajamento estudantil.

Nossa equipe de *design* concordou em chamar a nova rede de Rede de Inovação Rural e Engajamento Estudantil do Noroeste (NW RISE –Northwest Rural Innovation and Student Engagement). Queríamos não apenas melhorar o desempenho acadêmico, mas também empoderar os estudantes e aumentarem seu senso de conexão ou de pertencimento às próprias comunidades – assim como a outras comunidades semelhantes –, mesmo que a necessidade econômica pudesse levá-los a deixar suas cidades natais em busca de melhores oportunidades após a conclusão do ensino médio.

Para alcançar esses objetivos, teríamos que resolver a questão do engajamento estudantil. Realizamos pesquisas nas escolas e descobrimos que os alunos relatavam níveis de engajamento e desengajamento semelhantes às tendências mais amplas nos Estados Unidos. Em seguida, pedimos aos educadores que se juntassem ao que chamamos de grupos "de ocupações semelhantes" que os reuniriam por disciplina, nível escolar ou tipo de trabalho (por exemplo, diretor ou conselheiro). Esses grupos eram ligados a comunidades de apoio *on-line* em uma plataforma chamada *Schoology*. Os grupos de ocupações semelhantes tornaram-se o coração e a alma das conferências bianuais da NW RISE, em que os educadores podiam compartilhar seus desafios, encontrar colegas na mesma situação para que pudessem pensar em possíveis estratégias para engajar seus alunos, e, por fim, retornar renovados e inspirados às suas escolas.

Também estudamos as comunidades em que as escolas da NW RISE estavam localizadas para compreender suas demografias, suas culturas e as aspirações de seus alunos. Para isso, trabalhamos com nossos colegas do Northwest Comprehensive Center para realizar uma revisão dos distritos escolares, criando perfis resumidos para cada um deles. Como exemplo, o perfil de Cusick, em Washington, aparece na Figura 6.2 (página 190).

A escola Cusick é semelhante a muitas outras escolas da NW RISE. Como a maioria das escolas da rede, atende a uma população pequena: apenas 239 alunos nesse caso. Quase dois terços dos estudantes recebem almoços gratuitos ou a preço reduzido, refletindo a taxa de pobreza muito mais elevada na América rural do que nas cidades ou nos subúrbios urbanos.[356] Cusick também tem uma demografia distinta. Quase um terço de seus alunos são membros da tribo nativa Kalispel e recebem instrução na língua indígena Salish.

É evidente que cada distrito escolar rural é único. Algumas das escolas da NW RISE eram compostas por membros da classe trabalhadora branca; em outras, quase metade da população era hispânica, atendendo filhos de trabalhadores rurais migrantes e suas famílias. Se uma escola estivesse próxima a um parque nacional, alguns dos alunos também poderiam vir de famílias de profissionais abastados que trabalhavam na indústria do turismo ou como guardas florestais. Assim como nas cidades e nos subúrbios urbanos, há muita diversidade na América rural.

190 Shirley & Hargreaves

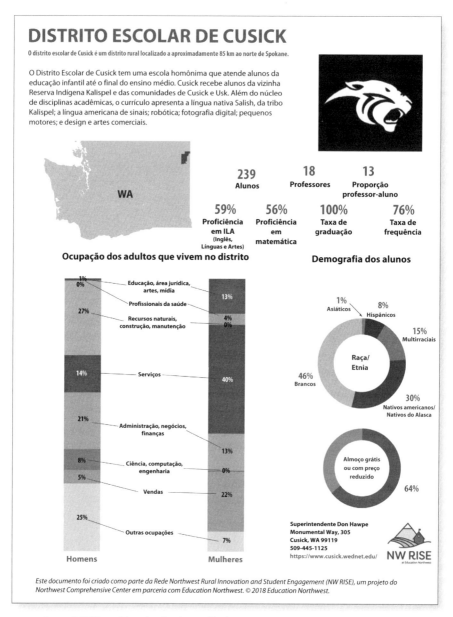

Fonte: © 2018 por Education Northwest. Usado com permissão.

**Figura 6.2** Perfil NW RISE de Cusick, em Washington.

Os cinco caminhos para o engajamento que descrevemos neste capítulo provêm diretamente da pesquisa que realizamos com educadores nesses distritos, e, ainda, da consulta de literatura relevante sobre engajamento e motivação. As seções seguintes ilustram como cada caminho de engajamento se manifestou entre estudantes, professores e os próprios líderes nos distritos da NW RISE.

## Valor intrínseco

Chris Spriggs e seu marido, Rob, foram de carro pela primeira vez para Glenns Ferry, em Idaho, em 2001. "Meu marido logo reclamou que não viu sequer um McDonald's, e a cidade obviamente não tinha muito a oferecer", escreve Chris. Ela e Rob aceitaram empregos na escola de ensino médio quase por impulso. Eles não previam que ficariam por muito tempo.

Para sua surpresa, no entanto, o casal se adaptou rapidamente à nova casa. Eles adoraram a beleza natural da região, situada entre a majestosa Montanha Bennett e o rio Snake. A região tem uma rica história; fica nas terras ancestrais dos povos nativos americanos Shoshone e Bannock. No início do século XIX, a expedição Lewis e Clark – o primeiro trânsito registrado de exploradores brancos dos Estados Unidos – atravessou o Rio Snake no que hoje é Glenns Ferry, nome dado em homenagem à balsa que foi criada em 1869 para transportar viajantes na trilha do Oregon até a Califórnia.

Embora tenham sido a história e a beleza natural da região que atraíram esse jovem casal, posteriormente foram o povo de Glenns Ferry e os estudantes de sua escola que mantiveram Chris e Rob na região por quase 20 anos. Um momento decisivo, lembra Chris, foi quando Rob "[...] foi diagnosticado com câncer no cérebro em 2012":

> A cidade se mobilizou nos apoiando, realizando campanhas de arrecadação de fundos, fazendo camisetas que todos na cidade compraram, vestiram, se fotografaram [usando] e postaram no Facebook, para que minha família pudesse vê-las enquanto estávamos sentados no hospital. As pessoas apararam nosso gramado, nos trouxeram comida e, principalmente, nos fizeram sentir apoiados e amados. Um dos momentos mais comoventes para nós foi quando o time de futebol da escola, que meu marido treinou, correu para a nossa casa (literalmente) durante o treino e trouxe para Rob uma bola de futebol que todos eles tinham assinado.[357]

Nem sempre é óbvio o ponto em que algo deixa de ter valor extrínseco e passa a ter valor intrínseco para uma pessoa. Chris e Rob foram para Glenns Ferry para ensinar por um ano ou dois, no máximo. No entanto, com o passar do tempo, eles encontraram muito mais do que esperavam. "É uma combinação do apoio da comunidade, [com] a sensação de segurança oferecida, o conforto descontraído, a conexão com a natureza e o desejo da cidade de se agarrar aos valores e às crenças tradicionais que nos mantiveram aqui",[357] escreve Chris.

À medida que o tempo passava e que Chris conhecia melhor os moradores de Glenns Ferry, ela também começou a ver as dificuldades que alguns de seus alunos enfrentavam. Sessenta e quatro por cento dos estudantes de Glenns Ferry estavam almoçando de graça ou a preço reduzido. Chris conta a história de um de seus ex-alunos que cresceu com a mãe na prisão e o pai desempregado. Ele poderia facilmente ter se irritado com "um lugar que o marginalizou", como ela diz, mas Chris pôde ver que ele tinha um espírito lutador para construir uma vida melhor para si mesmo, o que ela queria apoiar.

Chris deu a seus alunos a oportunidade de fazer um projeto de "estudo comunitário", o que os levou a fazerem um vídeo de suas vidas, complementado com tarefas de escrita e uma apresentação para seus colegas de classe. Para um estudante como aquele descrito por Chris, que estava sendo criado pelos avós e a quem foi dada a tarefa de "cuidar de seus primos, que basicamente foram abandonados pelos próprios pais", o projeto era exatamente a tábua de salvação que ele precisava. Para "esse menino, que tinha muito pouco para chamar de seu na vida", a chance de fazer um filme de suas idas e vindas diárias, ao mesmo tempo em que captava as "belas paisagens e a natureza" de sua terra natal, Idaho, foi intrinsecamente gratificante. O projeto também inspirou seus "colegas, que amaram seu vídeo" e ficaram muito contentes que ele "havia encontrado beleza em sua vida" e a compartilhara com eles.

Os estudantes vivenciam o *valor intrínseco* em suas escolas quando têm oportunidades de envolvimento em atividades que são inerentemente interessantes, lúdicas ou bonitas. Isso é especialmente importante para os estudantes vindos de um ambiente familiar difícil, com poucos meios visíveis de apoio. A escola não precisa ser uma longa e monótona marcha por meio da Base Comum Curricular do Estado ou de qualquer outra diretriz governamental; nem os professores têm que contar estritamente com suas estruturas curriculares estaduais. Encontrar uma forma de atrair os interesses *intrínsecos* dos estudantes e dar-lhes expressão acadêmica é uma estratégia segura para envolver muitos alunos como os de Glenns Ferry.

A oeste, num dia chuvoso de fevereiro, visitamos a escola pública de ensino fundamental e médio de Wishram, no estado de Washington, às margens do rio Columbia. Para começar, os alunos estavam dissecando um salmão na sua aula de ciências. A dissecação de animais é uma rotina clínica laboratorial em muitas aulas de biologia. No entanto, os professores e uma guarda-florestal local tornaram o assunto altamente engajador para os alunos por meio de instruções intrinsecamente interessantes. A animada e entusiasmada guarda-florestal do parque liderou a atividade de dissecação; ela ensinou aos alunos as partes do salmão e pediu-lhes que observassem cuidadosamente as brânquias, barbatanas e escamas, para que entendessem para que serviam as diferentes partes do salmão. Ela ensinou-lhes que o muco que cobre o salmão o protege contra doenças e também o ajuda na capacidade de deslizar facilmente dentro d'água. Os alunos ficaram totalmente cativados – e para acrescentar um toque de leveza à aula caso algum deles ainda não estivesse engajado, sempre que ela buscava capturar a atenção dos alunos ou sempre que a aula se tornava um pouco barulhenta, ela lhes disse que bateria palmas três vezes e gritaria "Peixe!", e que, nessa hora, todos deveriam levantar as mãos no ar e gritar "Escorrega!"

A pequena comunidade de Genesee, no estado de Idaho, se situa a 434,5 km a leste de Wishram, contando com apenas 955 moradores. A mais de seis horas de carro ao norte da capital estadual Boise, os estudantes de Genesee estão acostumados a um ritmo de vida muito mais lento do que o dos habitantes da cidade grande. A maioria das famílias cultiva trigo e grão-de-bico nas vastas planícies do Palouse, que cobrem milhares de quilômetros ao norte de Idaho, leste de Washington e noroeste do Oregon. Quando perguntamos aos estudantes do ensino médio como era viver em Genesee, em comparação com outros lugares que eles conheciam, eles não mencionaram outros países ou mesmo outros estados, mas começaram reclamando sobre o "quão rápido todos dirigem no *sul* de Idaho", e o quanto as pessoas eram pouco amigáveis e até mesmo "arrogantes" ali.

Como em outras partes da rede NW RISE, testemunhamos um grande engajamento estudantil na Escola Genesee. Em uma lição memorável, a carismática professora de música da escola pediu a todos os alunos que tocassem em uma orquestra de marimba! Ela os havia ensinado a tocar seus instrumentos com ritmo disciplinado (um destaque aqui para a importância da maestria) e execução alegre. Esses alunos experimentaram as recompensas intrínsecas da expressão artística, e adoraram isso.

Para nossa surpresa e deleite, os estudantes nos convidaram para nos juntarmos a eles; nos deram baquetas para bater nos xilofones e ofereceram estímulo constante. Como um certo indicador de que essa *performance* não era apenas para o nosso proveito, entre as canções eles gritavam para a professora: "Nós te amamos, professora!" e "Você é nossa segunda mãe!". Certamente você pode pensar que não deve ser tão difícil desenvolver um engajamento intrínseco com a música nos primeiros anos do ensino fundamental; a disciplina na realidade demanda isso. Entretanto, e no caso dos professores das disciplinas tradicionais, como a matemática? Como eles podem tornar a aprendizagem alegre e lúdica também?

Perguntamos à professora de música de Genesee onde ela obteve sua inspiração e suas ideias. Quando era estudante, conforme nos explicou, ela originalmente queria se tornar professora de matemática – porque seu próprio professor de matemática tinha sido muito inspirador –, então acabou lecionando música por acidente. Acontece que esse professor de matemática inspirador ainda estava lecionando na mesma escola, logo ao final do corredor. Então, logo a seguir, foi para lá que nos dirigimos. O que ele poderia estar fazendo que fosse tão engajador?

Jay Derting estava ensinando raiz quadrada. Ensinar esse tipo de conteúdo deve ser o desafio final para todo professor que acredita que tudo pode ser engajador. No entanto, os alunos de Jay desenhavam e calculavam como trabalhar os ângulos de um telhado que eles planejavam colocar em um galpão no pátio da escola. A raiz quadrada estava ligada à geometria, e a geometria estava ligada à vida real. Isso certamente preencheu o requisito de *importância* para despertar o engajamento dos estudantes.

Entretanto, havia mais do que isso. Como um professor socrático à moda antiga, Jay foi, inconscientemente, um expoente máximo do que o professor holandês Gert Biesta chamou de "belo risco", de um ensino que nos envolve cognitiva, emocional e espiritualmente.[358] A tendência em voga promove o pensamento de que *facilitar* o aprendizado parece ser a única prioridade importante, podendo depreciar a dimensão pessoal e até carismática do ensino, e levando a um *aprenderismo* (*learnification*), conforme argumenta Biesta.[359] Isso destrói o belo risco, que é a promessa de todo professor inspirador, e o substitui por uma facilitação indireta, que pode tornar-se estranhamente vazia em sua natureza. O trabalho de Biesta nos lembra que ainda não devemos eliminar os melhores tipos de ensino tradicionalmente engajadores. Se milhões de telespectadores adultos estão motivados a sintonizar as palestras TED ministradas *on--line* por especialistas inspiradores, as crianças não merecem ter a sua própria versão dessa experiência em alguns momentos de suas aulas também?

A maneira como Jay falava sobre matemática cativava seus alunos. Ele sabia como conduzir um diálogo rápido de perguntas e respostas de uma forma que atraía sua atenção. Jay aceitava estimativas em vez de buscar respostas corretas, traduzia conceitos matemáticos para a linguagem comum e certificava-se de chamar uma ampla variedade de alunos em vez de apenas um ou dois. Ele dava um *feedback* constante, preciso e de tom positivo. Os estudantes não tiravam os olhos dele em nenhum segundo.

As disciplinas e assuntos escolares não são apenas corpos de conhecimento; são também culturas e comunidades de professores que possuem maneiras diferentes de ser.[360] Os professores de matemática muitas vezes não se relacionam com seus alunos ou uns com os outros do mesmo jeito que os professores de estudos sociais, de inglês ou de música. Enquanto os professores do projeto NW RISE se reuniam duas vezes por ano para se engajarem no planejamento colaborativo de currículos, os professores de inglês, por exemplo, realizavam esse processo diretamente; já os de matemática tendiam a escolher suas palavras com mais parcimônia e eram menos propensos a mergulhar de cabeça em novos relacionamentos. Além disso, os professores de matemática da NW RISE descobriram que tinham grandes diferenças entre si, no que diz respeito à sua confiança na matéria. Enquanto Jay tinha sido um finalista do Professor do Ano de Idaho, outro colega da mesma disciplina confessou que nunca havia gostado de matemática – ele começara a ensinar porque adorava treinar e queria ser instrutor de educação física. Porém, em um ambiente rural com poucos especialistas, ele havia sido designado para ensinar matemática como parte de sua carga horária multidisciplinar.

Em algum momento, porém, um membro do grupo de trabalho de matemática surgiu com a ideia de projetar "caixas de escape" com correntes e fechaduras codificadas que poderiam ser abertas resolvendo uma série de quebra-cabeças matemáticos. O grupo ficou incrivelmente entusiasmado com isso, trouxe caixas reais nas sessões seguintes de planejamento e projetou atividades que, segundo os professores, foram tão engajadoras para seus alunos quanto haviam sido para eles. Não havia nenhuma relevância ou importância óbvia para essa atividade. Não havia tecnologia digital, nem aparelhos ou geringonças – apenas o aparato tátil de combinações e fechaduras. No entanto, a atividade era certamente criativa, imaginativa, suficientemente desafiadora e completamente divertida – exatamente como os *escape rooms* em tamanho real que atraem grupos de consumidores adultos em todo o mundo.

Alguns anos depois, todo o grupo de matemática se apresentou para mais de 100 colegas em uma reunião da NW RISE, dando um testemunho comovente. Eles descreveram como a sua dinâmica colaboração havia trazido novos prazeres e recompensas ao ensino da matemática, mesmo para aqueles que originalmente não tinham confiança no material. Eles mostraram trechos de vídeos em que seus alunos apareciam envolvidos em problemas de medição extraídos do popular romance Buracos, de Louis Sachar. O grupo também teve o prazer de desafiar seus colegas da NW RISE a se esforçarem para resolver alguns problemas matemáticos, sendo provocados pelas mesmas estratégias de resolução desses problemas usadas pelos estudantes.[361] A matemática, como vimos, poderia e pode ter tanto encantamento intrínseco quanto dissecar peixes na aula de ciências ou tocar marimba na aula de música.

Não podemos projetar tarefas intrinsecamente gratificantes o tempo todo em nossas escolas, mas podemos fazer muito mais do que fazemos agora. Como Jay Derting mostra, isso pode ser realizado até durante o aprendizado sobre raiz quadrada nas aulas de matemática! O próprio Jay é seduzido pela beleza da matemática, transmitindo esse entusiasmo contagiante aos alunos. Considere o interesse inerente na solução de enigmas – que não só era engajador para os macacos de Harry Harlow, mas também se aplica a todos os primatas, incluindo os seres humanos – e os elementos-chave da motivação intrínseca que neles estão presentes. Quando pudermos atingir esse nível de engajamento em todas as séries e em todo o currículo, nos aproximaremos mais da alegria de brincar que Sahlberg e Doyle dizem, corretamente, que devemos trazer para todas as nossas escolas.

## Importância

Os estudantes experimentam uma sensação de realização quando o que aprendem é tão *importante* para eles que começa a influenciar suas identidades, seus objetivos e seu desejo de fazer a diferença no mundo. É a diferença entre *aprender a tocar piano* e *se tornar um pianista*. Quando você *quer* tocar piano e isso se torna uma forma essencial de expressar quem você é e o que você valoriza, você chega ao que nosso colega do Boston College, Stanton Wortham, chama de *identificação social* com uma forma de arte ou uma disciplina.[362]

> *Os estudantes experimentam uma sensação de realização quando o que aprendem é tão importante para eles que começa a influenciar suas identidades, seus objetivos e seu desejo de fazer a diferença no mundo. É a diferença entre aprender a tocar piano e se tornar um pianista.*

Como o elemento importância se tangibiliza em salas de aula rurais e remotas? Vamos começar com alguns exemplos dos professores de estudos sociais da NW RISE.[363]

Em 2016, quando as milícias antigovernamentais protestaram contra a enorme extensão de terras federais a oeste do Malheur National Wildlife Refuge, no estado do Oregon, os professores de estudos sociais da NW RISE consideraram esta como uma fantástica "oportunidade para ensinar". Eles criaram e compartilharam planos de aula sobre a Constituição dos EUA, a história dos parques nacionais e os debates contemporâneos entre ambientalistas e grupos empresariais. A América rural está longe de ser homogênea, e não é raro que pequenas comunidades sejam compostas por uma mistura de guardas-florestais a favor da conservação e de madeireiros e mineiros que se ressentem das restrições à iniciativa privada e das ameaças aos empregos locais. As unidades curriculares organizadas em torno dos protestos e a resposta do governo federal deram aos estudantes maneiras de entender suas próprias comunidades, assim como as queixas de alguns grupos e as preocupações de outros.

Os professores de estudos sociais compartilharam suas experiências em sala de aula na plataforma *on-line Schoology*, da NW RISE.

Em seguida, ajudaram uns aos outros a desenvolver seus planos de aula para que se tornassem engajadores para todos os seus alunos, inclusive para os que inicialmente não tinham se interessado pelo tema. Essas lições não apenas consolidaram a ideia de uma identidade rural americana rica e compartilhada; elas ainda ensinaram aos alunos que eles também poderiam apreciar a importância de participar de um debate democrático animado e chegar a um consenso.

Rob Coulson, professor de estudos sociais na isolada comunidade florestal de Powers, no Oregon, ficou frustrado com o fracasso de alguns de seus alunos em se engajarem suficientemente nos estudos. Nessa escola de ensino médio, que atendia uma população estudantil de apenas 60 jovens, Rob decidiu oferecer duas disciplinas eletivas que pensou que atrairiam a atenção de seus alunos: a história dos EUA no século XX vista pelo prisma do esporte, por um lado, e da música, por outro. "É a abordagem da colher de açúcar",* disse ele, em que os estudantes eram expostos ao esporte e à música "como porta de entrada" para um estudo e uma análise histórica mais profundos.

Ele organizou longas *playlists* de filmes e clipes musicais, artigos e interpretações de acontecimentos marcantes para os estudantes. As *playlists* expuseram os estudantes a um material que os levou ao coração da história dos Estados Unidos. Coulson organizou a aula tematicamente em torno de importantes episódios históricos, tais como a Grande Depressão, a Segunda Guerra Mundial e a Guerra no Vietnã. Assim, *spirituals*, *blues*, *ragtime*, grandes orquestras de *jazz*, Beatles e David Bowie, juntamente com artistas do *hip-hop* como Public Enemy e Coolio, foram integrados em seu currículo. O professor combinava a importância com o interesse intrínseco.

Rob estava especialmente interessado em apresentar aos estudantes gêneros musicais e artistas com os quais eles não estavam familiarizados. Ele estava ansioso por lhes apresentar novos interesses, bem como para seguir quaisquer interesses que eles já tivessem. Ele queria que os jovens viessem a apreciar músicas que fossem furiosas, engraçadas e socialmente

---

*N. de R.T. O termo original em inglês *"spoonful-of-sugar approach"*, faz referência à canção *A spoonful of sugar*, do filme Mary Poppins. No filme, a música ajuda as crianças a tomarem o remédio; no caso do livro, os temas atraem os alunos para a entrada no debate da história americana do século XX.

críticas, tudo ao mesmo tempo. Por exemplo, poucos deles tinham ouvido falar do lendário guitarrista Josh White, o primeiro afro-americano cuja música vendeu mais de um milhão de discos. O clássico de White, "*One Meatball*", contava a triste história de um homem faminto que possuía apenas 15 centavos. Quando o único item que ele podia pagar no menu era uma única almôndega, a letra da canção ressoava: "O garçom gritou no corredor, / 'Você não ganha pão com uma almôndega!'".[364]

Enquanto muitos estudantes esperavam um curso mais leve, por meio de canções como essa eles constataram o seguinte: "de repente estávamos falando de coisas bastante pesadas: pobreza massiva, racismo, uso de drogas, todas essas coisas". Eles aprenderam que o ativismo de White pelos direitos civis o levou a ser incluído na lista proibida pela indústria de entretenimento dos EUA e que ele teve que se mudar para Londres durante a década de 1950 para manter a carreira ativa. Em sua análise de canções como "*One Meatball*", os estudantes aprenderam a tratar uma canção cativante como uma fonte histórica primária – assim como os musicólogos fazem todos os dias – e a desenvolver perspectivas mais críticas sobre o passado dos Estados Unidos do que teriam desenvolvido de outra forma.

Nem todas as músicas que os estudantes estudaram tinham a ver com temas sociais ou políticos, como pobreza, guerra e racismo. Em um estudo do icônico álbum do Pink Floyd, *Dark side of the moon*, por exemplo, os estudantes "ouviram o álbum em aula, ininterruptamente, tal como a vida de um indivíduo desde o nascimento até a morte". Os alunos então "escreveram sobre o significado da vida e da filosofia, analisando o álbum como uma unidade em si mesma". Rob descreveu essa como "uma das aulas mais engajadoras que eu já vi na vida". Os estudantes puderam se ver como parte de um ciclo de vida dinâmico e compartilhado por todos os seres humanos, em todas as culturas, ao longo dos milênios. O engajamento, nesse caso, era existencial. Ele exemplificava a transcendência, o nível mais alto da hierarquia de necessidades de Maslow.

De volta a Wishram, a tarefa da dissecação do salmão não foi apenas tratada de uma forma que a tornou intrinsecamente interessante. A escola atendia ao povo Wishram, uma tribo indígena americana. A pesca do salmão nas Cataratas do Celilo, nas proximidades, era uma parte central de sua herança cultural. A escola também atendia a uma comunidade de classe trabalhadora branca em uma cidade que deixara de ser um local de passagem de turistas devido à construção de uma nova estrada, e, além disso, havia mergulhado no desemprego quando os pátios ferroviários locais fecharam. Muitos dos moradores haviam se tornado financeiramente dependentes dos benefícios da previdência social, e ouvimos reclamações sobre alguns que estavam envolvidos no comércio ilegal de metanfetaminas. O salmão e a indústria de pesca do salmão eram vistos como uma forma de reavivar o comércio turístico da cidade no futuro, ao mesmo tempo que honravam uma parte importante da herança indígena. Como tópico curricular, tinham uma importância local indiscutível.

*A importância não precisa envolver autorrelevância. Não podemos esperar que todos os estudantes de todas as idades estejam estudando questões de importância decisiva o tempo todo.*

No entanto, a importância não precisa envolver autorrelevância. Não podemos esperar que todos os estudantes de todas as idades estejam estudando questões de importância decisiva o tempo todo. Para as crianças mais novas, por exemplo, a importância pode estar ligada a aspectos de vida diferentes dos que podem ser encontrados em estudantes mais velhos. Vimos isso em uma turma de alunos do quinto ano na pequena cidade de Ione, no leste do Oregon. Os estudantes liam em voz alta um artigo de uma revista sobre bonecas com defeitos que explodiam, brinquedos defeituosos movidos por bateria que davam pequenos choques elétricos em crianças, e animais de pelúcia contaminados que causaram erupções cutâneas por muitas semanas em jovens incautos. O artigo provocou uma animada conversa sobre as responsabilidades dos fabricantes e a segurança dos consumidores. Os estudantes aprenderam como era útil estarem sempre atentos aos riscos à saúde em relação a qualquer coisa que pudessem trazer para suas casas.

Por meio de atividades em pequenos grupos e depois com a turma inteira, os estudantes compartilharam histórias sobre as próprias desventuras com seus brinquedos favoritos ou com produtos que suas famílias haviam adquirido e que não funcionaram bem. Eles aprenderam que quando os consumidores têm problemas com qualquer tipo de mercadoria que tenham comprado, não precisam lidar com o problema sozinhos, porque seu governo aloca recursos para garantir que as pessoas não sejam enganadas ou prejudicadas pelos produtos que adquirem. As crianças compartilharam histórias de fraudes publicitárias que conheciam e parecerem aliviadas ao saber que existem opções de reparação quando algo não acontece como deveria. Esses jovens foram capazes de se engajar com um tópico que transmitia informações importantes para eles e para suas famílias. Eles ficaram tão motivados pelo assunto que não queriam nem sair para almoçar!

O ímpeto para aprender sobre tópicos importantes pode vir dos alunos ou de seus professores. Muitas vezes os alunos nem sequer sabem da existência de um problema até que seus professores o apresentem a eles. Isso exige que os professores exerçam seu julgamento profissional para antecipar o que pode despertar o interesse dos alunos e mantê-los engajados durante toda uma unidade curricular – pode ser algo profundo e com conexões sociais, ou encantador e mágico em termos existenciais. Os professores que vivem nas mesmas comunidades onde lecionam (como ocorre frequentemente com os professores rurais) em vez de se deslocarem por longas distâncias têm, aqui, uma vantagem, porque conhecem essas comunidades por dentro e por fora. Quer seus alunos estivessem estudando sobre milícias antigovernamentais, investigando a cultura popular expressa em esportes ou música popular, ou ainda aprendendo sobre os direitos do consumidor por meio de brinquedos que não funcionam bem, os professores da NW RISE conseguiriam encontrar maneiras de identificar os tópicos que seus alunos consideravam relevantes para permanecer com eles, porque estes realmente importavam.

## Associação

Há poucos desafios maiores para o bem-estar e a satisfação dos jovens do que a falta de pertencimento. Os estudantes que se sentem isolados e são tratados como estranhos são mais propensos a experimentar problemas de saúde mental e a sofrer com o insucesso. Os agentes envolvidos em tiroteios escolares tendem a ser os solitários apócrifos que muitas vezes se sentem intimidados ou marginalizados pelos colegas.[365] Escrevendo para a revista *The Atlantic* sobre aspectos irônicos do aprendizado em casa durante a pandemia de covid-19, Erika Christakis relata pesquisas indicando que as consultas psiquiátricas de emergência (entre 2009 e 2012) mais do que dobraram durante os meses em que a escola estava em atividade – em comparação com o período do verão e das férias – e que a taxa de suicídio entre jovens cai durante as férias.[366] Assim como o isolamento, as interações sociais negativas na escola também podem ter efeitos altamente prejudiciais.

*A construção proativa do pertencimento é um componente-chave do engajamento com o aprendizado, com a comunidade local e com a vida.*

A construção proativa do pertencimento é um componente-chave do engajamento com o aprendizado, com a comunidade local e com a vida. Nas escolas isso pode acontecer nos corredores, no pátio, nos esportes em equipe e nas atividades extracurriculares. No entanto, o lugar mais importante para começar a fomentar relações positivas entre os jovens é a sala de aula – nas relações próximas com os professores, em como e onde o currículo pode se conectar com questões da comunidade local e em como o aprendizado em si é cooperativo.

Michael O'Connor, um ex-aluno de doutorado que trabalhou conosco na rede NW RISE, escreveu sua tese sobre o grupo de trabalho de artes em língua inglesa.[367] Ele descobriu que os alunos da rede NW RISE tinham, em grande parte, uma imagem positiva sobre suas escolas. Um deles disse que "todos os professores nos conhecem [...]" e que eles sabem que "[...] quando não estamos dando o nosso melhor, nos pressionam ainda mais para chegarmos a esse ponto". O baixo índice aluno-professor em suas escolas rurais foi visto como um verdadeiro trunfo: "[...] Há menos alunos, portanto é mais fácil para os professores se concentrarem nos estudantes e serem capazes de ajudá-los especificamente, em vez de ter muitos alunos com os quais teriam que lidar"[367], observou um professor. Nas melhores situações, as escolas seriam como uma extensão do lar. Um estudante disse:

> Nós somos como uma família aqui. Nossa orientadora de classe – nossa professora – diz que se sente como nossa mãe, porque ela diz que agimos como irmãos e irmãs por aqui. Nós discutimos, nós nos amamos. Acho que isso é muito bom aqui, porque é tudo uma grande família.[367]

Mesmo que existam algumas fontes de tensão inevitáveis em uma área rural, os estudantes descobriram que "[...] quando há pessoas de tipos socialmente diferentes, elas ainda são aceitas pela comunidade, porque são o tio ou a tia de alguém".[367] Não foram poucos os professores da NW RISE que descreveram casos de alunos que deram problema quando estavam nos anos finais do ensino fundamental, mas que se revelaram valiosos anos depois, quando foi necessária alguma ajuda com reparos paisagísticos ou elétricos, por exemplo.

No entanto, os estudantes também eram críticos em relação a crescerem em comunidades fortemente unidas. "Todos sabem tudo sobre todo mundo e é exatamente por aí que as coisas podem dar errado", observou um estudante. Se os estudantes fazem parte do grupo popular de atletas, eles estão preparados para se enturmar, mas se não fazem fica mais "difícil de se encaixar", porque simplesmente não há jovens de outros tipos com os quais se possa interagir. "[...] Se uma pessoa não gosta de você, você é afastado", disse um estudante. "Se você não se dá bem com as pessoas daqui, não pode conhecer novos grupos, porque todos aqui são praticamente do mesmo grupo geral de pessoas".[367]

Vivenciar a sensação de pertencimento com outros estudantes ao seu redor é, de várias maneiras, mais fácil de acontecer nas escolas rurais do que nas localizadas em metrópoles urbanas. Às vezes, entretanto, a ligação intensa com os outros pode levar a preconceitos ou a um mero desconforto em relação a desconhecidos de locais distantes — ou mesmo a pessoas do outro extremo de seu mesmo estado, que parecem "arrogantes"! Quando os professores antecipavam a interação dos alunos com outras pessoas, em um mundo expandido após a conclusão do ensino médio, a consciência dos jovens sobre seu mundo rural e isolado, assim como os sentimentos de insegurança que o acompanhavam, se tornavam aparentes para os educadores. Estes ficaram surpresos com algumas das preocupações que os alunos revelaram quando compartilharam amostras de suas redações com colegas de outras escolas da rede. "Professora, não quero que eles pensem que sou burra", se preocupava um aluno. "Os garotos da outra escola vão pensar que somos de uma *gangue*", disse outro estudante. "Eu não quero que eles me julguem", disse-lhe um terceiro. "Quase *me* fizeram entrar em pânico", lembrou essa professora. "O medo deles era palpável na sala de aula".

Os professores foram tomados de surpresa pelo óbvio desconforto de seus alunos em se associar com colegas de outras escolas. Entretanto, eles estavam determinados a ensinar aos alunos que, sempre que escrevessem, deveriam ter um público em mente. Gostando ou não, mais cedo ou mais tarde eles teriam que aprender a se sentir confortáveis em se relacionar com outros fora de seu próprio grupo, bem como dentro dele. Os estudantes entenderam isso e enviaram seus textos para revisão. Uma vez superado o desapontamento inicial dos jovens ao receber comentários críticos de colegas das outras escolas da NW RISE, esse professor "começou a notar uma mudança". Seus alunos passavam mais tempo certificando-se de que seus rascunhos e postagens fossem inteligíveis e editados da melhor forma possível; eles estavam descobrindo que compartilhavam um senso de pertencimento com os outros alunos das remotas comunidades rurais da rede NW RISE. "Eles aprenderam a desenvolver suas habilidades como editores, e descobriram que, como haviam engolido o orgulho, podiam aprender com os outros também", disse o professor. O melhor de tudo: "Eles aprenderam a ter mais confiança em si mesmos".

No livro *Democracia e educação*, John Dewey dedica uma seção para abordar "as implicações da associação humana". Dewey valorizava a democracia como "[…] um modo de vida associado, de experiência conjunta comunicada".[368] Para que a democracia funcione, ele afirmava, todos precisam experimentar "[…] relações livres e equitativas que brotam de uma variedade de interesses compartilhados […]".[368] Esse tipo de relação ou associação não acontece naturalmente entre os estudantes. Tem que ser projetada e sustentada por seus professores.

## Empoderamento

Como vimos no Capítulo 2 (página 43), Daniel Pink argumenta que a autonomia é um dos elementos essenciais do engajamento intrínseco. Autonomia não é ter controle sobre outras pessoas, mas ter poder sobre o próprio destino. Isto é o que significa ser *empoderado*: ter controle sobre suas próprias ações e escolhas. Um dos piores estados da existência humana é ser privado de autonomia. A autonomia zero é um estado de totalitarismo que nos priva da capacidade de determinar nosso próprio futuro.

O caminho para a autonomia ocorre por meio do empoderamento. No currículo escolar, empoderamento significa que o professor nem sempre determina o que pode ser melhor ou mais relevante para um aluno; ele também pode começar ajudando os alunos a descobrirem o que pode ser mais relevante, útil ou importante para eles. O empoderamento consiste em ajudar os estudantes a se tornarem cada vez mais autodirigidos e autodeterminados, para que possam prosperar durante o aprendizado remoto em uma pandemia e em todas as demais condições. Trata-se de buscar o espírito das propostas de Kieran Egan para a aprendizagem em profundidade, a fim de que, com o tempo e em pelo menos alguns tópicos de aprendizado, os estudantes acabem conhecendo mais do que seus professores.

Esse contraste entre a autonomia dos estudantes e o controle benevolente dos professores tornou-se evidente em um dos projetos de redação da NW RISE, em que os estudantes foram convidados a investigar e a desenvolver opiniões independentes sobre a tecnologia um-para-um (um dispositivo por aluno) nas escolas. Os professores pensaram que seus alunos gostariam de debater uns com os outros sobre o uso de ferramentas digitais no ensino escolar. No entanto, o tema não despertou seu interesse; era muito comum, disseram os alunos. Embora parecesse relevante para os professores, nada em relação ao tema entusiasmou seus alunos.

Os professores responderam perguntando a seus alunos quais tipos de temáticas poderiam despertar seu interesse e descobriram que eles estavam atentos a uma verdadeira transformação em andamento nas fazendas e nos ranchos da região: o uso de *drones* na agricultura. Em muitas comunidades rurais, os *drones* são uma forma cada vez mais popular de manter o controle da saúde das plantações e de realizar seu plantio e colheita. Por outro lado, os agricultores nem sempre estão plenamente informados sobre os aspectos potencialmente negativos dos *drones* para suas fazendas e comunidades. Embora os *drones* possam eliminar a necessidade de mão de obra agrícola que realize trabalhos pesados, eles também podem levar à demissão de trabalhadores. Em pequenas comunidades rurais, as ramificações da perda desses empregos podem ser substanciais.

Os aspectos tecnológicos dos *drones* também são complicados. Quem aprenderia a montá-los e a colocá-los em funcionamento? E se eles não funcionassem perfeitamente desde o início e exigissem ajustes? Quem os consertaria quando se quebrassem? As comunidades rurais, orgulhosamente independentes, se sentiriam agora atraídas para a dependência de empresas de tecnologia remota para informações básicas sobre o plantio, o cuidado com as plantações e a colheita?

Nenhuma dessas perguntas têm respostas fáceis. Mesmo os especialistas em robótica e negócios confessam que mal entendem os tipos de perturbações que serão provocadas por desenvolvimentos como a tecnologia dos *drones*. Alguns preveem a perda de milhões de empregos; outros antecipam a criação de empregos em áreas como atendimento ao cliente e *marketing*.

Diante de um assunto realmente difícil e desafiador para ser estudado, os alunos responderam com animação. Alguns de seus textos refletiam um entusiasmo inabalável pelos *drones*. "Como Idaho tem uma grande quantidade de pessoas que vivem da agricultura", escreveu um estudante, "os *drones* poderiam ser um dispositivo muito benéfico para eles; poderiam voar sobre o campo e tirar fotos em alta definição das plantações para o agricultor ver". Quando os professores ensinavam aos alunos sobre algumas das novas capacidades dos *drones*, tais como a capacidade de detectar áreas de infestações por insetos nas plantações ou áreas que precisavam de irrigação adicional, seus alunos podiam ver os benefícios imediatamente. "Oh, isso seria tão legal!", gritavam eles.

Ao mesmo tempo, os estudantes também expressavam preocupação com as consequências não intencionais do uso de *drones*. Eles aprenderam que esses equipamentos causavam acidentes devido ao mau funcionamento e que, não obstante o seu valor em fornecer fotografias aéreas das colheitas aos agricultores, os defensores da privacidade se preocupavam que os *drones* voltados à agricultura, ou mesmo a outros lugares, também pudessem ser usados para bisbilhotar os vizinhos. Essas questões, então, foram discutidas em artigos opinativos que os estudantes escreveram. Além de escrever para seus colegas em outras escolas rurais da rede, eles também escreveram cartas para os líderes políticos locais.

O empoderamento parece ser um caminho viável para os estudantes do ensino médio, que estão se aproximando da idade adulta. Todavia, e os estudantes dos anos iniciais do ensino fundamental? O empoderamento é um caminho realista de engajamento para eles?

Karen Martin é uma professora do distrito escolar de Denali Borough, na área rural do Alasca. A vila de Karen, Healy, tem apenas "cerca de 1.000 pessoas" e apenas em 2017 teve o seu "primeiro mercado completo". Embora Karen fique impressionada com a beleza da região selvagem do Alasca, ela sabe que sua cidadezinha não é fácil para todos. Há uma visível divisão de classes sociais entre aqueles que ganham a vida como mineiros de carvão e aqueles que trabalham como guardas-florestais no parque vizinho, o Denali National Park, ou na indústria do turismo.

Karen sabe tudo sobre como trazer engajamento com as perguntas de seus alunos relacionadas ao próprio aprendizado. Em uma ocasião, quando do ela ensinava a suas alunas da quarta série sobre a história do movimento sufragista feminino, Karen pensou que elas se inspirariam com o ativismo por justiça social das feministas de um século atrás. Afinal de contas, a própria mãe de Karen teve que lutar para sustentar seus três filhos com a ajuda da assistência social quando Karen era pequena. Muitos dos alunos de Karen que são de famílias da classe trabalhadora, do setor de mineração de carvão, passaram por dificuldades semelhantes. Healy é "um lugar difícil e desafiador para se viver, especialmente nos períodos mais frios e mais escuros do ano", Karen destacou. Os estudantes não gostariam de saber como outras mulheres trabalhadoras haviam protestado e lutado por seus direitos e por suas famílias no passado? Sua própria mãe dissera a ela e aos seus irmãos que a educação era "essencial" e era o caminho mais seguro para sair da pobreza e da dependência; ela queria que seus próprios alunos da classe trabalhadora também percebessem isso. No entanto, a história dos direitos da mulher não foi o que preocupou Matthew, um dos garotos da classe de Karen. Suas ideias sobre o que valia a pena estudar eram desafiadoras e profundas. "Os estudantes deveriam ter permissão para protestar", disse ele. "Deveríamos protestar se achamos que a escola não tem um propósito". Matthew expressava sua revolta a respeito do desempoderamento.

Karen era membro do Grupo de Escritores da NW RISE, que queria compartilhar suas reflexões e disseminá-las para outros professores. Em seu artigo para o diário sobre Matthew, ela lembrou que ele "estava automaticamente na defensiva por dentro". A professora pediu a Matthew que desenvolvesse seu pensamento. "Não deveríamos entender o propósito do que fazemos na escola?", perguntou ele. "Por que não podemos escolher as nossas aulas ou as coisas que fazemos conforme o que achamos que vale a pena fazer?"

Os comentários de Matthew "doeram, porque, é óbvio, levei suas palavras para o campo pessoal", lembrou Karen. Ela assumiu, no entanto, o desafio de ser mais empática. "Pela primeira vez, entendi um pouco melhor como era a escola através de seus olhos", prosseguiu ela. Foi um ponto de inflexão. "Eu disse a meus alunos, naquele dia, que eles deveriam questionar o propósito do uso do seu tempo. Melhor ainda, que deveríamos elaborar juntos o nosso propósito, e eles deveriam, de fato, ter controle em relação ao tempo de suas próprias vidas".

Mesmo nos anos iniciais do ensino fundamental, os professores têm que estar dispostos a ouvir as perguntas de seus alunos e, depois, a responder-lhes com o coração e a mente abertos. Ninguém quer se sentir condenado a ficar sentado e assistir enquanto outros decidem o seu destino, seja em sua comunidade ou em sua sala de aula. A luta para encontrar os projetos certos não apenas *para* os estudantes, mas também *com* os estudantes – especialmente aqueles que são econômica ou culturalmente marginalizados – representa, definitivamente, um movimento em direção ao desenvolvimento de maior autonomia, engajamento e empoderamento dos alunos.

## Maestria

A *maestria*, ou o *domínio* do tema, tem a ver com a aquisição de conhecimentos, habilidades ou *expertise* que envolve desafios e dificuldades. A sensação de maestria traz satisfação quando são atingidas a destreza em uma habilidade ou a sabedoria na compreensão de algo conceitualmente difícil. O domínio de um tema não pode ser dado como um presente; ele tem que ser conquistado. Na verdade, quanto mais fácil for algo, menos provável é que se torne possível experimentar a maestria.

Em 1984, o falecido Ted Sizer, fundador da Coalition of Essential Schools, anteriormente uma rede com mais de 100 escolas inovadoras nos Estados Unidos, argumentou que muitas escolas de ensino médio encorajavam tacitamente o oposto da maestria. Os professores, que trabalhavam sob cargas de tarefas e prazos impossíveis, aprenderam a oferecer aos alunos o que estes queriam, por meio da redução dos níveis de exigência, enquanto os alunos fizeram o mesmo, cumprindo suas exigências mínimas – mesmo quando nem sabiam por que haviam sido solicitados a fazer tais tarefas.[369] Era um ciclo vicioso que precisava ser quebrado, com professores dando desafios genuínos aos alunos e depois lhes fornecendo o apoio de que precisavam para realizá-los.

Qual foi a solução de Sizer para esse dilema? Sua Coalition of Essential Schools desenvolveu um conjunto de "princípios comuns" para redesenhar as escolas; um dos mais importantes era o conceito de "aluno como trabalhador, professor como treinador". Nesse modelo, "[...] uma pedagogia proeminente será ensinar aos estudantes como aprender e, assim, ensinar a si mesmos".[370] Dessa forma, a coalizão ajudaria os estudantes a alcançarem outro dos princípios comuns, a "demonstração de domínio sobre os temas", por meio da realização de "tarefas reais" que possuíssem significado pessoal para os estudantes e para os outros.

Enquanto a coalizão acabou sendo destinada ao esquecimento pelo implacável rolo compressor da Era do Desempenho e do Esforço, suas ideias a respeito do estudante como trabalhador e da demonstração de maestria continuam a viver nas inúmeras escolas inspiradas por ela – incluindo as escolas rurais da NW RISE.

Mark Martin, marido de Karen, é um professor de ciências que foi atraído à região de Denali pela perspectiva de longas caminhadas em meio à magnífica natureza selvagem. Em uma conferência da NW RISE, falamos sobre como nosso colega do Boston College, Mike Barnett, havia conseguido engajar os jovens da cidade em aulas de ciências com *kits* aquapônicos baratos que eles montaram. "Por que não fazer algo assim em minha escola?", Mark pensou. Como seus colegas em escolas a mais de 6 mil quilômetros de Boston, os alunos de Mark poderiam aprender sobre a diferença entre hidroponia, em que as plantas crescem sem solo e em água enriquecida com nutrientes, e aquaponia, em que os peixes são "adicionados à mistura" e seus resíduos excretados fornecem uma fonte adicional de nutrientes orgânicos para as plantas.

Entretanto, em vez de apenas encomendar os *kits*, Mark encorajou seus alunos a desenvolverem seu próprio sistema aquapônico do zero. Ele ficou encantado em ver como alguns de seus alunos mais difíceis aceitaram o desafio. Eles se envolveram tanto na concepção e na montagem do sistema aquapônico, assim como no monitoramento do equilíbrio correto entre água, iluminação, policristais e nutrientes, que começaram a ficar além do horário escolar apenas para cuidar dos peixes e das plantas, para garantir que tudo estivesse em ordem. Os estudantes "coletaram dados, incluindo nutrientes e taxas de crescimento", e ficaram fascinados em ver que eles podiam cultivar alface com sucesso naquele ambiente. No final, eles tiveram uma "pequena comemoração na turma quando as alfaces ficaram grandes o suficiente para comer".

A atividade aquapônica final foi uma apresentação na exposição anual do aprendizado dos alunos da escola. "É um momento único com uma audiência real, em que os estudantes tiveram que conhecer a ciência e compreender os dados que coletaram em um nível suficientemente alto para explicá-los", explica Mark. "Vi isso motivar meus alunos", escreve ele, e "isso ajudou a melhorar a compreensão, o esforço e o engajamento em minha sala de aula". Para esses alunos, anteriormente relutantes, a aula de ciências deixou de ser um requisito obrigatório do curso, tornando-se uma disciplina pela qual eles exibiram grande entusiasmo e na qual demonstraram verdadeiro domínio sobre algo importante para eles e que também poderia ter utilidade quando se formassem.

Uma vez mais, esse exemplo ilustra como os cinco caminhos para o engajamento muitas vezes se cruzam, e às vezes até se fundem, em uma rodovia extensa que leva ao aprendizado inclusivo e à realização. O domínio da aquaponia envolveu os estudantes na tarefa *intrinsecamente* intrigante de construir seus próprios *kits*. Em uma economia sempre ameaçada, essa maestria construiu e modelou empreendimentos locais que também estavam conectados ao meio ambiente; ela tinha uma *importância* inegável. Além disso, ela *empoderou* os estudantes a assumirem a responsabilidade por algo que não era apenas uma tarefa com valor intrínseco, mas que poderia ter impacto na comunidade. Eles não fariam nada disso sozinhos da mesma forma como realizavam um teste padronizado, preenchiam planilhas de trabalho ou até mesmo aprendiam *on-line*. O sucesso de seu projeto dependia de trabalharem juntos, uns com os outros, construindo *associações* não apenas em torno do aprendizado, mas também pelo próprio ato de aprender.

## ENCONTRANDO O CAMINHO PARA O FUTURO

> *A abordagem sociológica nos obriga não apenas a* melhorar o trabalho *em nossas próprias salas de aula, mas também a* mudar o jogo *em nossas escolas e sistemas escolares.*

Na teoria e na prática, já vimos que o engajamento estudantil é um fenômeno tanto sociológico quanto psicológico. Pensar no engajamento dos estudantes é muito mais do que apenas conseguir que professores individuais se esforcem mais ou pensem de forma diferente para fazer com que seus alunos se interessem pelo aprendizado. A abordagem sociológica nos obriga não apenas a *melhorar o trabalho* em nossas próprias salas de aula, mas também a *mudar o jogo* em nossas escolas e sistemas escolares. Este capítulo aprofundou-se no engajamento estudantil, aproveitando e expandindo a base de pesquisa tradicional nesse campo para estabelecer cinco caminhos mais ousados de engajamento dos estudantes.

O engajamento estudantil que ativa o *valor intrínseco* do aprendizado é aquele que conecta os alunos a questões que os estimulam emocionalmente, os intrigam cognitivamente e transformam suas salas de aula em lugares de magia e admiração. O aprendizado engajado é frequentemente importante e até mesmo relevante no sentido convencional, mas isso não significa que todo o aprendizado deva se tornar sério ou exemplar. O currículo pode ser relacionado às personalidades dos estudantes e às formas de saber que são familiares às suas culturas – da mesma forma que a aula de dissecação de salmão em Wishram. Ele também pode animar a todos com canções empolgantes que inundem as salas de aula com sentimentos de alegria e de pertencimento. Os alunos podem ouvir a letra das canções de protesto enquanto se perdem no ritmo intrínseco e no fluxo da música psicodélica ou do *hip-hop*. Em um mundo pós-pandêmico, esse potencial revitalizante da música e das artes não deve se tornar a primeira vítima da austeridade que tende a proteger os selos padronizados da Era do Desempenho e do Esforço. Áreas de aprendizagem que são inspiradoras, intrinsecamente envolventes, pessoalmente fortalecedoras e socialmente importantes não devem ser economicamente dispensáveis. Elas são, na verdade, indispensáveis se quisermos engajar *todos* os nossos estudantes.

O engajamento que é *importante* não pode ser justificado apenas em relação a recompensas distantes, no trabalho e no ensino superior. Ele também deve estar ligado à aquisição de habilidades do mundo real, à expressão da identidade dos alunos e à abordagem de problemas e questões evidentes no meio ambiente e na sociedade. Estes podem incluir tópicos tão díspares quanto os problemas políticos contemporâneos, a história do esporte e a interpretação de letras musicais. Um aprendizado como esse conecta os estudantes com quem são, onde vivem e o que realmente importa no mundo. Para sustentar esse movimento, devemos também garantir que as obsessões burocráticas – por padrões preestabelecidos e testes de alto desempenho – não desengajem os estudantes ao limitar as oportunidades de aprendizado que têm significado e propósito para eles.

O engajamento também envolve a *associação* ou o pertencimento a um grupo ou comunidade – associação, esta, que carrega o significado de que algo tem valor e que fortaleça o próprio senso de identidade e valor. É tarefa do professor construir o engajamento dos estudantes, desenvolvendo fortes sensos de associação e pertencimento, não apenas entre alguns poucos alunos – atletas proeminentes ou futuros oradores da turma, por exemplo –, mas também entre todos os jovens de origens, classes, culturas e temperamentos diferentes. Isso significa criar um ensino culturalmente responsivo, promover um aprendizado cooperativo, recusar-se a tolerar o *bullying* presencial ou *on-line*, e manter à distância as forças burocráticas de padronização e os testes insensíveis.

Engajar todos os nossos alunos significa compreender que uma boa educação implica *empoderamento*. Todos os professores que se opõem a ser supercontrolados, tratados com desconfiança, constantemente informados sobre o que devem fazer e persistentemente ameaçados com sanções caso se afastem das expectativas burocráticas devem entender que é assim que seus alunos também se sentem em relação às mesmas questões. Os professores devem querer para seus estudantes o que eles querem para si mesmos. As necessidades de poder e autonomia são universais. Não basta aumentar o engajamento dos estudantes fazendo ajustes psicológicos – tais como maior incentivo, foco, ampliação dos modelos mentais, cartões coloridos, sinais manuais ou *emojis*, por exemplo – dentro de relações de poder inalteradas. O objetivo também deve ser descobrir como possibilitar e capacitar os estudantes a terem mais voz e maior poder de escolha na determinação de seu próprio futuro.

Os estudantes também querem desenvolver um senso de *maestria* para que possam vivenciar a emoção de uma realização genuína. Em termos sociológicos – e não psicológicos –, isso significa que os professores não só terão que ser divertidos e interessantes para manter seus alunos entretidos, mas também terão que apresentar-lhes desafios instigantes de vez em quando; terão que saber como oferecer apoio suficiente a seus alunos, para que enfrentem os desafios sentindo que suas realizações foram conquistadas de forma independente. Além do ambiente escolar em si, o empoderamento também significa fornecer aos alunos as habilidades de pensamento crítico de que eles precisam para serem cidadãos ativos e democráticos – uma vez que líderes populistas, redes sociais e *reality shows* televisivos levam os cidadãos a adotarem uma mentalidade de rebanho perniciosa, que defende a existência de virtudes apenas dentro do seu grupo e de vícios apenas fora dele. Os professores devem ajudar os alunos a distinguir o que é fato do que é falso, bem como a examinar questões por diferentes pontos de vista; eles devem querer que seus alunos sejam capazes de debater diferentes perspectivas com argumentos racionais e provas confiáveis, e, também, que tenham empatia pelas posições de seus oponentes. A maestria não deve ser apenas a realização de um único objetivo; deve tornar-se um hábito – uma sede vitalícia por conhecimento e competência, que se constrói de um nível de realização para o próximo.

Esses cinco caminhos para o engajamento do estudante, juntamente aos seus fundamentos sociológicos e psicológicos, nos levam a pensar mais e mais profundamente sobre como o engajamento estudantil deve ir além de professores individuais mudando uma ou duas estratégias pontualmente. Ele também deve reconfigurar as relações entre professores e alunos e entre sociedade e escolas. Somente então estaremos abrindo, verdadeiramente, novos caminhos para o aprendizado e para a realização.

> *Esses cinco caminhos para o engajamento do estudante devem reconfigurar as relações entre professores e alunos e entre sociedade e escolas. Somente então estaremos abrindo, verdadeiramente, novos caminhos para o aprendizado e para a realização.*

# Epílogo

## A promessa do engajamento e a batalha pela mudança

O engajamento é a nova fronteira no processo de conquista dos alunos. É o caminho da Era do Desempenho e do Esforço para a Era do Engajamento, do Bem-estar e da Identidade. Dada a calamidade da pandemia global, as lutas constantes por justiça social e racial, a ameaça contínua das mudanças climáticas e as ameaças mundiais à democracia, tornou-se cada vez mais insustentável restringir o nosso foco ao processo de busca de melhoria de desempenho em pontuações, concentrando-nos em dados e métricas impessoais. Tampouco os infinitos apelos à determinação ou as exortações para transformar o aprendizado por meio da tecnologia atingem as expectativas. A aprendizagem da terceira década do século XXI e além não precisa apenas encorajar altos níveis de desempenho acadêmico; também precisa conquistar os corações e as mentes dos jovens e reconhecer suas aspirações.

> *O engajamento é a nova fronteira no processo de conquista dos alunos.*

Para avançar na transição de uma era para a próxima, integramos duas perspectivas sobre o engajamento estudantil. A perspectiva *psicológica*, amplamente utilizada, ajuda a identificar problemas e a especificar soluções que podem ser abordadas por indivíduos e equipes escolares a fim de provocar uma mudança positiva. Ela promove estratégias que incluem melhorias em motivação, atenção, foco e interesse em salas de aula convencionais. Já a nossa perspectiva *sociológica* complementar vai além da trindade estabelecida de questões comportamentais, cognitivas e emocionais. As perspectivas sociológicas levantam questões adicionais sobre o que precisa mudar na cultura, no currículo, na estrutura de testes e nas dinâmicas de poder dos sistemas escolares existentes. Como o presidente dos EUA, Joe Biden, gosta de dizer, podemos andar e mascar um chiclete ao mesmo tempo.[371] Podemos ter as duas coisas juntas.

Além disso, quando nos propomos, com todos os alunos, a aumentar a intensidade do engajamento em nossas aulas, é importante permanecermos vigilantes sobre os três mitos – estratégias que parecem sedutoras, mas que, às vezes, podem não atender às expectativas ou até mesmo romper um verdadeiro ou completo engajamento.

Por exemplo, embora o engajamento possa e deva ser geralmente *relevante* e culturalmente sensível à vida cotidiana das crianças – especialmente quando há alguma injustiça em jogo –, os professores também podem e devem engajar os alunos em novos interesses, assim como levá-los a dar saltos de imaginação para longe de sua experiência cotidiana – para a literatura fantástica, as artes criativas ou os mistérios do universo em matemática e ciências, por exemplo.

Da mesma forma, embora a *tecnologia* digital abra novos e importantes caminhos para o aprendizado e o engajamento, ela não é uma solução mágica que possa, por si só, eliminar todos os problemas do desengajamento. As tecnologias digitais podem proporcionar acesso instantâneo a mundos que não estão disponíveis em uma sala de aula tradicional. Elas podem engajar os jovens no aprendizado, fazendo com que ele pareça, às vezes, um jogo; além disso, têm sido um salva-vidas virtual para muitos estudantes durante a pandemia de covid-19. No entanto, a tecnologia também pode distrair, alimentar as dependências digitais e tomar o lugar de outras atividades valiosas, como o aprendizado ao ar livre.

Finalmente, embora seja fantástico quando o aprendizado é realmente *divertido* – quando o tempo passa rápido e os estudantes simplesmente não querem que a aula termine –, o aprendizado engajador pode, e às vezes também deve, ser difícil e desafiador. Pode até mesmo ser frustrante em alguns momentos, antes que se consiga um avanço definitivo. Pode ser o pico de uma montanha acima das nuvens, ao final de uma caminhada chuvosa; uma nova ideia que ninguém havia tido antes; ou mesmo o

Cinco caminhos para o engajamento **217**

desempenho virtuoso que teve que passar por ensaios intermináveis antes que finalmente parecesse certo.

A abordagem multidimensional e integradora que definimos neste livro identificou não um, mas cinco caminhos para um maior engajamento – junto com cinco inimigos que devem ser confrontados e derrotados ao longo do caminho.

Primeiramente, nossa abordagem procura *desmistificar* as burocracias de padronização e de testes hierarquizados, que roubam a magia do *valor intrínseco* do aprendizado. Argumentamos a favor de escolas e de sistemas escolares que valorizam o julgamento coletivo dos professores com base nos próprios conhecimentos profissionais e nos alunos que eles conhecem melhor do que ninguém. Propomos que, como profissionais certificados, os professores sejam autorizados e capacitados a serem os primeiros a responder às necessidades de seus alunos quando houver uma crise. Além disso, nossa abordagem desafia os sistemas escolares a abandonarem sua dependência disfuncional dos sistemas antiquados de exames e testes que destroem a motivação de professores e alunos, substituindo-os por formas de *feedback* mais humanizadas e digitalmente sofisticadas.

Em segundo lugar, nossa abordagem demanda que o currículo e as pedagogias dos professores sejam menos alienantes e *desconectados* da experiência cotidiana dos estudantes, mais receptivos às culturas e identidades dos jovens e mais conectados a temas que cultivem um senso de *importância* na vida dos estudantes. Defendemos escolas onde os alunos possam entender a relevância do que estão estudando, para além da busca por uma boa nota, da aprovação em um teste, ou, ainda, da busca por agradar aos professores. Isso eleva o nível de exigência, tanto para os alunos quanto para os professores. Em vez de se sentarem e esperarem para ser entretidos, ou de recusarem-se a cumprir as exigências dos professores, os alunos deveriam, desde seus primeiros anos na escola, ser capazes de explicar o que estão aprendendo e por que estão aprendendo. Eles deveriam receber e também assumir a responsabilidade de se tornarem alunos autodeterminados. Os desafios para os professores também são maiores quando se torna *sua* responsabilidade estabelecer um senso de significado e propósito para tudo que se encontra no currículo, desde as leis do movimento de Isaac Newton até o valor das raízes quadradas na matemática.

> *A vida escolar tem que ser concebida de modo a aproximar os jovens em vez de separá-los.*

Em terceiro lugar, nossa perspectiva integrada defende que os alunos vivenciem um sentimento mais forte de *associação* às suas escolas, uns com os outros em suas comunidades de aprendizado e a um senso de ordem moral, propósito e direção na sociedade. Isso exige mais do que canções alegres e o desenvolvimento de um espírito escolar mais forte; significa também mudar como e o que os professores ensinam. A vida escolar tem que ser concebida de modo a aproximar os jovens em vez de separá-los. O fluxo e o acompanhamento dos alunos por meio do desempenho escolar separam os estudantes de diferentes classes sociais e os grupos etnoculturais uns dos outros na escola e depois na vida. Assim, por mais desafiador que às vezes possa ser para os professores, devemos trabalhar ainda mais para mudar as pedagogias e a organização da escola, de modo que as aulas de habilidades mistas possam ser tanto inclusivas quanto eficazes. Temos que nos comprometer com programas que evitem o *bullying* nas escolas e que impeçam o ódio na sociedade; devemos colocar princípios como paz e dignidade não apenas na periferia, com os programas de estudos sociais, mas no próprio cerne de tudo o que nossas escolas fazem.

Em quarto lugar, nossa perspectiva promove o *empoderamento* da voz dos estudantes, para que tenham mais influência sobre o próprio aprendizado e se tornem cidadãos conhecedores, bem-informados e ativamente engajados dentro de suas sociedades.[372] Isso significa pôr fim às estruturas *desempoderadoras*, aos cruéis e incomuns programas de comportamento e às filosofias completas de algumas escolas e sistemas, que exigem a adoção de um estilo militarista por parte dos estudantes em todos os momentos. Significa, também, envolver os alunos em todos os aspectos de seu aprendizado; isso inclui desenvolver avaliações realistas sobre o próprio trabalho em vez de esperar para aceitar ou rejeitar as avaliações que os adultos fazem sobre eles. Significa participar ativamente da definição das regras para o trabalho em grupo, para sua sala de aula e para toda sua escola – e assumir, em seguida, a responsabilidade de garantir que eles e seus colegas se mantenham fiéis a essas regras. Também significa desenvolver mais autonomia de argumentação entre todos os estudantes, não apenas entre os que tiverem eventuais deficiências. Significa, ainda, que os formuladores de políticas devem elaborar estratégias precisas para solicitar a contribuição e o *feedback* dos estudantes sobre as políticas governamentais e a sua implementação.

Por fim, nossa abordagem apresenta alguns pontos com os quais devemos ter cuidado e que podem causar *distrações*, como o tempo excessivo de tela e a ideia de entretenimento passageiro, que podem fazer com que os alunos mais jovens não consigam manter o foco e a persistência, competências necessárias para que alcancem a verdadeira *maestria* em seu processo de aprendizagem e bem-estar. Esse tipo de maestria é vital para a construção de plataformas que sejam a base de carreiras gratificantes, bem como para o enriquecimento dos interesses pessoais quando os dias escolares dos jovens terminarem. Portanto, ao lado (e não apenas ao invés) de um aprendizado que parece divertido ou completamente relevante, as escolas precisam de professores que possam criar e ajudar os alunos a atenderem às altas expectativas que, a princípio, podem parecer muito distantes para eles. Os professores devem alimentar e incentivar os alunos a se manter concentrados em seus objetivos, a fazer sacrifícios, a persistir além da adversidade, a enfrentar seus medos e a evitar desistir quando as coisas ficarem difíceis. Isso significa abraçar a mentalidade budista de que, às vezes, o sofrimento é uma parte importante do aprendizado e da vida. Em alguns momentos, não é mais importante dominar um conceito matemático difícil do que desistir e jogar *videogame*? Esses são os exemplos que devemos dar a nossos filhos e essas são as reflexões que devemos ajudá-los a desenvolver, não como algo oposto ao engajamento, mas como parte de sua própria essência.

Transformar o engajamento dos estudantes significa, certamente, promover mudanças positivas em escolas e salas de aula sempre que possível, por meio de estratégias como projetos interdisciplinares ou usos inovadores da tecnologia, por exemplo. No entanto, se muitos estudantes (e não apenas alguns) se beneficiarão de um maior engajamento, então uma agenda transformacional para o engajamento estudantil também deve significar o seguinte:

- realizar mudanças profundas no currículo e na avaliação, assim como transferir mais poder sobre o aprendizado, do professor para o aluno;

- submeter as oportunidades e as ameaças da tecnologia digital ao exame cuidadoso e ao julgamento profissional dos educadores – que conhecem seus alunos, comunidades e currículos melhor do que algoritmos de computador jamais poderiam;

- construir as escolas como comunidades que desenvolvem sentimentos de pertencimento entre os diversos estudantes e as famílias que compõem nosso mundo contemporâneo;

- em última análise, transformar a natureza da educação pública em si, para que o aprendizado, o bem-estar e a qualidade de vida de todos os estudantes se tornem os motores da melhoria educacional – ao invés de focarmos em dados, testes, tecnologia e prestação de contas (*accountability*).[373]

Essas mudanças representam a promessa de engajamento que estabelecemos neste livro, uma promessa que pode ser cumprida por diferentes caminhos que, em última análise, resultam em realização e sucesso para todos os estudantes. Melhorar o desempenho de alunos difíceis e facilmente distraídos depende muito menos de espaços físicos, planilhas, algoritmos, marcas de mercado e números de desempenho do que da qualidade das interações entre professores e alunos, que apoiam e estimulam o engajamento com o aprendizado.

Enfatizamos que a ideia de engajamento tem duas origens principais. Um significado tem a ver com uma promessa – um juramento de amor e compromisso para toda a vida. O outro tem a ver com uma batalha – um confronto com inimigos perigosos. Embora esses dois significados de engajamento pareçam contraditórios, quando se trata de engajamento com o aprendizado eles não o são.

O engajamento dos estudantes é uma promessa *e* uma batalha. É uma batalha pelo aprendizado envolvente e empoderado diante de restrições desnecessárias e distrações intermináveis. O engajamento estudantil também é uma promessa. O engajamento no casamento é uma promessa de viver juntos, aconteça o que acontecer, desde que ambos queiram e consigam. O engajamento na educação é também uma promessa – de esperar e capacitar os estudantes a empreenderem algo difícil, utilizando o melhor de suas capacidades, por formas que sejam social e psicologicamente significativas e vivenciando um sentimento de realização ao longo do processo.

É fácil fazer promessas; é essencial cumpri-las. Se quisermos seguir os caminhos do engajamento estudantil para o aprendizado e o bem-estar, devemos lançar mão de todas as ferramentas e recursos que temos à nossa disposição e aplicá-los com incansável compromisso e determinação. Não devemos tratar o engajamento como um extra, algo opcional, ou como algo que é bom se você puder

> *O engajamento é uma batalha pelos corações e pelas mentes de todos os nossos alunos, especialmente dos mais vulneráveis e marginalizados, a cada minuto do dia.*

obtê-lo. Não deve ser apenas um presente oferecido a algumas crianças, em alguns momentos, em uma excursão de campo ou em uma sexta-feira à tarde, ou algo que podemos praticar após a realização dos testes, quando houver tempo para fazer algo mais interessante em seu lugar. O engajamento, ao contrário, é uma batalha pelos corações e pelas mentes de todos os nossos alunos, especialmente dos mais vulneráveis e marginalizados, a cada minuto do dia; é uma batalha contra os inimigos que constantemente impedem nossos esforços – contra os excessos dos testes padronizados, as distrações digitais sempre presentes, os sentimentos narcisistas de direito a benefícios em algumas famílias privilegiadas e em seus filhos e, ainda, contra os charlatões que afirmam que há apenas um programa, uma resposta (a deles), que fará com que todos os estudantes se engajem para sempre.

É responsabilidade de cada professor disputar as próprias *batalhas internas* que possam cumprir a promessa de engajamento com todos os seus alunos. É também seu dever profissional enfrentar as *batalhas externas* – para além das salas de aula e das escolas –, as quais constantemente frustram seus esforços. Essa é a agenda do engajamento para todos os educadores em todos os lugares.

Nosso mundo precisa de uma profunda transformação ambiental, social e política; ele precisa ser recolocado em seu eixo. O engajamento de todos é necessário se quisermos ser capazes de garantir um amanhã melhor e se estivermos preparados para lutar arduamente no cumprimento dessa promessa. O melhor e mais importante ponto para começarmos é pela forma como engajamos os nossos alunos hoje.

# Referências

1. HARGREAVES, A. et al. *Leading from the middle: spreading learning, well-being, and identity across Ontario*. Toronto: Council of Ontario Directors of Education, 2018. Disponível em: http://ccsli.ca/downloads/2018-Leading_From_the_Middle_Final-EN.pdf. Acesso em: 2 ago. 2021.
2. HARGREAVES, A. The day after: education and equity after the global pandemic. *In*: SOSKIL, M. (ed.). *Flip the system US: how teachers can transform education and save democracy*. New York: Routledge, 2021. p. 64-73.

    HARGREAVES, A. Austerity and inequality; or prosperity for all?: educational policy directions beyond the pandemic. *Educational Research for Policy and Practice*, v. 20, n. 1, p. 3-10, 2021.

    HARGREAVES, A. *#WorldTeachersDay*: lessons from the pandemic: "a world without teachers". 2020. Disponível em: www.ei-ie.org/en/woe_homepage/woe_detail/16957/worldteachersday-lessons-from-the-pandemic-"a-world-without-teachers"-by-andy-hargreaves. Acesso em: 3 ago. 2021.

    HARGREAVES, A.; FULLAN, M. Professional capital after the pandemic: revisiting and revising classic understandings of teachers' work. *Journal of Professional Capital and Community*, v. 5, n. 3-4, p. 327-336, 2020.

    HARGREAVES, A. Large-scale assessments and their effects: the case of mid-stakes tests in Ontario. *Journal of Educational Change*, v. 21, p. 393–420, 2020. Disponível em: https://doi.org/10.1007/s10833-020-09380-5. Acesso em: 3 ago. 2021.

    HARGREAVES, A. *What's next for schools after coronavirus?*: here are 5 big issues and opportunities. 2020. Disponível em: https://theconversation.com/whats-next-for-schools-after-coronavirus-here-are-5-big-issues-and-opportunities-135004. Acesso em: 3 ago. 2021.

    STRAUSS, V. The education technology students will need – and won't – after coronavirus. *The Washington Post*, 6 Aug. 2020. Disponível em: www.washingtonpost.com/education/2020/08/06/education-technology-students-will-need-wont after covid-19/. Acesso em: 9 ago. 2021.

    STRAUSS, V. A complete list of what to do – and not do – for everyone teaching kids at home during the coronavirus crisis. *The Washington Post*, 7 Apr. 2020. Disponível em: www.washingtonpost.com/education/2020/04/07/complete-list-what-do-not-do-everyone-teaching-kids-home-during-coronavirus-crisis/. Acesso em: 9 ago. 2021.

    HARGREAVES, A.; SHIRLEY, D. L. Leading from the middle: its nature, origins and importance. *Journal of Professional Capital and Community*, v. 5, n. 1, p. 92-114, 2020.

**224** Referências

HARGREAVES, A.; WASHINGTON, S.; O'CONNOR, M. T. Flipping their lids: teachers' wellbeing in crisis. *In:* NETOLICKY, D. M.; ANDREWS, J.; PATERSON, C. (ed.). *Flip the system Australia: what matters in education.* New York: Routledge, 2019. p. 93-104.

SHIRLEY, D. An American education system with integrity. *In:* SOSKIL, M. (ed.). *Flip the system US: how teachers can transform education and save democracy.* New York: Routledge, 2021. p. 9-21.

JOHNSTON, C. *et al.* Rural teachers forging new bonds – and new solutions. *Educational Leadership,* v. 76, n. 3, p. 56-62, 2018.

HARGREAVES, A. Digital technology after COVID-19 and the CHENINE charter for change. *In:* TUROK-SQUIRE, R. (ed.). *Rainbows in our windows: childhood in the time of corona.* Coventry: University of Warwick Department of English and Comparative Literary Studies, 2021. p. 3-19. Esse ensaio foi publicado originalmente em *Issues in English,* v. 15, uma publicação da English Association.

3. ORGANISATION FOR ECONOMIC CO-OPERATION AND DEVELOPMENT. *Programme for International Student Assessment (PISA):* results from PISA 2018: *country note: Canada.* Paris: OECD, 2019. Disponível em: www.oecd.org/pisa/publications/PISA2018_CN_CAN.pdf. Acesso em: 12 ago. 2021.

4. Para exemplos, veja BARBER, M. *Instruction to deliver: fighting to transform Britain's public services.* London: Methuen, 2008.

   GAMORAN, A. (ed.). *Standards-based reform and the poverty gap: lessons for No Child Left Behind.* Washington: Brookings Institution, 2007.

   TUCKER, M. S. (ed.). *Surpassing Shanghai: an agenda for American education built on the world's leading systems.* Cambridge: Harvard Education, 2011.

5. HODGES, T. *School engagement is more than just talk.* 2018. Disponível em: www.gallup.com/education/244022/school-engagement-talk.aspx. Acesso em: 13 ago. 2021.

6. ASSOCIATION FOR SUPERVISION AND CURRICULUM DEVELOPMENT. *The engagement gap: making each school and every classroom an all-engaging learning environment: a report on the Spring 2016 ASCD Whole Child Symposium.* Alexandria: ASCD, 2016.

7. ORGANISATION FOR ECONOMIC CO-OPERATION AND DEVELOPMENT. *Student engagement at school: a sense of belonging and participation: results from PISA 2000.* Paris: OECD, 2003. Executive summary. p. 4.

8. SATO, M. Imagining neo-liberalism and the hidden realities of the politics of reform: teachers and students in a globalized Japan. *In:* WILLIS, D. B.; RAPPLEYE, J. (ed.). *Reimagining Japanese education: borders, transfers, circulations, and the comparative.* Oxford: Symposium Books, 2011. p. 226.

9. SATO, M. Imagining neo-liberalism and the hidden realities of the politics of reform: teachers and students in a globalized Japan. *In:* WILLIS, D. B.; RAPPLEYE, J. (ed.). *Reimagining Japanese education: borders, transfers, circulations, and the comparative.* Oxford: Symposium Books, 2011. p. 226-228.

10. ORGANISATION FOR ECONOMIC CO-OPERATION AND DEVELOPMENT. *Student engagement at school: a sense of belonging and participation: results from PISA 2000.* Paris: OECD, 2003. p. 9.

# Referências **225**

11. ORGANISATION FOR ECONOMIC CO-OPERATION AND DEVELOPMENT. *PISA 2018 results: what school life means for students' lives: volume III.* Paris: OECD, 2020. p. 130.

12. ORGANISATION FOR ECONOMIC CO-OPERATION AND DEVELOPMENT. *PISA 2018 results: what school life means for students' lives: volume III.* Paris: OECD, 2020. p. 132.

13. ORGANISATION FOR ECONOMIC CO-OPERATION AND DEVELOPMENT. *PISA 2018 results: what school life means for students' lives: volume III.* Paris: OECD, 2020. p. 98.

14. SCHLEICHER, A. *PISA 2018: insights and interpretations.* Paris: OECD, 2019. p. 48.

15. BOOTH, R. Anxiety on rise among the young in social media age. *The Guardian, 4 Feb. 2021.* Disponível em: www.theguardian.com/society/2019/feb/05/youth-unhappiness-uk-doubles-in-past-10-years. Acesso em: 17 ago. 2021.

16. DAMON, W. *The path to purpose: how young people find their calling in life.* New York: Free, 2008. p. 8.

17. DAMON, W. *The path to purpose: how young people find their calling in life.* New York: Free, 2008. p. 8.
    SHIRLEY, D. Beyond well-being: the quest for wholeness and purpose in education. *ECNU Review of Education, v. 3,* n. 3, p. 542–555, 2020.

18. Em nosso livro anterior, *The Fourth Way,* nós descrevemos este período como a segunda forma da mudança educacional – a via dos mercados, dos testes e da padronização, que se seguiu à *primeira forma* da inovação e inconsistência dos anos 1960 e 1970. Veja HARGREAVES, A.; SHIRLEY, D. *The fourth way: the inspiring future for educational change.* Thousand Oaks: Corwin, 2009.

19. UNITED STATES. National Commission on Excellence in Education. *A nation at risk: the imperative for educational reform.* Washington: Government Printing Office, 1983.

20. BAKER, M.; FOOTE, M. Changing spaces: urban school interrelationships and the impact of standards-based reform. *Educational Administration Quarterly, v. 42,* n. 1, p. 90-123, 2006.
    HARGREAVES, A. *Teaching in the knowledge society: education in the age of insecurity.* New York: Teachers College, 2003.

21. HARGREAVES, A. Large-scale assessments and their effects: the case of mid-stakes tests in Ontario. *Journal of Educational Change, v. 21,* p 393–420, 2020. p. 101. Disponível em: https://doi.org/10.1007/s10833-020-09380-5. Acesso em: 17 ago. 2021.

22. UNITED STATES OF AMERICA. *Public law 107–110, Jan, 8, 2002.* No Child Left Behind act of 2001. Disponível em: https://files.eric.ed.gov/fulltext/ED556108.pdf. Acesso em: 30 set. 2021.

23. SHIRLEY, D. The Massachusetts Coalition for Teacher Quality and Student Achievement: an introduction. *Equity and Excellence in Education, v. 39, n. 1,* p. 4-14, 2006.

24. GOVTRACK.US. *H.R. 1532 (112th): Race to the Top act of 2011.* 2011. Disponível em: www.govtrack.us/congress/bills/112/hr1532. Acesso em: 30 set. 2021.

**226** Referências

25. BARBER, M. From system effectiveness to system improvement: reform paradigms and relationships. *In:* HARGREAVES, A.; FULLAN, M. (ed.). *Change wars.* Bloomington: Solution Tree, 2009. p. 71-94.

26. STRAUSS, V. Why we can't reform literacy and math all at once. *The Washington Post, 26 Sept. 2014.* Disponível em: www.washingtonpost.com/news/answer-sheet/wp/2014/09/26/why-we-cant-reform-literacy-and-math-all-at-once. Acesso em: 20 ago. 2021.

27. BIRD, S. M. *et al.* Performance indicators: good, bad, and ugly. *Journal of the Royal Statistical Society: series A, v. 168, n.* 1, p. 1-27, 2005.

28. TYMMS, P.; MERRELL, C. *Standards and quality in English primary schools over time: the national evidence.* Cambridge: University of Cambridge, 2007. p. 14.

29. TYMMS, P.; MERRELL, C. *Standards and quality in English primary schools over time: the national evidence.* Cambridge: University of Cambridge, 2007. p. 19.

30. TYMMS, P.; MERRELL, C. *Standards and quality in English primary schools over time: the national evidence.* Cambridge: University of Cambridge, 2007. p. 26.

31. Veja SHIRLEY, D. *The new imperatives of educational change: achievement with integrity.* New York: Routledge, 2017.

32. Veja, por exemplo, TUCKER, M. *Leading high-performance school systems: lessons from the world's best.* Alexandria: Association for Supervision and Curriculum Development, 2019.

33. ORGANISATION FOR ECONOMIC CO-OPERATION AND DEVELOPMENT. *Programme for International Student Assessment (PISA):* results from PISA 2015: *country note: Massachusetts.* Paris: OECD, 2016.

34. BAROUTSIS, A.; LINGARD, B. Counting and comparing school performance: an analysis of media coverage of PISA in Australia, 2000–2014. *Journal of Education Policy, v. 32,* n. 4, p. 432-449, 2017.

35. ORGANISATION FOR ECONOMIC CO-OPERATION AND DEVELOPMENT. *Improving schools in Wales: an OECD perspective.* Paris: OECD, 2014.

36. BRAY, M. Private supplementary tutoring: comparative perspectives on patterns and implications. *Compare: a Journal of Comparative and International Education, v. 36, n.* 4, p. 515-530, 2006.

37. ORGANISATION FOR ECONOMIC CO-OPERATION AND DEVELOPMENT. *PISA 2015 results: students' well-being:* volume III. Paris: OECD, 2017. Disponível em: https://www.oecd-ilibrary.org/docserver/9789264273856-en.pdf?expires=16323354 13&id=id&accname=guest&checksum=D9B31451E3486535DB95C5B697CB0CF0. Acesso em: 22 set. 2021.

38. CARR, J. Government behaviour tsar calls out "contradictory" Ofsted report. *Schools Week, 6 Mar. 2020.* Disponível em: https://schoolsweek.co.uk/government-behaviour-tsar-calls-out-contradictory-ofsted-report/. Acesso em: 30 set. 2021.
GOLANN, J. W.; TORRES, A. C. Do no-excuses disciplinary practices promote success? *Journal of Urban Affairs, v. 42, n.* 4, p. 617-633, 2020.

39. ELK, M. Wave of teachers' wildcat strikes spreads to Oklahoma and Kentucky. *The Guardian, 2 Apr. 2018.* Disponível em: www.theguardian.com/us-news/2018/apr/02/teachers-wildcat-strikes-oklahoma-kentucky-west-virginia. Acesso em: 2 out. 2021.

Referências **227**

40. RAVITCH, D. *Slaying Goliath: the passionate resistance to privatization and the fight to save America's public schools.* New York: Knopf, 2020.

41. COUGHLAN, S. *Parents keep children off school in test protest. 2016.* Disponível em: www.bbc.com/news/education-36188634. Acesso em: 21 ago. 2021.

42. LANDAU, C. *We already had a mental health epidemic among young people:* then came the coronavirus. *2020.* Disponível em: www.psychologytoday.com/ca/blog/mood-prep-101/202008/we-already-had-mental-health-epidemic-among-young-people. Acesso em: 21 ago. 2021.

43. TWENGE, J. M. *iGen: why today's super-connected kids are growing up less rebellious, more tolerant, less happy – and completely unprepared for adulthood.* New York: Atria, 2017.

44. HUMAN RIGHTS WATCH. *World report 2017: events of 2016.* New York: HRW, 2017. Disponível em: www.hrw.org/sites/default/files/world_report_download/wr2017-web.pdf. Acesso em: 22 ago. 2021.
HOOPER, K. *et al. Young children of refugees in the United States: integration successes and challenges.* Washington: Migration Policy Institute, 2016.

45. BECKMAN, P. J.; GALLO, J. Rural education in a global context. *Global Education Review*, v. *2*, n. 4, p. 1–4, 2015. Disponível em: http://ger.mercy.edu/index.php/ger/article/view/238/151. Acesso em: 22 ago. 2021.
STRANGE, M. *et al. Why rural matters 2011–12: the condition of rural education in the 50 states.* Arlington: Rural School and Community Trust, 2012. Disponível em: https://files.eric.ed.gov/fulltext/ED528634.pdf. Acesso em: 22 ago. 2021.

46. SIEGEL, B.; WAXMAN, A. *Third-tier cities: adjusting to the new economy.* Somerville: Mt. Auburn Associates, 2001.

47. YEATS, W. B. *The collected poems of W. B. Yeats.* New York: Macmillan, 1933.

48. FULLAN, M.; RINCÓN-GALLARDO, S. Developing high quality public education in Canada: the case of Ontario. *In*: ADAMSON, F.; ASTRAND, B.; DARLING-HAMMOND, L. (ed.). *Global education reform: how privatization and public investment influence education outcomes.* New York: Routledge, 2016. p. 169–193.

49. Veja NORWEGIAN DIRECTORATE FOR EDUCATION AND TRAINING. *Curricula in English [the knowledge promotion 2020]. 2020.* Disponível em: https://www.udir.no/in-english/curricula-in-english. Acesso em: 22 ago. 2021.

50. ORGANISATION FOR ECONOMIC CO-OPERATION AND DEVELOPMENT. *Improving schools in Scotland: an OECD perspective,* Paris: OECD, 2015.

51. DONALDSON, G. *Successful futures: independent review of curriculum and assessment arrangements in Wales.* Cardiff: Welsh Government, 2015. Disponível em. https://gov.wales/sites/default/files/publications/2018-03/successful-futures.pdf. Acesso em: 23 ago. 2021.

52. GOVTRACK. *S. 1177 (114*$^{th}$*): every student succeeds act.* 2016. Disponível em: https://www.govtrack.us/congress/bills/114/s1177. Acesso em: 24 ago. 2021.

53. MIN, K.; JUNG, H.; KIM, C. M. Examining a causal effect of Gyeonggi innovation schools in Korea. *KEDI Journal of Educational Policy*, v. *14*, n. 2, p. 3-20, 2017.

54. NG, P. T. The paradoxes of student well-being in Singapore. *ECNU Review of Education*, v. *3*, n. 3, p. 437–451, 2020. Disponível em: https://journals.sagepub.com/doi/pdf/10.1177/2096531120935127. Acesso em: 14 set. 2021.

**228** Referências

55. MINISTRY OF EDUCATION (Singapore). *Developing rugged and resilient youths through outdoor education*. 2016. Disponível em: https://www.moe.gov.sg/news/press-releases/20160408-developing-rugged-and-resilient-youths-through-outdoor-education. Acesso em: 2 out. 2021.

56. ASSOCIATION FOR SUPERVISION AND CURRICULUM DEVELOPMENT. *The learning compact renewed: whole child for the whole world*. Alexandria: ASCD, 2020. Disponível em: http://files.ascd.org/pdfs/programs/WholeChildNetwork/2020-whole-child-network-learning-compact-renewed.pdf. Acesso em: 2 out. 2021.

57. ORGANISATION FOR ECONOMIC CO-OPERATION AND DEVELOPMENT. *OECD future of education and skills 2030: OECD learning compass 2030: a series of concept notes*. Paris: OECD, 2019. Disponível em: www.oecd.org/education/2030-project/contact/OECD_Learning_Compass_2030_Concept_Note_Series.pdf. Acesso em: 22 set. 2021.

58. HARGREAVES, A. Large-scale assessments and their effects: the case of mid-stakes tests in Ontario. *Journal of Educational Change, v. 21*, p. 393–420, 2020.

59. MINISTRY OF EDUCATION (Ontario). *Achieving excellence: a renewed vision for education in Ontario*. Toronto: Queen's Printer for Ontario, 2014. Disponível em: www.msdsb.net/images/ADMIN/correspondence/2014/MEDU%20Renewed%20Vision%20for%20Education.pdf. Acesso em: 2 out. 2021.

60. Veja HARGREAVES, A.; SHIRLEY, D. *Well-being and socio-emotional learning: how to build everyone back better*. Alexandria: Association for Supervision and Curriculum Development, [2021]. No prelo.

61. GRAY, P. *Free to learn: why unleashing the instinct to play will make our children happier, more self-reliant, and better students for life*. New York: Basic Books, 2013.

62. UNESCO. *Education:* from disruption to recovery. c2021. *COVID-19 impact on education*. Disponível em: https://en.unesco.org/covid19/educationresponse. Acesso em: 4 out. 2021.

63. Veja, por exemplo, BRILL, S. *Class warfare: inside the fight to fix America's schools*. New York: Simon & Schuster, 2011.
    PAGE, R. *The war against hope: how teacher unions hurt children, hinder teachers, and endanger public education*. Nashville: Thomas Nelson, 2006.

64. TRILLING, D.; FADEL, C. *21st century skills: learning for life in our times*. San Francisco: Jossey-Bass, 2009.

65. MOE, T. M.; CHUBB, J. E. *Liberating learning: technology, politics, and the future of American education*. San Francisco: Jossey-Bass, 2009.

66. ABRAMS, S. E. *Education and the commercial mindset*. Cambridge: Harvard University, 2016.
    VERGER, A.; FONTDEVILA, C.; ZANCAJO, A. *The privatization of education: a political economy of global education reform*. New York: Teachers College, 2016.

67. ILLICH, I. *Deschooling society*. New York: HarperCollins, 1972.
    FREIRE, P. *Pedagogy of the oppressed*. New York: Continuum, 1970.

68. STRAUSS, V. Cuomo questions why school buildings still exist – and says New York will work with Bill Gates to 'reimagine education'. *The Washington Post, 6 May 2020*. Disponível em: www.washingtonpost.com/education/2020/05/06/

cuomo-questions-why-school-buildings-still-exist-says-new-york-will-work-with-bill-gates-reimagine-education/. Acesso em: 2 out. 2021.

69. HARGREAVES, A.; FULLAN, M. Professional capital after the pandemic: revisiting and revising classic understandings of teachers' work. *Journal of Professional Capital and Community*, v. 5, n. 3-4, p. 327-336, 2020.

70. MITCHELL, C. *Schools seek cover from special education lawsuits, but advocates see another motive*. 2020. Disponível em: https://blogs.edweek.org/edweek/speced/2020/07/schools_seeks_cover_from_special_education_lawsuits.html. Acesso em: 2 out. 2021.

71. FISHBURN, D. *An international perspective: what's happening in other countries? Learning for All, n. 9, 29 May 2020*. Webinar do Teaching Council of Ireland.

72. ASSOCIATION FOR SUPERVISION AND CURRICULUM DEVELOPMENT. *Ed advantage: low tech-no tech*. 2020.

73. ALI, T. T. *et al. Looking back, looking forward: what it will take to permanently close the K–12 digital divide*. San Francisco: Common Sense Media, 2021.

74. UNIVERSITY OF HELSINKI; UNIVERSITY OF TAMPERE. *Corona spring strained guardians and teachers, students' experiences of distance learning varied*. 2020. Disponível em: www.helsinki.fi/en/news/education-news/corona-spring-strained-guardians-and-teachers-students-experiences-of-distance-learning-varied. Acesso em: 3 out. 2021.

75. BERRY, B. *et al. Teachers and teaching in the midst of a pandemic: implications for South Carolina's policy leaders*. Columbia: South Carolina Teacher Education, 2020.

76. MCGINN, D. Parents struggle to wean children off 'perfect storm' of screen time during pandemic. *The Globe and Mail, 13 July 2020*. Disponível em: www.theglobeandmail.com/canada/article-parents-struggle-to-wean-children-off-perfect-storm-of-screen-time/. Acesso em: 3 out. 2021.

77. NITCHER, E. OPS will buy about 54,000 iPads – one for every student – for $27.6 million. *Omaha World-Herald, 4 May 2020*. Disponível em: https://omaha.com/news/education/ops-will-buy-about-54-400-ipads-one-for-every-student-for-27-6-million/article_f5314757-de00-5ce0-a9b0-a63688f1cee3.html. Acesso em: 3 out. 2021.

78. SAMBA, M. Nearly 2,000 TDSB students still waiting to receive laptops, tablets for virtual learning. *CBC News, 19 Oct. 2020*. Disponível em: www.cbc.ca/news/canada/toronto/tdsb-students-devices-for-remote-learning-1.5766694. Acesso em: 3 out. 2021.

79 DVORAK, P. When 'back to school' means a parking lot and the hunt for a WiFi signal. *The Washington Post, 27 Aug. 2020*. Disponível em: www.washingtonpost.com/local/when-back-to-school-means-a-parking-lot-and-the-hunt-for-a-wifi-signal/2020/08/27/0f785d5a-e873-11ea-970a-64c73a1c2392_story.html. Acesso em: 3 out. 2021.

HARGREAVES, A.; FULLAN, M. Professional capital after the pandemic: revisiting and revising classic understandings of teachers' work. *Journal of Professional Capital and Community*, v. 5, n. 3-4, p. 327-336, 2020.

80. GOUÊDARD, P.; PONT, B.; VIENNET, R. *Education responses to COVID-19: implementing a way forward*. Paris: OECD, 2020. (*OECD Working Paper*, 224).

Disponível em: https://www.oecd-ilibrary.org/docserver/8e95f977-en.pdf?expir es=1633359256&id=id&accname=guest&checksum=38E64BF00E9DC23970BB-2BA7F9D1F557. Acesso em: 4 out. 2021.

81. HARGREAVES, A. A complete list of what to do – and not do – for everyone teaching kids at home during the coronavirus crisis. *The Washington Post, 7 Apr. 2020*. Disponível em: www.washingtonpost.com/education/2020/04/07/complete-list-what-do-not-do-everyone-teaching-kids-home-during-coronavirus-crisis. Acesso em: 4 out. 2021.

82. BALINGIT, M. Unprecedented numbers of students have disappeared during the pandemic. Schools are working harder than ever to find them. *The Washington Post, 25 Feb. 2021*. Disponível em: www.washingtonpost.com/education/pandemic-schools-students-missing/2021/02/25/f0b27262-5ce8-11eb-a976-bad6431e03e2_story. html. Acesso em: 4 out. 2021.

83. UNESCO; UNICEF; THE WORLD BANK. *What have we learnt?: overview of findings from a survey of ministries of education on national responses to COVID-19*. Paris: UNESCO: UNICEF: THE WORLD BANK, 2020.

UNESCO; UNICEF; THE WORLD BANK. *What have we learnt?: findings from a survey of ministries of education on national responses to COVID-19. 2020*. Disponível em: https://data.unicef.org/resources/national-education-responses-to-covid19/. Acesso em: 26 ago. 2021.

84. KORMAN, H. T. M.; O'KEEFE, B.; REPKA, M. *Missing in the margins: estimating the scale of the COVID-19 attendance crisis*. Sudbury: Bellwether Education Partners, 2020. Disponível em: https://bellwethereducation.org/publication/missing-margins-estimating-scale-covid-19-attendance-crisis. Acesso em: 4 out. 2021.

85. *IF CORONAVIRUS doesn't kill us, distance learning will*. [*S. l.: s. n.*], 2020. 1 vídeo (1 min e 32 seg). Publicado pelo canal makom tv. Disponível em: www.youtube.com/ watch?v=8U6zU4MXmnA. Acesso em: 4 out. 2021.

86. LENZ, L. My third-grader was remote learning in a pandemic. I wasn't going to worry about a C- in PE. *The Washington Post, 1 June 2020*. Disponível em: www. washingtonpost.com/lifestyle/2020/06/01/my-third-grader-was-remote-learning-pandemic-im-wasnt-going-worry-about-c-pe. Acesso em: 4 out. 2021.

87. SULLIVAN, E. J. Kids won't stop fighting?: a bouncer, a therapist and a referee have advice. *The New York Times, 7 Apr. 2020*. Disponível em: www.nytimes. com/2020/04/07/parenting/break-up-kids-fight.html. Acesso em: 4 out. 2021.

88. HEROLD, B.; KURTZ, H. Y. *Teachers work two hours less per day during COVID-19*: 8 key EdWeek survey findings. *2020*. Disponível em: https://www.edweek.org/teaching-learning/teachers-work-two-hours-less-per-day-during-covid-19-8-key-edweek-survey-findings/2020/05. Acesso em: 4 out. 2021.

HARGREAVES, A.; FULLAN, M. Professional capital after the pandemic: revisiting and revising classic understandings of teachers' work. *Journal of Professional Capital and Community*, v. 5, n. 3-4, p. 327-336, 2020.

89. MINTZ, V. Why I'm learning more with distance learning than I do in school. *The New York Times, 5 May 2020*. Disponível em: www.nytimes.com/2020/05/05/opinion/ coronavirus-pandemic-distance-learning.html?search ResultPosition=1. Acesso em: 4 out. 2021.

HARGREAVES, A.; FULLAN, M. Professional capital after the pandemic: revisiting and revising classic understandings of teachers' work. *Journal of Professional Capital and Community*, v. 5, n. 3-4, p. 327-336, 2020.

90. WHITLEY, J. *Coronavirus:* distance learning poses challenges for some families of children with disabilities. *2020.* Disponível em: https://theconversation.com/coronavirus-distance-learning-poseschallenges-for-some-families-of-children-with-disabilities-136696. Acesso em: 4 out. 2021.

91. STRAUSS, V. A proposal for what post-coronavirus schools should do (instead of what they used to do). *The Washington Post, 8 Apr. 2020.* Disponível em: www.washingtonpost.com/education/2020/04/08/proposal-what-post-coronavirus-schools-should-do-instead-what-they-used-do. Acesso em: 4 out. 2021.

HARGREAVES, A.; FULLAN, M. Professional capital after the pandemic: revisiting and revising classic understandings of teachers' work. *Journal of Professional Capital and Community*, v. 5, n. 3-4, p. 327-336, 2020.

92. STRAUSS, V. Why COVID-19 will "explode" existing academic achievement gaps. *The Washington Post, 17 Apr. 2020.* Disponível em: www.washingtonpost.com/education/2020/04/17/why-covid-19-will-explode-existing-academic-achievement-gaps/. Acesso em: 4 out. 2021.

93. GILES, C. Middle-class children increasingly hothoused to stay ahead. *Financial Times, 9 June 2016.* Disponível em: www.ft.com/content/34d85918-2e52-11e6-a18d-a96ab29e3c95. Acesso em: 4 out. 2021.

94. BIELSKI, Z. Social media awash with bragging about pandemic productivity. *The Globe and Mail, 10 Apr. 2020.* Disponível em: www.theglobeandmail.com/canada/article-social-media-awash-with-pandemic-productivity-bragging/. Acesso em: 4 out. 2021.

95. BRAFF, D. The new helicopter parents are on Zoom. *The New York Times, 28 Sept. 2020.* Disponível em: www.nytimes.com/2020/09/28/parenting/helicopter-parent-remote-learning.html?referringSource=articleShare. Acesso em: 4 out. 2021.

96. KHAZAD, O.; HARRIS, A. What are parents supposed to do with their kids? *The Atlantic, 3 Sept. 2020.* Disponível em: www.theatlantic.com/politics/archive/2020/09/limited-child-care-options-essential-workers/615931/. Acesso em: 4 out. 2021.

97. LONG, H. Nearly 8 million Americans have fallen into poverty since the summer. *The Washington Post, 16 Dec. 2020.* Disponível em: www.washingtonpost.com/business/2020/12/16/poverty-rising/. Acesso em: 4 out. 2021.

98. HAIDER, A. *The basic facts about children in poverty.* 2021. Disponível em: www.americanprogress.org/issues/poverty/reports/2021/01/12/494506/basic-facts-children-poverty. Acesso em: 4 out. 2021.

99. BUTLER, P. Almost 700,000 driven into poverty by Covid crisis in UK, study finds. *The Guardian, 30 Nov. 2020.* Disponível em: www.theguardian.com/society/2020/nov/30/almost-700000-driven-poverty-covid-crisis-uk-study. Acesso em: 4 out. 2021.

100. VON DER BRELIE, H. COVID-19 has created a new poverty class in Europe. *European News, 14 Dec. 2020.* Disponível em: www.euronews.com/2020/12/11/new-poverty-hits-europe. Acesso em: 4 out. 2021.

**232** Referências

101. BOGHANI, P. How COVID has impacted poverty in America. *PBS Frontline, 8 Dec. 2020.* Disponível em: www.pbs.org/wgbh/frontline/article/covid-poverty-america/. Acesso em: 4 out. 2021.

102. MATTINSON, D. *Beyond the red wall: why Labour lost, how the Conservatives won and what will happen next.* London: Biteback, 2020.

   DAVIS, N. Higher Covid deaths among BAME people 'not driven by health issues'. *The Guardian, 16 Oct. 2020.* Disponível em: www.theguardian.com/world/2020/oct/16/bame-people-more-likely-to-die-from-covid-than-white-people-study. Acesso em: 4 out. 2021.

103. DOWNEY, D. B. *How schools really matter: why our assumption about schools and inequality is mostly wrong.* Chicago: University of Chicago, 2020.

104. BOUSHEY, H. *Unbound: how inequality constricts our economy and what we can do about it.* Cambridge: Harvard University, 2019.

   SASSON, I. Trends in life expectancy and lifespan variation by educational attainment in the United States, 1990–2010. *Demography*, v. *53*, n. 2, p. 269–293, 2016.

105. RESTON, M. *Donald Trump's mind-bending logic on school re-openings. 2020.* Disponível em: www.cnn.com/2020/07/25/politics/donald-trump-schools-reopening-coronavirus/index.html. Acesso em: 4 out. 2021.

106. TURNER, C. Parents who fail to send their children to school in September will be fined, education secretary says. *The Telegraph, 29 June 2020.* Disponível em: www.telegraph.co.uk/news/2020/06/29/parents-fail-send-children-school-september-will-fined-education/. Acesso em: 4 out. 2021.

107. ALPHONSO, C. Quebec school boards provide a glimpse of the new normal in classrooms. *The Globe and Mail, 5 May 2020.* Disponível em: www.theglobeandmail.com/canada/article-quebec-school-boards-provide-a-glimpse-of-the-new-normal-in-classrooms/. Acesso em: 4 out. 2021.

108. HARGREAVES, A. *Quebec sends children back to the 1950s.* No phys ed, arts, group work, or play as schools are turned into warehouses just so parents can be put back to work https://theglobeandmail.com/canada/article-quebec-school-boards-provide-a-glimpse-of-the-new-normal-in-classrooms/. 5 May 2020. Twitter: @hargreavesbc. Disponível em: https://twitter.com/HargreavesBC/status/1257635637483704320. Acesso em: 4 out. 2021.

   MCCLOY, B. *There has to be a better way of educating and looking after children right now that is not a devastating for them.* All the great educational minds and after months this is the best we can do? 5 May 2020. Twitter: @bruce_mccloy. Disponível em: https://twitter.com/bruce_mccloy/status/1257664355899850752. Acesso em: 4 out. 2021.

   GAUTHIER, A. *Shameful!* Disrespect for staff's safety & reinforcement of education as a babysitting service! 5 May 2020. Twitter: @ angela_gauthie. Disponível em: https://twitter.com/angela_gauthie/status/1257702494764924933. Acesso em: 4 out. 2021.

109. NOACK, R. In Denmark, the forest is the new classroom. *The Washington Post, 16 Sept. 2020.* Disponível em: www.washingtonpost.com/world/2020/09/16/outdoor-school-coronavirus-denmark-europe-forest/. Acesso em: 4 out. 2021.

110. Para uma demonstração de um minuto sobre isso entre os meninos na Urban Prep Charter Academy for Young Men, veja *60-SECOND strategy: snowball toss.* [*S. l.: s. n.*],

2017. 1 vídeo (1 min). Publicado pelo canal Edutopia. Disponível em: www.youtube. com/watch?v=Iuu8_Ga63J8&feature=emb_imp_woyt. Acesso em: 2 out. 2021.

111. *ENGAGEMENT definitions. In:* FINE Dictionary. c2021. Disponível em: www. finedictionary.com/engagement.html. Acesso em: 2 out. 2021.

112. *ENGAGEMENT. In:* ONLINE Etymology Dictionary. c2021. Disponível em: www. etymonline.com/word/engagement. Acesso em: 2 out. 2021.

113. NOGUERA, P. A. *Deeper learning: an essential component of equity.* 2018. Disponível em: https://learningpolicyinstitute.org/blog/deeper-learning-essential-component-equity. Acesso em: 2 out. 2021.

114. CHRISTENSON, S. L.; RESCHLY, A. L.; WYLIE, C. (ed.). *Handbook of research on student engagement.* Dordrecht: Springer, 2012.

115. FREDRICKS, J. A.; MCCOLSKEY, W. The measurement of student engagement: a comparative analysis of various methods and student self-report instruments. *In:* CHRISTENSON, S. L.; RESCHLY, A. L.; WYLIE, C. (ed.). *Handbook of research on student engagement.* Dordrecht: Springer, 2012. p. 763-782.

116. MASLOW, A. H. *Motivation and personality.* New York: Harper, 1954.

117. MASLOW, A. H. *The psychology of science: a reconnaissance.* Chicago: Gateway, 1969. p. 52-53.

118. MASLOW, A. H. *The farther reaches of human nature.* New York: Viking, 1971.

119. LIU, P. A framework for understanding Chinese leadership: a cultural approach. *International Journal of Leadership in Education,* v. 20, n. 6, p. 749-761, 2017.

120. BLUM, D. *Love at Goon Park: Harry Harlow and the science of affection.* Cambridge: Perseus, 2002.

121. HARLOW, H. F. The formation of learning sets. *Psychological Review, v. 56, n. 1, p.* 51-65, 1949.

122. HARLOW, H. F. Learning and satiation of response in intrinsically motivated complex puzzle performance by monkeys. *Journal of Comparative and Physiological Psychology,* v. 43, n. 4, p. 289-294, 1950.

123. DECI, E. L.; RYAN, R. M. *Intrinsic motivation and self-determination in human behavior.* New York: Plenum, 1985.

124. RYAN, R. M.; DECI, E. L. Self-determination theory and the facilitation of intrinsic motivation, social development, and well-being. *American Psychologist,* v. 55, n. 1, p. 68-78, 2000.

125. PINK, D. H. *Drive: the surprising truth about what motivates us.* New York: Riverhead, 2009.

126. PINK, D. H. *Drive: the surprising truth about what motivates us.* New York: Riverhead, 2009. p. 24-25.

127. PINK, D. H. *Drive: the surprising truth about what motivates us.* New York: Riverhead, 2009. p. 45.

128. CSIKSZENTMIHALYI, M. *Beyond boredom and anxiety.* San Francisco: Jossey-Bass, 1975.

CSIKSZENTMIHALYI, M. The flow experience. *In:* ELIADE, M. (ed.). *The encyclopedia of religion.* New York: Macmillan, 1987. v. 5, p. 361-363.

CSIKSZENTMIHALYI, M. *Flow: the psychology of optimal experience.* New York: Harper & Row, 1990.

234 Referências

129. *FLOW, the secret to happiness. Mihaly Csikszentmihalyi para o TED Talks.* [S. l.: s. n.], 2004. 1 vídeo (18 min). Disponível em: www.ted.com/talks/mihaly_csikszentmihalyi_flow_the_secret _to_happiness?language=en. Acesso em: 4 out. 2021.

130. PEIFER, C.; ENGESER, S. (ed.). *Advances in flow research.* 2nd ed. New York: Springer, 2021.

131. ROBINSON, K.; ARONICA, L. *Creative schools: the grassroots revolution that's transforming education.* New York: Penguin, 2016.

132. LOEHR, J.; SCHWARTZ, T. *The power of full engagement: managing energy, not time, is the key to high performance and personal renewal.* New York: Free, 2003. p. 5.

133. LEWIS, B. *Keep calm and carry on: the truth behind the poster.* London: Imperial War Museum, 2017.

134. CUMMINGS, D. *"Two hands are a lot": we're hiring data scientists, project managers, policy experts, assorted weirdos . . . Dominic Cummings's Blog,* 2 Jan. 2020. Disponível em: https://dominiccummings.com/2020/01/02/two-hands-are-a-lot-were-hiring-data-scientists-project-managers-policy-experts-assorted-weirdos/. Acesso em: 4 out. 2021.

135. WALKER, T. D. *Teach like Finland: 33 simple strategies for joyful classrooms.* New York: Norton, 2017.
SAHLBERG, P.; WALKER, T. D. *In teachers we trust: the Finnish way to world-class schools.* New York: Norton, 2021.

136. MAGISTER. *In: MERRIAM-WEBSTER'S online dictionary.* [201-]. Disponível em: www.merriam-webster.com/dictionary/magister. Acesso em: 4 out. 2021.

137. MASTERPIECE. *In: MERRIAM-WEBSTER'S online dictionary.* 2021. Disponível em: www.merriam-webster.com/dictionary/masterpiece. Acesso em: 4 out. 2021.

138. MASTERY orientation. *In: AMERICAN Psychological Association's dictionary of psychology.* c2020. Disponível em: https://dictionary.apa.org/mastery-orientation. Acesso em: 4 out. 2021.

139. BLOOM, B. S. Learning for mastery. *UCLA Evaluation Comment,* v. *1, n.* 2, p. 1–12, 1968.

140. BLOOM, B. S. Ralph Tyler's impact on evaluation theory and practice. *Journal of Thought,* v. *21, n.* 1, p. 36–46, 1986. p. 37.

141. BLOOM, B. S. Learning for mastery. *UCLA Evaluation Comment,* v. *1, n.* 2, p. 1–12, 1968. p. 1.

142. BLOOM, B. S. The search for methods of group instruction as effective as one-to-one tutoring. *Educational Leadership,* v. *41, n.* 8, p. 4-17, 1984. Disponível em: www.ascd.org/ASCD/pdf/journals/ed_lead/el_198405_bloom.pdf. Acesso em: 4 out. 2021.

143. GUSKEY, T. R. Mastery learning. *In:* GOOD, T. L. (ed.). *21st century education: a reference handbook.* Thousand Oaks: SAGE, 2008. v. 1, p. 194-202.

144. MASTERY TRANSCRIPT CONSORTIUM. c2021. Disponível em: www.mastery.org. Acesso em: 4 out. 2021.

145. COX, R. H. *Sport psychology: concepts and applications.* 5th ed. Boston: McGraw-Hill, 2002.

146. GUSTAFSSON, H.; LUNDQVIST, C. Working with perfectionism in elite sport: a cognitive behavioral therapy perspective. *In:* HILL, A. P. (ed.). *The psychology of perfectionism in sport, dance and exercise.* New York: Routledge, 2016. p. 203–221.

147. NTOUMANIS, N.; BIDDLE, S. J. H. A review of motivational climate in physical activity. *Journal of Sports Sciences*, v. *17*, n. 8, p. 643-665, 1999.

148. AMES, C. Competitive, cooperative and individualistic goal structures: a motivational analysis. *In:* AMES, R.; AMES, C. (ed.). *Research on motivation in education: student motivation.* New York: Academic, 1984. v. 1, p. 177-207.

AMES, C. Motivation: what teachers need to know. *Teachers College Record*, v. *91*, n. 3, p. 409-421, 1990.

AMES, C. Achievement goals and the classroom motivational climate. *In:* SCHUNK, D. H.; MEECE, J. L. (ed.). *Student perception in the classroom.* Hillsdale: Erlbaum, 1992. p. 327-348.

AMES, C. Classrooms: Goals, structures, and student motivation. *Journal of Educational Psychology*, v. *84, n.* 3, p. 261-271, 1992. Disponível em: http://groups.jyu.fi/sporticus/lahteet/LAHDE_17.pdf. Acesso em: 25 set. 2021.

149. EPSTEIN, J. Family structures and student motivation: a developmental perspective. *In:* AMES, R.; AMES, C. (ed.). *Research on motivation in education: student motivation.* New York: Academic, 1984. v. 3, p. 259-295.

150. AMES, C. Achievement goals, motivational climate, and motivational processes. *In:* ROBERTS, G. C. (ed.). *Motivation in sport and exercise.* Champaign: Human Kinetics, 1992. p. 161-176.

151. MASLOW, A. H. A theory of human motivation. *Psychological Review*, v. *50, n.* 4, p. 370–396, 1943.

PINK, D. H. *Drive: the surprising truth about what motivates us.* New York: Riverhead, 2009.

152. CECCHINI, J. A. *et al.* Epstein's TARGET framework and motivational climate in sport: effects of a field-based, long-term intervention program. *International Journal of Sports Science & Coaching*, v. *9, n.* 6, p. 1325–1340, 2014.

153. BOWLER, M. *The influence of the TARGET motivational climate structures on pupil physical activity levels during year 9 athletics lessons. In:* BRITISH EDUCATIONAL RESEARCH ASSOCIATION, 2009, Manchester. *Proceedings […].* London: BERA, 2009.

154. BRAITHWAITE, R.; SPRAY, C. M.; WARBURTON, V. E. Motivational climate interventions in physical education: a meta-analysis. *Psychology of Sport Exercise*, v. *12, n.* 6, p. 628-638, 2011.

155. SENGE, P. M. *The fifth discipline: the art and practice of the learning organization.* New York: Doubleday, 1990.

156. SENGE, P. M. *The fifth discipline: the art and practice of the learning organization.* New York: Doubleday, 1990. p. 3.

157. SENGE, P. M. *The fifth discipline: the art and practice of the learning organization.* New York: Doubleday, 1990. p. 147.

158. SENGE, P. M. *The fifth discipline: the art and practice of the learning organization.* New York: Doubleday, 1990. p. 7.

**236** Referências

159. SENGE, P. M. *The fifth discipline: the art and practice of the learning organization.* New York: Doubleday, 1990. p. 141.
160. SENGE, P. M. *The fifth discipline: the art and practice of the learning organization.* New York: Doubleday, 1990. p. 142.
161. ECCLES, J. S. Subjective task value and the Eccles et al. model of achievement-related choices. *In:* ELLIOT, A. J.; DWECK, C. S. (ed.). *Handbook of competence and motivation.* New York: Guilford, 2005. p. 105-121.
162. MCCLELLAND, D. C. *Human motivation.* Boston: Cambridge University, 1987.
163. ATKINSON, J. W. Motivational determinants of risk-taking behavior. *Psychological Review*, v. *64, n.* 6, p. 359-372, 1957. p. 359.
164. ATKINSON, J. W. *An introduction to motivation.* Princeton: Van Nostrand, 1964.
165. ECCLES, J.; WANG, M. T. So what is student engagement anyway? *In:* CHRISTENSON, S. L.; RESCHLY, A. L.; WYLIE, C. (ed.). *Handbook of research on student engagement.* Dordrecht: Springer, 2012. p. 142.
166. WIGFIELD, A.; ECCLES, J. The development of achievement task values: a theoretical analysis. *Developmental Review*, v. *12, n.* 3, p. 265-310, 1992. p. 280.
167. LAWSON, M. A.; LAWSON, H. A. New conceptual frameworks for student engagement research, policy, and practice. *Review of Educational Research*, v. *83, n.* 3, p. 432-479, 2013.
168. LAWSON, M. A.; LAWSON, H. A. New conceptual frameworks for student engagement research, policy, and practice. *Review of Educational Research*, v. *83, n.* 3, p. 432-479, 2013. p. 437.
169. LAWSON, M. A.; LAWSON, H. A. New conceptual frameworks for student engagement research, policy, and practice. *Review of Educational Research*, v. *83, n.* 3, p. 432-479, 2013. p. 443.
170. LAWSON, M. A.; LAWSON, H. A. New conceptual frameworks for student engagement research, policy, and practice. *Review of Educational Research*, v. *83, n.* 3, p. 432-479, 2013. p. 434.
171. ANDERSON, S. E. Moving change: evolutionary perspectives on educational change. *In:* HARGREAVES, A. *et al.* (ed.). *Second international handbook of educational change.* Dordrecht: Springer, 2010. p. 65-84.
172. MEHTA, J.; FINE, S. *In search of deeper learning: the quest to remake the American high school.* Cambridge: Harvard University, 2019.
173. CENTRAL ADVISORY COUNCIL FOR EDUCATION (England). *Children and their primary schools.* London: HMSO, 1967. v. 1. *The Plowden report.* p. 187.
174. HARGREAVES, A. *Moving: a memoir of education and social mobility.* Bloomington: Solution Tree, 2020. p. 45.
175. MINISTRY OF EDUCATION (Ontario). *Achieving excellence: a renewed vision for education in Ontario.* Toronto: Queen's Printer for Ontario, 2014. p. 13. Disponível em: www.msdsb.net/images/ADMIN/correspondence/2014/MEDU%20Renewed%20 Vision%20for%20Education.pdf. Acesso em: 2 out. 2021.
176. MINISTRY OF EDUCATION (Ontario). *Achieving excellence: a renewed vision for education in Ontario.* Toronto: Queen's Printer for Ontario, 2014. p. 4. Disponível em: www.msdsb.net/images/ADMIN/correspondence/2014/MEDU%20Renewed%20 Vision%20for%20Education.pdf. Acesso em: 30 ago. 2021.

Referências **237**

177. MINISTRY OF EDUCATION (Ontario). *Achieving excellence: a renewed vision for education in Ontario.* Toronto: Queen's Printer for Ontario, 2014. p. 13-14. Disponível em: www.msdsb.net/images/ADMIN/correspondence/2014/MEDU%20Renewed%20 Vision%20for%20Education.pdf. Acesso em: 30 ago. 2021.

178. BROWN, J. *Flat Stanley: his original adventure!* New York: HarperCollins, 2013.

179. GAMBINO, L. *REDress exhibit highlights epidemic of missing and murdered Indigenous women. The Guardian,* 7 Mar. 2019. Disponível em: www.theguardian. com/world/2019/mar/07/redress-exhibit-dc-missing-and-murdered-indigenous-women. Acesso em: 25 set. 2021.

180. DEWEY, J. *Democracy and education.* New York: Free, 1916.
MONTESSORI, M. *The secret of childhood.* New York: Ballantine, 1972. Obra publicada originalmente em 1936.
FREIRE, P. *Pedagogy of the oppressed.* New York: Continuum, 1970.

181. HARGREAVES, A.; O'CONNOR, M. T. *Collaborative professionalism: when teaching together means learning for all.* Thousand Oaks: Corwin, 2018. p. 71–88.

182. RINCÓN-GALLARDO, S. *Liberating learning: educational change as social movement.* New York: Routledge, 2019.

183. ORGANISATION FOR ECONOMIC CO-OPERATION AND DEVELOPMENT. *OECD future of education and skills 2030: conceptual learning framework.* Paris: OECD, 2019. Disponível em: www.oecd.org/draft/pj54mx23oh/teaching-and-learning/learning/attitudes-and-values/Attitudes%20and%20Values%20for%202030. pdf. Acesso em: 5 out. 2021.

184. FULLAN, M.; QUINN, J.; MCEACHEN, J. *Deep learning: engage the world change the world.* Thousand Oaks: Corwin, 2018. p. xv.

185. FULLAN, M.; QUINN, J.; MCEACHEN, J. *Deep learning: engage the world change the world.* Thousand Oaks: Corwin, 2018. p. xvii.

186. Todas as citações anteriores são de FULLAN, M.; QUINN, J.; MCEACHEN, J. *Deep learning: engage the world change the world.* Thousand Oaks: Corwin, 2018. p. 9.

187. DARLING-HAMMOND, L.; OAKES, J. *Preparing teachers for deeper learning.* Cambridge: Harvard Education, 2019. p. 13-14.

188. FULLAN, M.; QUINN, J.; MCEACHEN, J. *Deep learning: engage the world change the world.* Thousand Oaks: Corwin, 2018.

189. DICKSON, B. What is deep learning? *PC Magazine, 8 Aug. 2019.* Disponível em: www pcmag.com/news/what-is-deep-learning. Acesso em: 25 set. 2021.
SCHMIDHUBER, J. Deep learning in neural networks: an overview. *Neural Networks,* v. *61,* p. 85–117, 2015.

190. MARTON, F.; & SÄLJÖ, R. On qualitative differences in learning: i-outcome and process. *British Journal of Educational Psychology,* v. *46, n.* 1, p. 4-11, 1976.

191. ENTWISTLE, N. *Promoting deep learning through teaching and assessment: conceptual frameworks and educational contexts. In:* TEACHING AND LEARNING RESEARCH PROGRAMME CONFERENCE, 1., 2000, Leicester. *Proceedings [...]. [S. l.]:* TLRP, 2000. Disponível em: https://innsida.ntnu.no/documents/portlet_file_ entry/10157/Promoting+deep+learning+through+teaching+and+assessment-+co nceptual+frameworks+and+educational+contexts.pdf/1e7f4ad5-ac17-4b28-98bd-a7b98a475a38. Acesso em: 31 ago. 2021.

**238** Referências

192. HARGREAVES, D. *A new shape for schooling?* London: Specialist Schools and Academies Trust, 2006.

SIMS, E. *Deep learning: 1.* London: Specialist Schools and Academies Trust, 2006.

193. Veja a discussão sobre esta pesquisa em SIMS, E. *Deep learning: 1.* London: Specialist Schools and Academies Trust, 2006. p. 3.

194. EGAN, K. *Educational development.* Oxford: Oxford University, 1979.

195. EGAN, K. *Learning in depth: a simple innovation that can transform schooling.* Chicago: University of Chicago, 2010.

196. EGAN, K. *Learning in depth: a simple innovation that can transform schooling.* Chicago: University of Chicago, 2010. p. 23.

197. EGAN, K. *Learning in depth: a simple innovation that can transform schooling.* Chicago: University of Chicago, 2010. p. 33.

198. GARDNER, H. *The disciplined mind: what all students should understand.* New York: Simon & Schuster, 1999.

199. ALPHONSO, C.; STONE, L. Ontario backs down on highschool class sizes, online courses, in bid to restart talks with teachers. *The Globe and Mail, 3 Mar. 2020.* Disponível em: www.theglobeandmail.com/canada/article-ontario-backs-down-on-high-school-class-sizes-online-courses-in-bid. Acesso em: 5 out. 2021.

200. BUBB, S.; JONES, M. Learning from the COVID-19 homeschooling experience: listening to pupils, parents/carers and teachers. *Improving Schools, v. 23, n.* 3, p. 209–222, 2020. p. 215.

201. BUBB, S.; JONES, M. Learning from the COVID-19 homeschooling experience: listening to pupils, parents/carers and teachers. *Improving Schools, v. 23, n.* 3, p. 209–222, 2020. p. 216.

202. MARTIN-BARBERO, S. *COVID-19 has accelerated the digital transformation of higher education.* 2020. Disponível em: www.weforum.org/agenda/2020/07/covid-19-digital-transformation-higher-education/. Acesso em: 5 out. 2021.

BRAVERMAN, L. R. *The digital transformation in higher education and its aftereffects.* 2020. Disponível em: https://evolllution.com/managing-institution/operations_efficiency/the-digital-transformation-in-higher-education-and-its-aftereffects/. Acesso em: 5 out. 2021.

203. LYNCH SCHOOL OF EDUCATION AND HUMAN DEVELOPMENT. *Master of education (M.Ed.) in global perspectives: teaching, curriculum, and learning environments.* c2021. Disponível em: www.bc.edu/content/bc-web/schools/lynch-school/sites/lynch-school-online-programs/online-masters-in-education-programs/masters-global-perspectives.html. Acesso em: 5 out. 2021.

204. HAGERMAN, M. S.; KELLAM, H. *Teaching online: relationships are everything.* 2020. Disponível em: https://onlineteaching.ca/module-1/. Acesso em: 3 set. 2021.

205. DYNARSKI, S. Online courses are harming the students who need the most help. *The New York Times, 19 Jan. 2018.* Disponível em: https://www.nytimes.com/2018/01/19/business/online-courses-are-harming-the-students-who-need-the-most-help.html?searchResultPosition=1. Acesso em: 5 out. 2021.

206. HERHALT, C. *Students report more anxiety, teachers say COVID-19 safety protocols lacking at TDSB:* survey. 2021. Disponível em: www.cp24.com/news/

## Referências **239**

students-report-more-anxiety-teachers-say-covid-19-safety-protocols-lacking-at-tdsb-survey-1.5321868. Acesso em: 3 set. 2021.

207. STELITANO, L. *et al. The digital divide and COVID-19: teachers' perceptions of inequities in students' internet access and participation in remote learning.* Santa Monica: RAND, 2020.

208. MILIBAND, D. *Personalised learning: building a new relationship with schools.* Discurso apresentado durante o North of England Education Conference, em Belfast, em 2004.

209. ZHAO, Y. *Reach for greatness: personalizable education for all children.* Thousand Oaks: Corwin, 2018.

210. HARGREAVES, D. *A new shape for schooling?* London: Specialist Schools and Academies Trust, 2006.

211. WEXLER, N. *Mark Zuckerberg's plan to "personalize" learning rests on shaky ground.* 2018. Disponível em: www.forbes.com/sites/nataliewexler/2018/04/19/mark-zuckerbergs-plan-to-personalize-learning-rests-on-shaky-ground/#4c2a5a263bfe. Acesso em: 3 set. 2021.

212. PANE, J. F. *et al. Informing progress: insights on personalized learning implementation and effects.* Santa Monica: RAND, 2017.

213. HORN, M. B.; STAKER, H. *Blended: using disruptive innovation to improve schools.* San Francisco: Jossey-Bass, 2015.

214. CHRISTENSEN, C. M.; HORN, M. B.; JOHNSON, C. W. *Disrupting class: how disruptive innovation will change the way the world learns.* New York: McGraw-Hill, 2016. Edição expandida.

215. CHRISTENSEN, C. M. *The innovator's dilemma: when new technologies cause great firms to fail.* Boston: Harvard Business School, 1997.

216. SUROWIECKI, J. Where Nokia went wrong. *The New Yorker, 3 Sept. 2013.* Disponível em: www.newyorker.com/business/currency/where-nokia-went-wrong. Acesso em: 5 out. 2021.

217. CHRISTENSEN, C. M.; HORN, M. B.; JOHNSON, C. W. *Disrupting class: how disruptive innovation will change the way the world learns.* New York: McGraw-Hill, 2008.

218. RAVITCH, D. *Slaying Goliath: the passionate resistance to privatization and the fight to save America's public schools.* New York: Knopf, 2020. p. 6.

219. MALLOY, J. *Exciting celebration of "Transforming Learning Everywhere".* 2014. Disponível em: https://johnmalloy.ca/2014/11/05/exciting-celebration-of-transforming-learning-everywhere/. Acesso em: 4 set. 2021.

220. MALLOY, J. *Transforming learning everywhere.* Hamilton: Hamilton Wentworth District School Board, 2014. Disponível em: http://www.hwdsb.on.ca/about/innovation/transforming-learning-everywhere/ourthinking/. Acesso em: 4 set. 2021.

221. OWSTON, R. *et al. Transforming learning everywhere: a study of the second year of implementation.* Toronto: York University, 2016. Disponível em: http://www.ontariodirectors.ca/CODE_TLE/TLE%20Complete%20Report%20Final%20FINAL-AODA.PDF. Acesso em: 4 set. 2021.

## 240 Referências

222. THUMLERT, K.; OWSTON, R.; MALHOTRA, T. Transforming school culture through inquiry-driven learning and iPads. *Journal of Professional Capital and Community*, v. 3, n. 2, p. 79-96, 2018.

223. UNIVERSITY OF OTTAWA. *CHENINE: Change, Engagement and Innovation in Education: a Canadian collaboratory.* 2020. Disponível em: https://education.uottawa.ca/en/news/chenine-change-engagement-and-innovation-education-canadian-collaboratory. Acesso em: 5 out. 2021.

224. O texto da Carta da CHENINE que se segue foi reproduzido e adaptado do CHENINE Centre que Andy estabeleceu e lidera como seu diretor. Os cocriadores da carta são Amal Boultif, Megan Cotnam-Kappel, Phyllis Dalley, Michelle Hagerman, Jess Whitley e Joel Westheimer. Acesse https://chenine.ca/en/about/ para ler a versão completa da carta.

225. PARMAR, B. Screen time is as addictive as junk food: how do we wean children off? *The Guardian, 12 Oct. 2020.* Disponível em: www.theguardian.com/commentisfree/2020/oct/12/screen-time-addictive-social-media-addiction. Acesso em: 5 out. 2021.

226. ISAACSON, W. *Leonardo da Vinci.* New York: Simon & Schuster, 2017.

227. HERRMANN, D. *Helen Keller: a life.* Chicago: University of Chicago, 1999.

228. WISEMAN, E. *Nadiya Hussain: "This is more than a job – it's important to be out there". The Guardian, 16 Dec. 2018.* Disponível em: www.theguardian.com/food/2018/dec/16/nadiya-hussain-bake-off-winner-this-is-more-than-a-job. Acesso em: 6 set. 2021.

229. ROBINSON, K.; ARONICA, L. *The element: how finding your passion changes everything.* New York: Penguin, 2009.

230. *DO SCHOOLS kill creativity? Sir Ken Robinson* para o TED Talks. [*S. l.: s. n.*], 2006. 1 vídeo (19 min). Disponível em: www.ted.com/talks/sir_ken_robinson_do_schools_kill_creativity?language=en. Acesso em: 4 out. 2020.

231. Andy se considera um excelente exemplo disso, conforme relata em suas memórias. HARGREAVES, A. *Moving: a memoir of education and social mobility.* Bloomington: Solution Tree, 2020.

232. HARGREAVES, A.; BOYLE, A.; HARRIS, A. *Uplifting leadership: how organizations, teams, and communities raise performance.* Hoboken: Wiley, 2014.

233. HARGREAVES, A.; HARRIS, A. *Performance beyond expectations.* Nottingham: National College for School Leadership, 2011.

234. HARGREAVES, A.; HARRIS, A. *Performance beyond expectations.* Nottingham: National College for School Leadership, 2011. p. 54.

235. KAGAN, S. *Cooperative learning.* San Clemente: Kagan Cooperative Learning, 1994.

236. ORWELL, G. *A collection of essays.* Boston: Houghton Mifflin Harcourt, 1970. p. 316.

237. DARWIN, C. *The expression of the emotions in man and animals.* London: John Murray, 1872.

238. SAHLBERG, P.; DOYLE, W. *Let the children play: how more play will save our schools and help our children thrive.* New York: Oxford University, 2019. p. 325.

239. YOGMAN, M. *et al.* The power of play: a pediatric role in enhancing development in young children. *Pediatrics*, v. 142, n. 3, 2018. Disponível em: https://pediatrics.

aappublications.org/content/pediatrics/142/3/e20182058.full.pdf. Acesso em: 6 set. 2021.

240. DEWEY, J. *Democracy and education*. New York: Free, 1916.

241. LUCAS, B.; SPENCER, E. *Teaching creative thinking: developing learners who generate ideas and can think critically*. Carmarthen: Crown House, 2017.

242. LUCAS, B.; SPENCER, E. *Teaching creative thinking: developing learners who generate ideas and can think critically*. Carmarthen: Crown House, 2017. p. 17.

243. ALTMAN, L. K. The tumultuous discovery of insulin: finally, hidden story is told. *The New York Times, 14 Sept. 1982*. Disponível em: www.nytimes.com/1982/09/14/science/the-tumultuous-discovery-of-insulin-finally-hidden-story-is-told.html. Acesso em: 5 out. 2021.

244. DISENGAGE. *In: MERRIAM-WEBSTER'S online dictionary*. 2021. Disponível em: www.merriam-webster.com/dictionary/disengage. Acesso em: 8 set. 2021.

245. DISENGAGEMENT. *In: OXFORD English dictionary online*. c2021. Disponível em: www.lexico.com/definition/disengagement. Acesso em: 8 set. 2021.

246. VAN DER LOO, L. *As the world burns: the new generation of activists and the landmark legal fight against climate change*. Portland: Timber, 2020.

247. MCKENNA, L. *What happens when students boycott a standardized test? The Atlantic, 9 Apr. 2015*. Disponível em: www.theatlantic.com/education/archive/2015/04/what-happens-when-students-boycott-a-standardized-test/390087. Acesso em: 2 out. 2021.

248. LOWERY, W. *They can't kill us all: the story of the struggle for Black lives*. New York: Back Bay Books, 2017.

249. CHAMORRO-PREMUZIC, T. *How to work with someone who's disengaged*. 2020. Disponível em: https://hbr.org/2020/03/how-to-work-with-someone-whos-disengaged. Acesso em: 8 set. 2021.

250. KINDER, M. *Essential but undervalued: Millions of health care workers aren't getting the pay or respect they deserve in the COVID-19 pandemic*. 2020. Disponível em: www.brookings.edu/research/essential-but-undervalued-millions-of-health-care-workers-arent-getting-the-pay-or-respect-they-deserve-in-the-covid-19-pandemic/. Acesso em: 2 out. 2021.

251. GERTH, H. H.; MILLS, C. W. (ed.). *From Max Weber: essays in sociology*. Oxford: Oxford University, 1946. p. 214.

252. GERTH, H. H.; MILLS, C. W. (ed.). *From Max Weber: essays in sociology*. Oxford: Oxford University, 1946. p. 215.

253. WEBER, M. *The Protestant ethic and the spirit of capitalism*. New York: Scribner, 1958. p. 181.

254. WEBER, M. *The Protestant ethic and the spirit of capitalism*. New York: Scribner, 1958. p. 182.

255. TYACK, D.; TOBIN, W. The "grammar" of schooling: why has it been so hard to change? *American Educational Research Journal*, v. *31, n.* 3, p. 453-479, 1994.

256. KATZ, M. B. *Class, bureaucracy, and schools: the illusion of educational change in America*. New York: Praeger, 1975.

257. WEBER, M. *Economy and society: an outline of interpretive sociology*. Berkeley: University of California, 1978. p. 1000.

258. LEE, M.; LARSON, R. The Korean 'examination hell': long hours of studying, distress, and depression. *Journal of Youth and Adolescence*, v. *29*, p. 249–271, 2000.

DAH-SOL, G. Why Korean students are obsessed with university admission. *Asia Times, 23 Oct. 2019.* Disponível em: https://asiatimes.com/2019/10/why-korean-students-are-obsessed-with-the -university-admission/. Acesso em: 2 out. 2021.

259. BASSOCK, D.; LAPHAM, S.; ROREM, A. Is kindergarten the new first grade? *AERA Open*, v. *1*, n. 4, p. 1–31, 2016. Disponível em: https://journals.sagepub.com/doi/pdf/10.1177/2332858415616358. Acesso em: 23 set. 2021.

260. CALLAHAN, R. E. *Education and the cult of efficiency: a study of the social forces that have shaped the administration of public schools.* Chicago: University of Chicago, 1962.

261. STRAUSS, V. *It looks like the beginning of the end of America's obsession with standardized tests. The Washington Post*, 21 June 2020. Disponível em: www.washingtonpost.com/education/2020/06/21/it-looks-like-beginning-end-americas-obsession-with-student-standardized-tests/. Acesso em: 2 out. 2021.

262. MARX, K. *Writings of the young Marx on philosophy and society.* Garden City: Doubleday, 1967. Obra originalmente publicada em 1844.

263. ALIENATION. *In: MERRIAM-WEBSTER'S online dictionary.* 2021. Disponível em: www.merriam-webster.com/dictionary/alienation. Acesso em: 2 out. 2021.

264. MARX, K. *Writings of the young Marx on philosophy and society.* Garden City: Doubleday, 1967. Obra originalmente publicada em 1844. p. 292.

265. SHANTZ, A. *et al.* Drivers and outcomes of work alienation: reviving a concept. *Journal of Management Inquiry*, v. *24*, n. 4, p. 382-393, 2015.

266. GOLDTHORPE, J. H. *et al. The affluent worker: political attitudes and behavior.* New York: Cambridge University, 1968.

267. GALLUP. *State of the American workplace. Washington: Gallup, 2017. p. 2.* Disponível em: https://qualityincentivecompany.com/wp-content/uploads/2017/02/SOAW-2017.pdf. Acesso em: 2 out. 2021.

268. ANYON, J. Social class and the hidden curriculum of work. *Journal of Education*, v. *162, n.* 1, p. 67-92, 1980.

269. ANYON, J. Social class and the hidden curriculum of work. *Journal of Education*, v. *162, n.* 1, p. 67-92, 1980. p. 79.

270. ANYON, J. Social class and the hidden curriculum of work. *Journal of Education*, v. *162, n.* 1, p. 67-92, 1980. p. 73.

271. GOLANN, J. W.; TORRES, A. C. Do no-excuses disciplinary strategies promote success? *Journal of Urban Affairs*, v. *42, n.* 4, p. 617-633, 2020.

PONDISCIO, R. *How the other half learns: equality, excellence, and the battle over school choice.* New York: Avery, 2019.

272. SHIRLEY, D.; MACDONALD, E. *The mindful teacher.* 2nd ed. New York: Teachers College, 2017.

273. ANOMIE. *In: ENCYCLOPAEDIA Britannica.* 2020. Disponível em: www.britannica.com/topic/anomie. Acesso em: 9 set. 2021.

274. DURKHEIM, E. *Suicide: a study in sociology.* Glencoe: Free, 1951. Obra originalmente publicada em 1897.

275. MATERIAL girl. Intérprete: Madonna. Compositores: P. Browne e R. Rans. *In: LIKE a virgin. Intérprete: Madonna.* New York: Sire, 1985. 1 CD.

276. COLLINS, S. *The hunger games*. New York: Scholastic, 2009.

277. WINTERSON, J. *The stone gods*. Boston: Harcourt, 2009.

278. DURKHEIM, E. *Suicide: a study in sociology*. Glencoe: Free, 1951. Obra originalmente publicada em 1897. p. 257.

279. COLLINS, J. *How the mighty fall: and why some companies never give in*. New York: HarperCollins, 2009. p. 45-64.

280. AMERICAN PSYCHIATRIC ASSOCIATION. *Diagnostic and statistical manual of mental disorders*. 5th ed. Washington: APA, 2013.

281. TWENGE, J. M.; CAMPBELL, W. K. *The narcissism epidemic: living in the age of entitlement*. New York: Free, 2009.

282. TWENGE, J. M.; CAMPBELL, W. K. *The narcissism epidemic: living in the age of entitlement*. New York: Free, 2009. p. 30.

283. TWENGE, J. M.; CAMPBELL, W. K. *The narcissism epidemic: living in the age of entitlement*. New York: Free, 2009. p. 77.

284. DURKHEIM, E. *Moral education: a study in the theory and application of the sociology of education*. New York: Free, 1961. Obra originalmente publicada em 1925.

285. DURKHEIM, E. *Moral education: a study in the theory and application of the sociology of education*. New York: Free, 1961. Obra originalmente publicada em 1925. p. 80.

286. DURKHEIM, E. *Moral education: a study in the theory and application of the sociology of education*. New York: Free, 1961. Obra originalmente publicada em 1925. p. 235.

287. DURKHEIM, E. *Suicide: a study in sociology*. Glencoe: Free, 1951. Obra originalmente publicada em 1897. p. 110.

288. HARGREAVES, A.; SHIRLEY, D. *Well-being and socio-emotional learning: how to build everyone back better*. Alexandria: Association for Supervision and Curriculum Development, [2021]. No prelo.

289. SHIRLEY, D. *Community organizing for urban school reform*. Austin: University of Texas, 1997.
PUTNAM, R. D. *Bowling alone: the collapse and revival of American community*. New York: Simon & Schuster, 2000.
WARREN, M. *Dry bones rattling: community building to revitalize American democracy*. Princeton: Princeton University, 2001.

290. CARNEY, T. P. *Alienated America: why some places thrive while others collapse*. New York: HarperCollins, 2019.
CASS, O. *The once and future worker: a vision for the renewal of work in America*. New York: Encounter, 2018.

291. REICH, R. B. *The system: who rigged it, how we fix it*. New York: Knopf, 2020. p. 125.

292. BLUSTEIN, D. L. *The importance of work in an age of uncertainty: the eroding work experience in America*. New York: Oxford University, 2019. p. 42.

293. JOSEPH, K. *Speech at Edgbaston. 1974*. Disponível em: www.margaretthatcher.org/document/101830. Acesso em: 10 set. 2021.

294. HERRNSTEIN, R. J.; MURRAY, C. *The bell curve: intelligence and class structure in American life*. New York: Free, 1994. p. 204.

295. MURRAY, C. *Coming apart: the state of white America, 1960-2010*. New York: Crown Forum, 2013.

**244** Referências

296. MURRAY, C. *Coming apart: the state of white America, 1960-2010*. New York: Crown Forum, 2013. p. 362.

297. VANCE, J. D. *Hillbilly elegy: a memoir of a family and culture in crisis*. New York: HarperCollins, 2016.

298. VANCE, J. D. *Hillbilly elegy: a memoir of a family and culture in crisis*. New York: HarperCollins, 2016. p. 146.

299. WILKINSON, R.; PICKETT, K. *The inner level: how more equal societies reduce stress, restore sanity, and improve everyone's well-being*. New York: Penguin, 2018.

300. SAHLBERG, P.; WALKER, T. D. *In teachers we trust: the Finnish way to world-class schools*. New York: Norton & Company, 2021.

301. WALLER, W. *The sociology of teaching*. New York: Wiley, 1932. p. 10.

302. WALLER, W. *The sociology of teaching*. New York: Wiley, 1932. p. 195-196.

303. WALLER, W. *The sociology of teaching*. New York: Wiley, 1932. p. 196.

304. HOLT, J. *How children fail*. London: Penguin, 1964.
HOLT, J. *How children learn*. London: Penguin, 1967.

305. DAHL, R. A. A critique of the ruling-elite model. *The American Political Science Review, v. 52, n.* 2, p. 463-469, 1958. p. 466.

306. BACHRACH, P.; BARATZ, M. S. Two faces of power. *The American Political Science Review, v. 56, n.* 4, p. 947-952, 1962. p. 948.

307. LUKES, S. *Power: a radical view*. London: Macmillan, 1974.

308. Três exemplos são, primeiro, a publicação em 1971 do *Prison Notebooks* do Italiano marxista Antonio Gramsci, de 1929, e a resultante proeminência de seu conceito e *hegemonia* – governor por meio de ideias e linguagem dos poderosos que se tornaram aceitos por mero senso comum. Veja GRAMSCI, A.; HOARE, Q.; NOWELL-SMITH, G. (ed.). *Selections from the prison notebooks of Antonio Gramsci*. New York: International Publishers, 1971. Segundo, em 1977, o filósofo francês lançou teorias de poder associadas à vigilância estatal abrangente em FOUCAULT, M. *Discipline and punish: the birth of the prison*. New York: Pantheon Books, 1977. E, por ultimo, as teóricas feministas mais tarde dissolveram a distinção entre questões pessoais e políticas na distinção de identidade, autonomia e agenda. Veja, por exemplo, BARCLAY, L. Autonomy and the social self. *In*: MACKENZIE, C.; STOLJAR, N. (ed.). *Relational autonomy: feminist perspectives on autonomy, agency, and the social self*. New York: Oxford University, 2000. p. 52-71.

309. LUKES, S. *Power: a radical view*. 2nd ed. Basingstoke: Palgrave Macmillan, 2005. p. 26.

310. LUKES, S. *Power: a radical view*. 2nd ed. Basingstoke: Palgrave Macmillan, 2005. p. 27.

311. LUKES, S. *Power: a radical view*. 2nd ed. Basingstoke: Palgrave Macmillan, 2005. p. 28.

312. LUKES, S. *Power: a radical view*. 2nd ed. Basingstoke: Palgrave Macmillan, 2005. p. 109.

313. LUKES, S. *Power: a radical view*. 2nd ed. Basingstoke: Palgrave Macmillan, 2005. p. 84.

314. FIELDING, M. Students as radical agents of change. *Journal of Educational Change*, v. 2, p. 123-141, 2001. p. 124.

## Referências 245

315. Esses exemplos vem de HARGREAVES, A. *et al. Leading from the middle: spreading learning, well-being, and identity across Ontario.* Toronto: Council of Ontario Directors of Education, 2018. Disponível em: http://ccsli.ca/downloads/2018-Leading_From_the_Middle_Final-EN.pdf. Acesso em: 14 ago. 2021.

316. SAHLBERG, P.; WALKER, T. D. *In teachers we trust: the Finnish way to world-class schools.* New York: Norton & Company, 2021. p. 107.

317. *DISTRACTION is literally killing us. Paul Atchley para o TEDxYouth@KC. [S. l.: s. n.], 2018. 1 vídeo (21 min).* Disponível em: www.ted.com/talks/paul_atchley_distraction_is_literally_killing_us_paul_atchley_tedxyouth_kc. Acesso em: 2 out. 2021.

318. WHEELWRIGHT, T. *Cell phone behavior in 2021: how obsessed are we? 2021. Antigo autor e título Abbot T., 'America's Love Affair with their Phones.'* Disponível em: www.reviews.org/mobile/cell-phone-addiction. Acesso em: 13 set. 2021.

319. CHO, V. Organizational problem solving around digital distraction. *Journal of Professional Capital and Community, v. 1, n.* 2, p. 145-158, 2016. p. 151.

320. CHO, V. Organizational problem solving around digital distraction. *Journal of Professional Capital and Community, v. 1, n.* 2, p. 145-158, 2016. p. 154.

321. FULLAN, M.; QUINN, J.; MCEACHEN, J. *Deep learning: engage the world change the world.* Thousand Oaks: Corwin, 2018. p. 80-82.

322. FULLAN, M.; QUINN, J.; MCEACHEN, J. *Deep learning: engage the world change the world.* Thousand Oaks: Corwin, 2018. p. 61.

323. Muitas citações nesta seção e nas seguintes foram extraídas de nossas transcrições de entrevistas originais com professores e funcionários do Consórcio e não foram publicadas anteriormente. Algumas das citações podem ser encontradas em nosso relatório original para o CODE: HARGREAVES, A. *et al.* (2018). *Leading from the middle: spreading learning, well-being, and identity across Ontario.* Toronto: Council of Ontario Directors of Education, 2018. Disponível em: http://ccsli.ca/downloads/2018-Leading_From_the_Middle_Final-EN.pdf. Acesso em: 14 ago. 2021.

324. TURKLE, S. *Reclaiming conversation: the power of talk in a digital age.* New York: Penguin, 2015. p. 55.

325. ORGANISATION FOR ECONOMIC CO-OPERATION AND DEVELOPMENT. *TALIS 2018 results: teachers and school leaders as lifelong learners.* Paris: OECD, 2019. v. 1. Disponível em: https://doi.org/10.1787/1d0bc92a-en. Acesso em: 1 out. 2021.

326. LEDSOM, A. *The mobile phone ban in French schools, one year on: would it work elsewhere? Forbes,* 30 Aug. 2019. Disponível em: https://www.forbes.com/sites/alexledsom/2019/08/30/the-mobile-phone-ban-in-french-schools-one-year-on-would-it-work-elsewhere/?sh=3267f67d5e70. Acesso em: 1 out. 2021.

327. A KIND of magic. Intérprete: Queen. Compositor: R. Taylor. *In: A KIND of magic.* Intérprete: Queen. Los Angeles: EMI/Capitol Records, 1986. 1 vinil.

328. KORETZ, D. *The testing charade: pretending to make schools better.* Chicago: University of Chicago, 2017.

329. KORETZ, D. *The testing charade: pretending to make schools better.* Chicago: University of Chicago, 2017. p. 178.

330. KORETZ, D. *The testing charade: pretending to make schools better.* Chicago: University of Chicago, 2017. p. 182, 186.

**246** Referências

331. KORETZ, D. *The testing charade: pretending to make schools better.* Chicago: University of Chicago, 2017. p. 192.

332. NICHOLS, S. L.; BERLINER, D. C. *Collateral damage: how high-stakes testing corrupts America's schools.* Cambridge: Harvard Education, 2007.

ZHAO, Y. *What works may hurt: side effects in education.* New York: Teachers College, 2018.

TYMMS, P. Are standards rising in English primary schools? *British Educational Research Journal, v. 30, n.* 4, p. 477–494, 2004.

ROTHSTEIN, R. *A strong precedent for a better accountability system. Working Economics Blog,* 14 Feb. 2014. Disponível em: www.epi.org/blog/strong-precedent-accountability-system/. Acesso em: 1 out. 2021.

HARGREAVES, A. *Teaching in the knowledge society: education in the age of insecurity.* New York: Teachers College, 2003.

STRAUSS, V, D. What you need to know about standardized testing. *The Washington Post,* 21 Feb. 2021. Disponível em: www.washingtonpost.com/education/2021/02/01/need-to-know-about-standardized-testing/. Acesso em: 1 out. 2021.

333. TUCKER, M. *COVID-19 and our schools: the real challenge.* 2020. Disponível em: https://ncee.org/2020/06/covid-19-and-our-schools-the-real-challenge/. Acesso em: 30 set. 2021.

FINN, C. E. How badly has the pandemic hurt K-12 learning?: let state testing in the spring tell us. *The Washington Post,* 25 Nov. 2020. Disponível em: www.washingtonpost.com/opinions/2020/11/25/how-badly-has-pandemic-hurt-k-12-learning-let-state-testing-spring-tell-us/. Acesso em: 30 set. 2021.

THE WASHINGTON POST EDITORIAL BOARD. Why we shouldn't abandon student testing this spring. *The Washington Post,* 8 Jan. 2021. Disponível em: https://www.washingtonpost.com/opinions/why-we-shouldnt-abandon-student-testing-this-spring/2021/01/08/839eb860-4ed4-11eb-83e3-322644d82356_story.html. Acesso em: 30 set. 2021.

334. CAMPBELL, D. T. Assessing the impact of planned social change. *In:* LYONS, G. M. (ed.). *Social research and public policies: the Dartmouth/OECD conference.* Hanover: Public Affairs Center: Dartmouth College, 1975. p. 35.

335. LEE, J.; KANG, C. A litmus test of school accountability policy effects in Korea: cross-validating high-stakes test results for academic excellence and equity. *Asia Pacific Journal of Education, v. 39, n.* 4, p. 517–531, 2019.

336. NEW Pedagogies for Deep Learning. c2019. Disponível em: www.npdl.global. Acesso em: 14 set. 2021.

337. HILL, P. W.; CREVOLA, C. A. Key features of a whole-school, design approach to literacy teaching in schools. *Australian Journal of Learning Difficulties, v.* 4, n. 3, p. 5–11, 1999.

338. HARGREAVES, A. Large-scale assessments and their effects: the case of mid-stakes tests in Ontario. *Journal of Educational Change, v. 21, p.* 393–420, 2020. Disponível em: https://doi.org/10.1007/s10833-020-09380-5. Acesso em: 3 ago. 2021.

HARGREAVES, A. *et al. Leading from the middle:* spreading learning, well-being, and identity across Ontario. Toronto: Council of Ontario Directors of Education, 2018.

Disponível em: http://ccsli.ca/downloads/2018-Leading_From_the_Middle_Final-EN. pdf. Acesso em: 14 ago. 2021.

339. CAMPBELL, C. *et al. Ontario*: a learning province. Toronto: [*s. n.*], 2018.

340. CAMPBELL, C. *et al. Ontario*: a learning province. Toronto: [*s. n.*], 2018. p. 12.

341. MCGAW, B.; LOUDEN, W.; WYATT-SMITH, C. *NAPLAN review final report.* [Parramatta]: State of New South Wales: State of Queensland; State of Victoria; Australian Capital Territory, 2020.

342. BOLTON, R. Education critics should focus on the message, not the messenger. *Australian Financial Review*, 30 Aug. 2021. Disponível em: www.afr.com/work-and-careers/education/education-critics-should-focus-on-the-message-not-the-messenger-20200830-p55qms. Acesso em: 30 set. 2021.

343. FULLAN, M. *The right drivers for whole system success.* Melbourne: Centre for Strategic Education, 2021. (CSE Leading Education Series, 1). Disponível em: https:// michaelfullan.ca/wp-content/uploads/2021/03/Fullan-CSE-Leading-Education-Series-01-2021R2-compressed.pdf. Acesso em: 14 set. 2021.

344. ARTICLE 29 WORKING PARTY. *[Data protection]*: opinion 03/2013 on purpose limitation. Brussels: European Commission, 2013. Disponível em: https://ec.europa. eu/justice/article-29/documentation/opinion-recommendation/files/2013/wp203_ en.pdf. Acesso em: 2 out. 2021.

345. SCOTTISH GOVERNMENT. Learning Directorate. *National standardised assessments in Scotland*: purpose and use. 2019. Disponível em: www.gov.scot/ publications/scottish-national-standardised-assessments-purpose-and-use/. Acesso em: 30 set. 2021.

346. SAHLBERG, P. The fourth way of Finland. *Journal of Educational Change*, v. 12, n. 2, p. 173-185, 2011. Disponível em: https://pasisahlberg.com/wp-content/uploads/2013/01/ The-Fourth-Way-of-Filand-JEC-2011.pdf. Acesso em: 23 set. 2021.

347. MARRIS, P. *Loss and change.* New York: Pantheon Books, 1974.

348. SHULMAN, L. S. The signature pedagogies of the professions of law, medicine, engineering, and the clergy: potential lessons for the education of teachers. *In:* TEACHER EDUCATION FOR EFFECTIVE TEACHING AND LEARNING, 2005, Irvine. [*Proceedings*]... [Washington]: National Research Council's Center for Education, 2005. Disponível em: https://taylorprograms.com/wp-content/ uploads/2018/11/Shulman_Signature_Pedagogies.pdf. Acesso em: 2 out. 2021.

349. WILIAM, D. *Embedded formative assessment.* 2nd ed. Bloomington: Solution Tree, 2017. Para material de vídeo relevante, acesse também o site do autor em www. dylanwiliam.org/Dylan_Wiliams website/Welcome html.

350. HARGREAVES, A.; O'CONNOR, M. T. *Collaborative professionalism: when teaching together means learning for all.* Thousand Oaks: Corwin, 2018. cap. 3.

351. PROFESSOR Dylan Wiliam at the Schools Network Annual Conference. [*S. l.: s. n.*], 2011. 1 vídeo (38 min). Publicado pelo canal SSAT. Disponível em: www.youtube.com/ watch?v=wKLo15A80lI. Acesso em: 2 out. 2021.

352. TEACHERTOOLKIT.CO.UK. 2021. Twitter: @teachertoolkit. Disponível em: https:// twitter.com/TeacherToolkit. Acesso em: 21 set. 2021.

353. MCGILL, R. M. *Mark. Plan. Teach. 2.0:* save time: reduce workload: impact learning. London: Bloomsbury, 2021.

**248** Referências

354. CARR, P. J.; KEFALAS, M. J. *Hollowing out the middle:* the rural brain drain and what it means for America. Boston: Beacon, 2009.
WOOD, R. E. *Survival of rural America:* small victories and bitter harvests. Lawrence: University Press of Kansas, 2008.
355. HARGREAVES, A.; FULLAN, M. *Professional capital:* transforming teaching in every school. New York: Teachers College, 2012.
356. KYZYMA, I. Rural-urban disparity in poverty persistence. *Focus,* v. 34, n. 3, p. 13–19, 2018.
357. MACKEY, D. *Rural by choice:* Chris Spriggs. *2016.* Disponível em: https://dailyyonder. com/rural-by-choice-glenns-ferry-idaho/2016/02/17. Acesso em: 16 set. 2021.
358. BIESTA, G. J. J. *The beautiful risk of education.* Boulder: Paradigm, 2013.
359. BIESTA, G. J. J. *The beautiful risk of education.* Boulder: Paradigm, 2013. p. 124.
360. SISKIN, L. S.; LITTLE, J. W. (ed.). *The subjects in question: departmental organization and the high school.* New York: Teachers College, 1995.
HARGREAVES, A. *Changing teachers, changing times: teachers' work and culture in the postmodern age.* New York: Teachers College, 1994.
361. SACHAR, L. *Holes.* New York: Yearling, 1998.
362. WORTHAM, S. *Learning identity: the joint emergence of social identification and academic learning.* New York: Cambridge University, 2006.
363. HARGREAVES, A.; PARSLEY, D.; COX, E. K. Designing rural school improvement networks: aspirations and actualities. *Peabody Journal of Education,* v. 90, n. 2, p. 306–321, 2015.
JOHNSTON, C. *et al.* Rural teachers forging new bonds – and new solutions. *Educational Leadership,* v. 76, n. 3, p. 56–62, 2018.
364. PRIMUS, V. Songs for hard times. *Harvard Magazine,* May/June 2009. Disponível em: https://harvardmagazine.com/2009/05/song-hard-times. Acesso em: 16 set. 2021.
365. HOBBS, T. D. *Three decades of school shootings: an analysis. The Wall Street Journal,* 19 Apr. 2019. Disponível em: www.wsj.com/graphics/school-shooters-similarities/. Acesso em: 4 out. 2021.
366. CHRISTAKIS, E. *School wasn't so great before COVID, either. The Atlantic,* Dec. 2020. Disponível em: www.theatlantic.com/magazine/archive/2020/12/school-wasnt-so-great-before-covid-either/616923/. Acesso em: 4 out. 2021.
367. O'CONNOR, M. T. (2017). *Everybody knows everybody?: investigating rural secondary students' language choices in response to audience across argument writing experiences. 2017. Dissertation (Doctor of Philosophy)* – Lynch School of Education, Boston College, Chestnut Hill, 2017.
368. DEWEY, J. *Democracy and education.* New York: Macmillan, 1921. p. 101.
369. SIZER, T. R. *Horace's compromise: the dilemma of the American high school.* Boston: Houghton Mifflin, 1984.
370. Essas citações e as demais deste parágrafo podem ser localizadas COALITION OF ESSENTIAL SCHOOLS. *Common principles.* [20--]. Disponível em: http://essentialschools.org/common-principles/. Acesso em: 16 set. 2021.
371. Comentários de Joe Biden feitos no último debate da campanha presidencial dos EUA com Donald Trump, conforme relatado em MILLBANK, D. The only thing worse for Trump than an unwatchable debate is a watchable one. *The Washington*

*Post, 22 Oct. 2020.* Disponível em: https://www.washingtonpost.com/opinions/the-only-thing-worse-for-trump-than-an-unwatchable-debate-is-a-watchable-one/2020/10/22/5f17735e-14c5-11eb-ba42-ec6a580836ed_story.html. Acesso em: 5 out. 2021.

372. WESTHEIMER, J. *What kind of citizen?: educating our children for the common good.* New York: Teachers College, 2015.

373. Veja também FULLAN, M. *The right drivers for whole system success.* Melbourne: Centre for Strategic Education, 2021. (CSE Leading Education Series, 1).

# Índice

## A

*A expressão das emoções no homem e nos animais* (Darwin), 112
*A nation at risk* (National Commission on Excellence in Education), 18
*A quinta disciplina: a arte e prática da organização que aprende* (Senge), 66
abandono escolar, 15
    durante a pandemia de covid-19, 32-33
*Achieving excellence* (Ministério da Educação de Ontário), 24-25, 78-81, 163, 169
acompanhamento, 170-171, 218
adaptações, 61
afinidade e motivação, 53
agenda de tomada de decisão, 143-144
agrupamento, no modelo de motivação TARGET, 65
alienação, 121, 125-131, 140-141.
    *Ver também* desconexão
Alphonso, Caroline, 39
American Academy of Pediatrics, 112
American Educational Research Association, 72
American Psychiatric Association, 133
Ames, C., 64, 66
ampliação dos modelos mentais, 178
Anderson, S., 77
anomia, 132-141
Anyon, J., 129
Apoio e aprendizado *on-line*, 91-92
aprendizado
    aprender a, 84-85, 111
    avaliação para, 84-85, 176-178
    baseado em investigação, 100-101

    como aprender, 84-85
    facilitar o, 195
    maestria, aprendizagem para o, 60-68
    maestria pessoal do, 67
    misto/híbrido, 93-94
    *on-line*, 88-92
    personalizado, 94-97
    preparação para testes *versus*, 165-166, 170
    profundo, 19-20, 82-87, 204-205
    profundo *versus* superficial, 83-84
    taxonomia do, 49
aprendizado baseado em investigação, 100-101
aprendizado *on-line*, 88-92. *Ver também* tecnologia
aprendizado personalizado, 94-97
aprendizado profundo, 19-20, 82-87, 151, 204-205
aprendizagem para a maestria, 60-68
aquaponia, 209-210
artes, 56
artes em língua inglesa, 202
ASCD. *Ver* Association for Supervision and Curriculum Development (ASCD)
Ásia
    Era do Engajamento na, 24
    *rankings* de educação na, 21
aspiradores Dyson, 113
associação, 10, 185, 211-212, 217-218
    espírito de, 136
    motivação e, 53
    na prática, 201-204
Association for Supervision and Curriculum Development (ASCD), 13

**252** Índice

Atchley, P., 149
atenção
leitura e, 153
parcial contínua, 149
Atkinson, J. W., 68-69
atribuição de notas, 61, 179-180 *Ver também* notas
aulas de ciências, 193, 199-200, 209-210
Austrália, aplicação de testes na, 171-172
autoavaliação, 178
autodeterminação, 52-53
autonomia. *Ver também* empoderamento
motivação e, 53
na prática, 204-208
no modelo de motivação TARGET, 64-65
autorrealização, 50, 51
avaliação, 184. *Ver também* testes padronizados
aprendizado *on-line* e, 90-91
auto-, 178, 180
formativa, 176-177
no modelo de motivação TARGET, 65
para o aprendizado, 84-85, 176-178
para o engajamento, 176-180
por pares, 180
recomendações para a reforma da, 173-174
rubricas, 179
significativa, 131
somativa, 176-177
tecnologia na, 104-105
avaliação, no modelo de motivação TARGET, 65

**B**

Bachrach, P., 143-144
Bacon, C., 163-164
Banco Mundial, 20
Banting, F., 113
Baratz, M. S., 143-144
Barnett, M., 209
bem-estar, 6-7, 41-42
Biden, J., 216

Biesta, G., 195
Blair, T., 19, 94
Bloom, B., 49, 61, 63, 66
Blustein, D., 138
Boston College, 130-131
brincadeiras, 109-114
ao ar livre, 34-35, 59, 140-141
burocracia, 3-4, 121-124, 160-161
Bush, G., 18

**C**

Cámara, G., 81
caminhadas de aprendizagem, 130-131
Campbell, D. T., 162
Campbell, W. K., 133-134, 135
Canadá. *Ver também* Northwest Rural Innovation and Student Engagement (NW RISE)
agenda Achieving excellence, 78-81
aprendizado *on-line* no, 88-89, 92
ciclos de ensino-aprendizado no, 167-169
distração digital e, 150-151
Era do Engajamento no, 24-25
objetivos do aprendizado mais profundo no, 171
posição no *ranking* da educação, 5-7
retorno à escola após a pandemia de covid-19 no, 39
testes padronizados no, 162-172
Transforming Learning Everywhere, 99-101
voz dos estudantes no, 146
capital profissional, 188
capital social, 137-141
Carta CHENINE (*Change, Engagement, and Innovation in Education*), 102-107, 153
Chamorro-Premuzic, T., 119-120
*Children and Their Primary Schools* (Central Advisory Council for Education), 78
Cho, V., 149-150
Christakis, E., 201

Christensen, C. M., 96-97

cinco caminhos para o engajamento, 10, 183-213
  associação, 201-204
  caminho para o futuro com, 210-213
  empoderamento, 204-208
  importância, 197-201
  maestria, 207-210
  na prática, 187-210
  valor intrínseco, 191-197

*Class, Bureaucracy, and Schools* (Katz), 123

Coalition of Essential Schools, 208-209

CODE. *Ver* Council of Ontario Directors of Education (CODE)

colapso da comunidade, 137-141

colapso social, 137-141

Collins, J., 133

Collins, S., 132

*Coming Apart: The State of White America*, 1960-2010 (Murray), 139

comissão de estatísticas, 19

*Como as crianças aprendem* (Holt), 142-143

competência e motivação, 53

concentração, 156

conexão
  ao mundo real, 83, 85-87
  cognitiva, 46-47
  emocional, 46-47

confiança, 185-186

confiança e empoderamento, 147-148

cooperação, 131

Coreia do Sul, 123-124

Coulson, R., 198-199

Council of Ontario Directors of Education (CODE), 6, 163

criatividade
  características da, 113
  desencantamento e, 155
  diversão e, 108-114
  motivação extrínseca e, 54

Csikszentmihalyi, M., 55, 56

culturas de pobreza, 138-140

Cummings, D., 58-59

Cuomo, A., 30

Curie, M., 113

curiosidade, 108-109

currículo, 27
  redução do, 56
  relevância cultural do, 79-81

Curriculum for Excelence, 23

cursos de música, 194, 199

curva normal, 61

Cusick, Washington, 189, 190

custo de oportunidade, 71-72

## D

da Vinci, L., 108

Dahl, R., 143

Damon, W., 16

D'Angelo, M., 163-164

*Dark Side of the Moon* (álbum), 199

Darwin, C., 112

Deci, E., 52-53

decisões na escolha de disciplinas, 70-72

definição de agenda, 143-144

*Democracia e educação* (Dewey), 112, 204

demografia, 189, 190

dependência digital, 105

Derting, J., 194-197

*Deschooling society* (Illich), 29

desconexão, 9, 121, 125-131, 140-141, 155, 217
  testes padronizados e, 160

desempenho
  aprendizado personalizado e, 95-96
  ciclos de ensino-aprendizado e, 167-169, 170, 174
  definição de, 48
  durante a pandemia de covid-19, 35-38
  engajamento e, 4-5
  Era do Desempenho e do Esforço e, 16-21
  motivação extrínseca e, 54
  motivação para o desempenho, 64, 68-69
  notas nos testes como, 1

**254** Índice

por meio do engajamento, 45-48
*rankings* internacionais de, 5-7, 20
testes padronizados e, 161-162
treinamento orientado pelo, 63-65
desempoderamento, 9, 121, 141-148,
155-156, 218
distração e, 121, 149-154
testes padronizados e, 160
desemprego, 138
desencantamento, 9, 121-125, 155, 217
por testes padronizados, 160
desengajamento, 117-157
como parte do processo de ser
adolescente, 117-118
como uma janela, 157
definição, 117
derrotando o, 154-157
desconexão e, 121, 125-131
desempoderamento e, 121, 141-148
desencantamento e, 121-125
dissociação e, 121, 132-141
explicações para, 2-4
problema global com, 14-16
responsabilidade pelo, 118-119
tipos e formas de, 9
desigualdade de renda, 119-120, 132
perspectiva deficitária sobre a pobreza
e, 138-140
*Deuses de pedra* (Winterson), 132-133
Dewey, J., 81, 112, 204
disciplina, 113-114
incentivando a auto-, 135
poder e, 147
dissecação animal, 193, 199-200
dissecação de salmão, 193, 199-200
dissociação, 9, 121, 132-141, 155
colapso social e comunitário e, 137-141
individualismo narcisista, 132-137
testes padronizados e, 160
distração, 121, 149-154, 156, 218-219
testes padronizados e, 160
digital, 149-154
distrações, 9, 40
"Distraction is literally killing us"
(Atchley), 149

distrito escolar de Denali Borough,
Alasca, 206-208
diversão, 9, 75, 108-114, 115
narcisismo e, 132-136
diversidade
desengajamento e, 129
hierarquia de necessidades e, 51
livros didáticos obrigatórios e, 124-125
na América rural, 189-191
relevância cultural e, 78-81
tecnologia, linguagem, e, 105-106
testes padronizados e, 164-165, 169-170
Doyle, W., 34-35, 112
*drive to 75*, 162, 170
*drones* na agricultura, 205-206
Durkheim, E., 121, 132, 133, 135-136

## E

Eccles, J., 70-72
economia do trabalho, 120
*Economia e sociedade* (Weber), 123
Education Quality and Accountability
Office (EQAO), 162-172
*Education Week*, 34
Efeitos retroativos, 124
Egan, K., 85-87, 204-205
elogios, 134-136
empoderamento, 10, 185-186, 212, 218
aprendido e obtido, 147-148
dos estudantes dos anos iniciais do
ensino fundamental, 206-208
dos professores, 4
motivação e, 53
na NW RISE, 188-189, 204-208
voz dos estudantes e, 145-148
*Enciclopédia Britânica*, 132
energia
emocional, 57-60
espiritual, 57-60
física, 57-60
mental, 57-60
engajamento
após a pandemia de covid-19, 39-42
aprendizagem para a maestria e, 60-68
base teórica para o, 184-187

busca pelo, 26-28
cinco caminhos para o, 10, 183-213
como jornada e destino, 7-8
comportamental, 46-48
definições do, 43, 48
desempenho e, 4-5, 45-48
diversão e, 9, 75, 108-114
evidências do, 4-7
explicações sobre, 2-4
inimigos do, 9, 117-157 (*Ver também* desengajamento)
mitos/equívocos sobre o, 9, 75, 77-115, 216
motivação e, 48-72
motivação intrínseca/extrínseca e, 51-55
multidimensionalidade do, 46-47
níveis de, 1, 13-14
pobreza e, 139-140
privilégio e, 119-120
reconhecendo o, 27-28
relevância e, 82-87
responsabilidade pelo, 3-4
tecnologia e, 87-108
teoria de expectativa-valor sobre o, 68-72
teorias de, 43-75
testes de médio desempenho e, 163-164
total e *flow*, 55-60
engajamento cognitivo, 46-48
engajamento comportamental, 46-48
engajamento emocional, 46-48
Engels, F., 126
ensino a distância, 93-94
ensino superior
híbrido (*blended*), 93-94
*on-line*, 89-91
testes de seleção para, 123-124
Entwistle, N., 83-84
*Envolvimento total: gerenciando energia e não o termpo* (Loehr & Schwartz), 56-57
epidemia de opioides, 139
Epstein, J., 64-65
EQAO. *Ver* Education Quality and Accountability Office (EQAO)

equidade e desigualdade
aprendizado *on-line* e, 89-91
ensino superior e, 94
escolas criando, 35-40
na pandemia de covid-19, 31-33, 35-38, 41
na Era do Desempenho e do Esforço, 17-18
nos países nórdicos, 140-141
rede Escuela Nueva, 81
riqueza e, 119-120
tecnologia e, 31-33
Era do Desempenho e do Esforço, 16-21
aplicação de testes na, 161-162
limitação do currículo na, 56
teoria da melhoria na, 46
Era do Engajamento, do Bem-Estar e da Identidade, 16
na avaliação, 169
questões determinantes na, 23
*Era uma vez um sonho* (Vance), 139
Escócia, 23
escolas
burocracia nas, 121-125
classificação de, 173
como empresas, 97
criatividade e, 110-111
cultura das, 185
desengajamento nas, 120, 154-157
fabris, 37, 87-88, 97, 127, 135
na criação da equidade, 35-40
pais trabalhadores e, 38-39
princípios comuns para o redesenho das, 208-209
rurais, 4-5, 187-210
escolas *charter*, 21, 129-130
escolas fabris, 37, 87-88, 97, 127, 135
escolas *no excuse*, 129-130
escolas públicas de Boston, 130-131
escolas rurais, 4-5, 187-210
associação em, 201-204
empoderamento em, 204-208
importância em, 197-201
maestria em, 208-210

## 256 Índice

esforços de reforma
   durante a pandemia de covid-19, 29-35
   duas eras de, 16-26
   no Canadá, 6-7
espírito de associação, 136
estar em seu elemento, 109-110
estima, 50
estresse, engajamento e, 57
estruturas sociais, 138-140
estudantes indígenas, 169-170
   importância e, 199-200
   relevância para os, 79-81
estudantes que reprovam por pouco, 21, 173-174
estudos sociais, 197-199
exclusão, 136, 165
expansão do tempo de aprendizado, 130
experiências culminantes, 55

### F

faces do poder, 143-144
fase mítica de desenvolvimento, 85
*feedback*, 179, 180
Fielding, M., 145-146
Finlândia
   aplicação de testes na, 174
   renovação da energia na, 59
*Flat Stanley* (Brown), 80
*flow*, 55-60, 62
foco, 156
França, políticas de uso do celular na, 153
Freire, P., 29, 81
Fullan, M., 82-83, 172
Fundação Bill e Melinda Gates, 30, 95

### G

Gallup, 13-14
Gardner, H., 87
Genesee, Idaho, 193-194
gerenciamento de energia, 57-60
gestão
   comportamental, 145, 152
   de sala de aula, 15

Glenns Ferry, Idaho, 191-192
Goldthorpe, J., 128
gramática da escolarização, 122, 123, 143
grupos de trabalho semelhante, 5, 189, 202
Guskey, T., 61

### H

Hagerman, M. S., 90-91
*Handbook of research on student engagement* (Christenson, Reschly & Wylie), 47, 73-74
Hargreaves, A., 136
Hargreaves, D., 84-85, 94-95,163-164, 165-166, 168-169
Herrnstein, R., 138-139
hierarquia de necessidades, 49-51
Holt, J., 142-143
*homeschooling*, 29-35
Horn, M., 97
*How Children Fail* (Holt), 142-143
"How to work with someone who's disengaged" (Chamorro-Premuzic), 119-120
humanidade, alienação da, 127
Hussain, N. J., 108-109

### I

identidade, 6-7. *Ver também* Era do Engajamento, do Bem-Estar e da Identidade
   aprendizado profundo e, 83
   da América rural, 198
   desconexão e, 125-126, 155
   desenvolvimento da, 103
   inclusão e, 25, 106
   *on-line*, 22
   relevância e, 79-81
identificação social, 197
Illich, I., 29
importância, 10, 185, 197-201, 211, 217
*In teachers we trust* (Sahlberg & Walker), 147-148
incentivos perversos, 162

inclusão, 6-7, 105-106. *Ver também* diversidade
individualismo narcisista, 132-137
Iniciativa Chan Zuckerberg, 95
inovação
 disciplinada, 105
 disruptiva, 96-97
 testes padronizados e, 167, 170
insegurança alimentar, 145
investigação baseada em projetos, 85-86

## J

*Jogos vorazes* (Collins), 132
Johnson, B., 58
Joseph, K., 138

## K

Kagan, S., 111
Kang, C., 163
Katz, M., 123
Kellam, H., 90-91
Keller, H., 108
Koretz, D., 161

## L

"Large-Scale Assessments and Their Effects" (Hargreaves), 165-166, 168-169
Lawson, H., 72-74
Lawson, M., 72-74
*Leading from the Middle* (Hargreaves, Shirley, Wangia, Bacon, & D'Angelo), 79-80, 81, 163-164
"Learning for Mastery" (Bloom), 61
*Learning in depth: a simple innovation that can transform schooling* (Egan), 85-86
Lee, J., 163
Lei Campbell, 162
Lei Every Student Succeeds de 2015, 23
Lei No Child Left Behind (NCLB), 18
*Let the children play* (Sahlberg & Doyle), 112
Levi, S. K., 33
liderança, 154-155

linguagem
 poder e, 144-145
 tecnologia e inglês, 105-106
livros didáticos, 124-125
Loehr, J., 56-57
Lucas, B., 113
Lukes, S., 144-145

## M

MacDonald, E., 130
maestria, 10, 186, 212-213, 218-219
 aprendizado profundo e, 85-86
 conquistando a, 208
 motivação e, 53
 na prática, 207-210
 pessoal, 66-68
 treinamento da, 63-65
Malheur National Wildlife Refuge, 197-198
Malloy, J., 99
manejo de dados, 168-169, 173
*Manifesto Comunista* (Marx & Engels), 126
*Mark. Plan. Teach. 2.0* (McGill), 179
Martin, K., 206-208
Martin, M., 209
Marton, F., 83
Marx, K., 121, 126-131
Maslow, A., 49-51
Massachusetts Coalition for Teacher Quality and Student Achievement, 19
Mastery Transcript Consortium (MTC), 61-62
matemática, 194-197
McClelland, D., 64, 68-69
McEachen, J., 82-83
McGill, R. M., 179-180
medo
 avaliação e, 178
 desempoderamento e, 142-143
 testes padronizados e, 159
mente aberta, 207-208
metacognição, 84-85, 111
Mintz, V., 34

**258** Índice

mobilidade social, 94
modelo bancário de educação, 29
modelo TARGET de motivação, 64-65
Montessori, M., 81
*Moral education* (Durkheim), 135-136
motivação
  aprendizagem para a maestria e, 60-68
  definição de, 48
  engajamento e, 48-72
  extrínseca, 51-55
  *flow* e, 55-60
  intrínseca, 51-55
  para a realização, 64, 68-69
  perspectivas sociológicas sobre, 72-75
  teoria de expectativa-valor da, 68-72
  teoria de Harlow para a, 51-52
  teoria de Maslow para a, 49-51
*Motivação 3.0 - Drive: A surpreendente verdade sobre o que realmente nos motiva* (Pink), 53-54
motivadores se-então, 54
MTC. *Ver* Mastery Transcript Consortium (MTC)
mudança e perda, 175-176
Murray, C., 138-139

**N**

NAPLAN. *Ver* National Assessment Program: Literacy and Numeracy (NAPLAN)
National Assessment of Educational Progress nos EUA, 174
National Assessment Program: Literacy and Numeracy (NAPLAN), 171-172
National Center for Education and the Economy (NCEE), 20
National Literacy and Numeracy Strategy, 19
NCEE. *Ver* National Center for Education and the Economy
  necessidades, hierarquia de, 49-51
necessidade de segurança, 49
necessidades especiais, 34-35
necessidades fisiológicas, 49

New Pedagogies for Deep Learning (NPDL), 82, 100-101, 150-151, 167
Noguera, P., 46-47, 48
normas de modelagem, 90-91
Northwest Comprehensive Center, Portland, Oregon, 187-188
Northwest Rural Innovation and Student Engagement (NW RISE), 4-5, 187-210
  associação na, 201-204
  demografia da comunidade, 189-191
  empoderamento na, 204-208
  importância na, 197-201
  maestria na, 208-210
  valor intrínseco na, 191-197
NPDL. *Ver* New Pedagogies for Deep Learning (NPDL)
NW RISE. *Ver* Northwest Rural Innovation and Student Engagement (NW RISE)

**O**

*O dilema da inovação* (Christensen), 96-97
*O poder: uma visão radical* (Lukes), 144-145
Oakes, J., 83
Obama, B., 19
Objetivos educacionais, 16
OCDE. *Ver* Organização para Cooperação e Desenvolvimento Econômico (OCDE)
O'Connor, M., 202
Ofsted, 179
Open University, 93
Organização para Cooperação e Desenvolvimento Econômico (OCDE), 5-6, 14, 15, 153
  educação em 2030, 82
Orwell, G., 111-112
*Os manuscritos econômico-filosóficos* (Marx), 126-131

**P**

padrões, 18-21, 163
padrões de prática, 90-91

Índice **259**

pais superprotetores, 135
países nórdicos, 140-141
pandemia de covid-19, 14, 16, 28-42
  acesso à tecnologia na, 103-104
  aprendizado *on-line* na, 88-89
  desempenho durante a, 35-38
  engajamento após a, 39-42
  flexibilidade na, 4
  *homeschooling* na, 29-35
  normas sociais e, 135
  padronização na, 125
  pertencimento durante a, 201
  regresso à escola da, 35-40
  testes padronizados e, 160-161, 172-173
pandemia de H1N1, 28-29
Parsley, D., 187
pedagogias de engajamento, 177-178
perpectivas psicológicas, 2, 185-186
  integração com a perspectiva
   sociológica, 215-221
persistência
  criatividade e, 113-114
  maestria e, 67-68
perspectiva sociológica, 2-4, 72-75,
  185-186, 210-213
  e integração com a psicológica,
   215-221
  sobre o poder, 143-144
pertencimento, 4-5
  alienação *versus*, 136-137
  como necessidade humana, 50
  definição de, 15
  dissociação *versus*, 155
  motivação e, 53
  na NW RISE, 188-189
  na prática, 201-204
Pink, D., 53-54, 62, 204
Pink Floyd, 199
PISA. *Ver* Programa Internacional de
  Avaliação de Estudantes (PISA)
planejamento, 44-45, 90-91
plataforma *Schoology*, 189
pobreza, 36-37
  classe trabalhadora, 139-140

faces do poder e, 145
  perspectiva deficitária sobre a, 138-140
políticas, 154-155
políticas de tolerância zero, 124
posicionalidade, 7
Powers, Oregon, 198-199
práticas em sala de aula, 142-143, 184
preconceito cultural, 164-165, 169-170
*Preparing teachers for deeper learning*
  (Darling-Hammond & Oakes), 83
prestação de contas (*accountability*),
  123-124, 173
  testes e, 163, 170, 172-173
privatização, 21
produção, alienação da, 126, 127
produto, alienação do, 126, 127
profecia de autorrealização, 61
professores e ensino
  alienado, 129-131
  avaliação e, 174
  base de conhecimento para o, 8-9
  batalhas internas e externas no, 221
  capital profissional para o, 188
  ciclos rotativos no, 167-169, 170, 174
  como facilitadores, 96, 195
  desempoderamento e, 4, 141-142
  desenvolvimento profissional para,
   19, 151
  desmoralização/*burnout*, 18, 101-102
  engajadores, 74
  grupos de trabalho semelhante para,
   5, 189, 202
  *on-line*, 30-31
  para o aprendizado profundo, 85-87
  profissionalismo dos, 106-107
  relações de poder no, 142-148, 185
  respeito pelos, 33
  salários dos, 21-22
Programa Internacional de Avaliação de
  Estudantes (PISA), 5, 14, 20-21, 22, 159
progresso anual adequado, 18
projetos de redação, 205-206
propósito
  desengajamento e, 131
  maestria pessoal e, 67-68

**260** Índice

maximizadores de, 54
motivação e, 53-55
recompensas intrínsecas e extrínsecas
e, 57
psicologia
cognitiva, 63
positiva, 2, 55-60
social, sobre a alienação dos
trabalhadores, 128-129

## Q

quadros
brancos, 177
negros, 177
questões sociais, 85-87. *Ver também*
equidade e desigualdade
alienação, 132-135
tecnologia e, 107
Quinn, J., 82

## R

raça e etnia, 37. *Ver também* diversidade
Race to the Top, 19
Ravitch, D., 29, 97
Reagan, R., 18
rebatizar, 145
*Reclaiming conversation* (Turkle), 151-152
reconhecimento, no modelo de
motivação TARGET, 64-65
Red Feather Project, 80-81
Reich, R., 137
Reino Unido
culturas de pobreza no, 138
diversão nas escolas do, 111
Era do Desempenho e do Esforço no,
17-18, 19
Ofsted, 179
Open University, 93
oposição aos testes padronizados na,
22
programas de comportamento escolar
no, 21
relevância no, 78

relacionamentos, 15
alienação dos outros e, 126-127
aluno-professor, 213
aprendizado *on-line* e, 90-91
associação e, 201-204
dissociação e, 121, 132-141
tecnologia e, 22
relações de poder, 142-148, 185.
*Ver também* desempoderamento;
empoderamento
*Relatório Plowden* (Central Advisory
Council For Education), 78
relevância, 9, 75, 78-87, 114, 216
no mundo real, 83, 85-87
projetos de estudo comunitário, 192
relevância cultural, 78-81. *Ver também*
diversidade
relevância para o mundo real, 83, 85-87
resiliência, 139-140
resistência, 141-142
resolução de problemas, 113
responsabilidade, 44-45
confiança e, 147-148
para as crianças, 135-136
pelo desengajamento, 118-119
pública, tecnologia e, 107
Rincón-Gallardo, S., 81
Robinson, K., 56, 109-110
Rothstein, R., 35-36
Ryan, R., 52-53

## S

Sahlberg, P., 34-35, 112, 147-148
Säljö, R., 83
Sato, M., 15
saúde mental, 22, 152-153
Schwartz, T., 56-57
Senge, P., 66
"Será que as escolas matam a
criatividade?" (Robinson), 110
Shirley, D., 136, 163-164
Shulman, L., 177
significado
alienação e, 127, 128, 132-135

Índice **261**

aprendizado personalizado e, 94-95

desengajamento e, 131, 155

motivação e, 53-55

Sims, E., 84-85

sinais, vermelho, amarelo, verde, 177-178

Sizer, T., 208-209

*Slaying Goliath: the passionate resistance to privatization and the fight to save America's public schools* (Ravitch), 29, 98

Spencer, E., 113

Spriggs, C., 191-192

Spriggs, R., 191-192

suicídios, 124, 201

# T

taxonomia do aprendizado, 49

*TeacherToolkit*, 179-180

*Teaching creative thinking* (Lucas & Spencer), 113

tecnologia, 9, 73-74, 75, 87-108, 115, 216

aprendizado digitalmente aperfeiçoado em ação com, 97-102

aprendizado misto/híbrido com, 93-94

aprendizado personalizado e, 94-97

avaliação e, 174-175

caminhos para avançar com a, 114-115

Carta CHENINE e, 102-107

compartilhar o aprendizado em sala de aula com, 178

distração e, 121, 149-154

durante a pandemia de covid-19, 29-35

eficácia da, 88, 97-101

exames seletivos e, 125

impactos negativos da, 151-153

inovação disruptiva e, 96-97

plataformas digitais, 39-40

trabalho desengajador e, 119-120

tempo de renovação, 58-60

tempo em frente às telas, 105

tempo, no modelo de motivação TARGET, 65

teoria de expectativa-valor, 68-72

teorias de engajamento, 43-75

desempenho por meio do engajamento, 45-48

e motivação, 48-72

testes de médio desempenho, 163-172

batalhas sobre os, 169-176

testes padronizados, 159-181

aprendizagem para a maestria e, 61-62

avaliação para o engajamento *versus*, 176-180

batalhas sobre os, 169-176

ciclos de ensino-aprendizado para os, 167-169, 170, 174

como arqui-inimigos do engajamento, 9-10

criatividade e, 110

danos colaterais causados por, 19-20

de médio desempenho, 163-172

desempenho baseado em, 1

e burocracia, 123-124

eclipse do aprendizado e, 165-166

em Massachusetts, 130-131

exclusão dos mais vulneráveis e, 165

inovação e, 167, 170

melhorias nos, 180-181

movimentos estudantis contra os, 118

na Era do Desempenho e do Esforço, 17, 18-21, 46

na Era do Engajamento, do Bem-estar e da Identidade, 21-22

para seleção, 123-124

preconceito cultural nos, 164-165

recomendações para a reforma dos, 173-174

Thatcher, M., 17-18, 138

*The Bell curve* (Murray & Herrnstein), 138-139

*The importance of work in an age of uncertainty* (Blustein), 138

*The narcissism epidemic: living in the age of entitlement* (Twenge & Campbell), 133-134

*The New York Times*, 33, 34

*The path to purpose: how young people find their calling in life* (Damon), 16

**262** Índice

*The sociology of teaching* (Waller), 141-142
*The testing charade: pretending to make schools better* (Koretz), 161
*The Washington Post*, 33, 36-37
Thunberg, G., 117-118
TLE. *Ver* Transforming Learning Everywhere (TLE)
Tobin, D., 122, 123, 143
trabalhadores essenciais, 41-42
trabalho
  alienação no, 126-131
  americanos sobrecarregados de, 137-138
  capital social e, 137-138
  preparação dos estudantes para o, 122-123,129
transcendência, 50, 51
Transforming Learning Everywhere (TLE), 99-101
treinamento centrado no ego, 63-65
treinamento esportivo, 63-65
Trilha dos Apalaches, 44-45
Trump, D., 38
Turkle, S., 151-152
Twenge, J., 133-134, 135
Tyack, D., 122, 123, 143

**V**

valor(es)
  de realização, 70, 185
  de troca, 126, 127
  de uso, 126, 127
  extrínseco, 191-192
  intrínseco, 10, 70-71, 185, 210-211, 217
  subjetivos das tarefas, 69, 70-71
  utilitário, 71
Vance, J. D., 139

Vidas Negras Importam, 118
visão, 16
voz dos estudantes, 84-85, 145-148, 156

**W**

Walker, T., 59, 147-148
Waller, W., 141-142
Wangia, S., 163-164
Weber, M., 121-124
*Well-being, and socio-emotional learning: how to build everyone back better* (Hargreaves & Shirley), 136
Welsh Department for Education and Skills, 20
Wexler, N., 95
*What school life means for students' lives* (OCDE), 15
White, J., 199
Whitley, J., 34
Whole Child for the Whole World, 24
"Why covid-19 will 'explode' existing academic achievement gaps" (Rothstein), 35-36
Wiliam, D., 177-178
Williamson, G., 38
Wilson, H., 93
Winterson, J., 132-133
Wishram, Washington, 193
Wortham, S., 197
Wynne, K., 6, 24-25

**Y**

Yeats, W.B., 23

**Z**

Zhao, Y., 94-95

# EPÍLOGO

Depois do processo longo e miserável de amarrar as pontas, Eve voltou à sua sala.

Ali estava Roarke, sentado à sua mesa, trabalhando em seu computador.

— Isso é propriedade da polícia, meu chapa.

— Hum-hum...Estava só passando o tempo trabalhando um pouco, mas acabei de enviar tudo para o meu computador de casa. — Ele girou a cadeira. — Você teve um caso difícil, tenente.

— Já tive piores. Pelo menos é o que estou dizendo a mim mesma. Você deveria ter ido para casa.

— Fiquei dizendo a mim mesmo que talvez você precisasse da minha presença. — Ele se levantou e enlaçou os braços em torno dela. — Acertei?

— Ah, e como! — Ela deixou escapar um suspiro longo. — Pensei que eu fosse me sentir melhor depois de a parte burocrática ter sido concluída, quando tivesse todas as perguntas respondidas, tudo amarrado, com a menina fichada e o processo judicial tendo início. Achei que isso iria me fazer sentir melhor. Satisfeita. Mas não consigo descrever, exatamente, como me sinto.

— Você sente pena de Oliver e Allika Straffo; lamenta quando pensa em um pobre menininho inocente e também em uma senhora de idade avançada. Sofre ao se lembrar de um homem bom, excelente professor, que morreu por causa do ego absurdamente egoísta de uma criança. E também sente muito pela jovem esposa que vai chorar sua morte.

— Entrei em contato com ela, a esposa de Foster. Contei que tínhamos encerrado o caso e prometi que passaria lá para lhe explicar tudo. Cristo! — Fechou os olhos. — Você deveria ir para casa.

— Não. O que vou fazer é ir até lá com você.

— Está bem. — Suspirou mais uma vez. — Isso iria ajudar. A menina tentou comover com lágrimas a agente do serviço de proteção à infância. E elas funcionaram. Mas não funcionaram com Mira. A acusação formal já está marcada para amanhã. Enquanto isso, devido ao caráter de crimes hediondos no qual eles serão enquadrados, e sem impedimento aberto pelos pais, ela será levada para uma prisão de adultos e separada do resto da sociedade. Você prestou atenção a tudo que eu disse? Tudo mesmo?

— Prestei, sim. Só que, em toda a minha vida, não creio que tenha visto nada mais arrepiante.

Roarke pressionou os lábios sobre o cabelo de Eve, pois percebeu que ambos precisavam daquilo.

— Ninguém disse nada na área onde tudo estava sendo filmado, afirmou Roarke. — Não se ouviu nenhuma das zoações ou piadinhas infames que geralmente escutamos ao longo do registro eletrônico de uma operação. Ninguém pronunciou uma única palavra enquanto você trabalhava lá dentro com a menina e enquanto ela se gabava do que tinha feito. Straffo ficou sentado o tempo todo ouvindo a conversa como um fantasma; ou como um homem que acabara de ter o coração e as entranhas arrancados sem anestesia.

— Já conseguimos um advogado de defesa para a menina. Seu pai pode achar que tem obrigação de garantir outro advogado para a filha, mas isso não importa. Não poderemos usar essa confissão, pois gravamos tudo sem o conhecimento da acusada, mas eu já tenho as provas de que preciso. E sabe de mais uma coisa? Vou conseguir arrancar tudo dela mais uma vez, numa gravação autorizada.

— Como?

— Ego. Pense nisso: Ray, você é realmente a melhor. Não apenas a melhor, mas também inigualável. E vai ficar muito famosa, a única do seu tipo e com a sua idade.

— E você diz que *eu* sou assustador? — Beijou-lhe a sobrancelha. — Você é que é a única do seu tipo. E é toda minha.

— Não vou me permitir ficar enjoada nem abalada por causa desse caso. Não pretendo ficar me perguntando como é que isso pôde acontecer. Existem perguntas para as quais não existem respostas. É preciso superar.

— Allika Straffo foi removida para um quarto onde receberá cuidados menos intensivos. Conversei com Louise.

— Bem, pelo menos isso já é alguma coisa. Pretendo interrogá-la assim que ela tiver condições de conversar comigo. Depois de encerrar o que ainda preciso fazer aqui, eu quero ir para casa. Vamos abrir aquele champanhe. Melhor ainda: vamos abrir uma garrafa para cada um para podermos ficar de pilequinho... Ou talvez muito bêbados. Quando chegar à parte do "depois", veremos o que acontece.

— Excelente plano! — Ele pegou o casaco de Eve e o entregou a ela. — Tenho algumas ideias para colocarmos em prática na parte do "depois".

— Sei, você vive com a cabeça cheia de ideias. — Ela tomou a mão dele. — E é todo meu.

Haveria momentos de sanidade novamente, pensou Eve. E também um pouco de paz. Sem falar na unidade da qual ela tinha criado uma espécie de dependência. Mas tudo estaria ali ao seu alcance, ao lado dele, junto com o que pudesse acontecer no "depois".

Impresso no Brasil pelo
Sistema Cameron da Divisão Gráfica da
DISTRIBUIDORA RECORD DE SERVIÇO DE IMPRESSA S.A.
Rua Argentina, 171 – Rio de Janeiro – 20921-380 – Tel.: (21) 2585-2000